Ullstein

ÜBER DAS BUCH:

Ostpreußen, Januar 1945: Die deutschen Fronten brechen zusammen, Millionen Deutsche sind auf der Flucht. Nur eine Rettung scheint möglich: In den ostpreußischen Häfen liegen die großen Schiffe, liegt die »Wilhelm Gustloff«. Sie nimmt über siebentausend Menschen an Bord, ein Vierfaches der Zahl, für die sie ursprünglich gebaut worden war. »Wilhelm Gustloff«, dieser Name ist untrennbar verbunden mit der Geschichte der größten Katastrophe der Seefahrt. Das Schiff, an dem so viele Hoffnungen hingen, wird Tausenden zum Grab.
Ein britisches Autorenteam rollt hier die lückenlose Geschichte des Flaggschiffs auf, vom Stapellauf bis zum Torpedotreffer eines russischen U-Bootes, der das gewaltige Schiff zum Untergang verurteilte. Unveröffentlichtes Material aus sowjetischen Archiven, Interviews mit Überlebenden, Augenzeugen und Verantwortlichen dokumentieren in atemberaubender Weise das Geschehen in der eisigen Ostsee.

Dobson / Miller / Payne

Die Versenkung der »Wilhelm Gustloff«

Aus dem Englischen von Ilse Winger

Ullstein

Ullstein Buch Nr. 23686
im Verlag Ullstein GmbH,
Frankfurt/M – Berlin
Titel der englischen
Originalausgabe:
The Cruellest Night

Ungekürzte Ausgabe

Umschlaggestaltung:
Vera Bauer
Umschlagfoto:
Ullstein Bilderdienst

Taschenbuchausgabe mit
freundlicher Genehmigung der
Paul Zsolnay Verlag GmbH,
Wien/Hamburg
Printed in Germany 1995
Druck und Verarbeitung:
Ebner Ulm
ISBN 3 548 23686 3

2. Auflage, 1995
Gedruckt auf alterungs-
beständigem Papier mit
chlorfrei gebleichtem Zellstoff

Die Deutsche Bibliothek – CIP-Einheitsaufnahme

Dobson, Christopher:
Die Versenkung der "Wilhelm Gustloff" /
Dobson/Miller/Payne. Aus dem Engl. von Ilse Winger. –
Ungekürzte Ausg., 2. Aufl. – Frankfurt/M ; Berlin : Ullstein, 1995
(Ullstein-Buch ; Nr. 23686)
Einheitssacht.: The cruellest night <dt.>
ISBN 3-548-23686-3
NE: Miller, John:; Payne, Ronald:; GT

Danksagung

Wir haben mit der Arbeit an diesem Buch vor zwei Jahren begonnen, als Christopher Dobson an einem Wochenende, das er geruhsam zu Hause verbrachte, auf eine kurze Notiz über den Untergang der *Wilhelm Gustloff* und den damit verbundenen großen Verlust an Menschenleben stieß. Weder er noch Ronald Payne, mit dem zusammen er vor kurzem eine Studie über den Terrorismus *(The Carlos Complex)* fertiggestellt hatte, hatten jemals zuvor von dem Vorfall gehört.

Sie begannen sich mit dem Thema näher zu befassen und erfuhren, daß während der großen Evakuierung über die Ostsee im Jahr 1945 zwei deutsche Dampfer von demselben sowjetischen U-Boot-Kommandanten versenkt wurden, nämlich von Kapitän Marinesko. Sie wandten sich an John Miller, den Auslandskorrespondenten des *Daily Telegraph,* der sich in der Sowjetunion auskennt und eben im Begriff war, wieder nach Moskau zu fahren. John Miller versprach, möglichst viel über den sowjetischen U-Boot-Helden herauszufinden.

Nach seiner Rückkehr erklärte er vorwurfsvoll, daß die sowjetischen Behörden ihn gewarnt hätten, das Thema aufzugreifen. Es hatte den Anschein, daß Marinesko in einen politischen Skandal verwickelt war, und Millers Fragen wurden nicht gern beantwortet. Bei seinen weiteren Besuchen in Moskau gelang es ihm dann doch, eine große Menge neuen Materials über diesen russischen Kriegshelden auszugraben, der mehr als zwanzig Jahre lang eine „Unperson" gewesen war.

Dobson und Payne setzten sich mit dem Imperial War Museum in Verbindung, dessen Beamten wir für ihre Hilfe und Anteilnahme danken. Sie forschten auch in westdeutschen

Archiven. Besonderen Dank schulden wir Professor Jürgen Rohwer, dem bekannten deutschen Marinehistoriker, der uns bei verschiedenen Gelegenheiten wichtige Hinweise gab. In England fanden wir in Captain Roskill von der Royal Navy einen freundlichen Ratgeber.

Bei seinem Aufenthalt in der Bundesrepublik erhielt Payne wertvolle Hilfe von Kapitän Kurt Reitsch und seiner Frau Wilhelmina, die während des Krieges Marinehelferin war. Sie hatten die Freundlichkeit, ihn bei seinem Besuch bei Großadmiral Karl Dönitz zu begleiten, der für die Evakuierungsaktion verantwortlich war. Die *Wilhelm Gustloff* hatte an dieser Operation teilgenommen. Wir möchten für das Interesse danken, das der Admiral für unser Vorhaben bekundete. Unser Dank gilt Kapitän Reitsch und seiner Gattin insbesondere auch für die Hilfe bei dem schwierigsten Teil unserer Arbeit – bei der Suche nach Überlebenden der dreiunddreißig Jahre zurückliegenden Schiffskatastrophe.

Den Überlebenden, die bereit waren, uns zuliebe ihre Erinnerungen an das furchtbare Erlebnis aufzufrischen, fühlen wir uns am meisten verpflichtet. In Hamburg waren es Baronin Ebbi von Maydell und ihr Sohn Günther, die sich sehr bemühten, uns einen vollständigen Bericht ihrer eigenen Erlebnisse und jener ihres 1976 verstorbenen Freundes, Professor Bock, zu geben.

Frau Paula Maria Graf im Rheinland war so freundlich, uns mit ihrem ersten Mann, Herrn Walter Knust, in Verbindung zu bringen, der heute in Hamburg lebt. Herr Knust interviewte auch Heinz Schön, einen Überlebenden der Tragödie und Autor eines beachtenswerten Buches über die *Gustloff.*

Für eine Schilderung der Ereignisse in der Bucht von Danzig sind wir Fritz Brustat-Naval zu Dank verpflichtet, einem ehemaligen Marineoffizier, der ein packendes Buch über die Evakuierung schrieb und uns sehr viel über die daran beteiligten Personen erzählte. Für eine ähnliche Hilfe möchten wir uns bei Korvettenkapitän a. D. Hugo Heydel bedanken, der in diesem Gebiet Dienst tat.

Cajus Bekker bot uns in seinem Buch *Die Flucht übers Meer* eine lebendige und eindrucksvolle Schilderung der Ereignisse vor dem Aufbruch der *Wilhelm Gustloff*. Seine exzellente Darstellung der Auseinandersetzung zwischen Leonhardt und Schütze haben wir in einigen wichtigen Passagen übernommen. Hiefür schulden wir ihm großen Dank.

Auch Alfred Zayas, Leiter eines amerikanischen Studienteams an der Universität Göttingen und Verfasser des Buches *Die Anglo-Amerikaner und die Vertreibung der Deutschen*, möchten wir für seine Hilfe danken. Er machte uns mit Oberst Graf Karl zu Eulenberg und seiner Gemahlin bekannt, die uns ihre Kriegserlebnisse geschildert haben. Dies tat auch Hildegard Schneider, die als Heereskrankenschwester dabei war.

Wir danken Hans-Jürgen Witthöft von der Presseabteilung des Hapag-Lloyd in Hamburg und dem Blohm & Voss-Konzern, die uns die Pläne und Skizzen der *Wilhelm Gustloff* überließen. Dank schulden wir auch Günther Molter von Mercedes-Benz, der uns ein Auto zur Verfügung stellte und unsere Fahrten in der Bundesrepublik zu einem Vergnügen machte.

John England, der Bonner Korrespondent des *Sunday Telegraph*, war uns eine große moralische Hilfe. Christian Wieg, ein junger Student aus Hamburg und unser Dolmetsch bei allen Interviews, teilte aus ganzem Herzen unseren Enthusiasmus.

Gertrud Fraser, die die Schrecken des deutschen Rückzuges aus Rußland miterlebte und heute in London lebt, half uns bei der Übersetzung des deutschen Materials. Mrs. Kira Miller half bei den russischen technischen Übersetzungen. Adrian Secker von der *Financial Times* gab uns viele wertvolle Hinweise. Andrea Whittaker war eine hübsche und routinierte Simultan-Übersetzerin.

Unser Dank wäre unvollständig ohne die Erwähnung der beständigen Hilfe von Peter Brightman, einer begeisterten Spürnase bei allen Nachforschungen.

Letztlich möchten wir einigen sowjetischen Patrioten danken, die uns bei der Dokumentation des Aufstiegs und Falls von Kapitän Marinesko halfen.

Leser, die über die Zensur in der Sowjetunion informiert sind, werden wissen, daß sowjetische Helden nur weißer als weiß sein können und daß jedes im Westen publizierte Buch über einen von ihnen mit Sicherheit abgelehnt wird.

Trotzdem sind wir dankbar für die Hilfe von Herrn Michail Fatajew, dem Direktor des Zentralen Marinemuseums in Leningrad, für die Hilfe von Beamten des Zentralen Marinearchivs in Gattschina, für die Hilfe des sowjetischen Komitees der Kriegsveteranen und des Schriftstellerverbandes.

Es gab auch andere, die dafür eintraten, daß diese Geschichte erzählt wird, weil sie der Meinung waren, daß sie nicht nur den Mut und die Widerstandskraft eines echten sowjetischen Menschen zeigt, sondern auch die Schrecken und die Sinnlosigkeit des Krieges in Erinnerung ruft.

Wir grüßen diese Menschen, und weil wir wissen, daß sie nicht wollen, daß ihre Namen genannt und ihr Beitrag erwähnt wird, belassen wir es dabei. Wir hoffen, daß das Resultat ihren Mut und die Hilfe, die man uns angedeihen ließ, rechtfertigt.

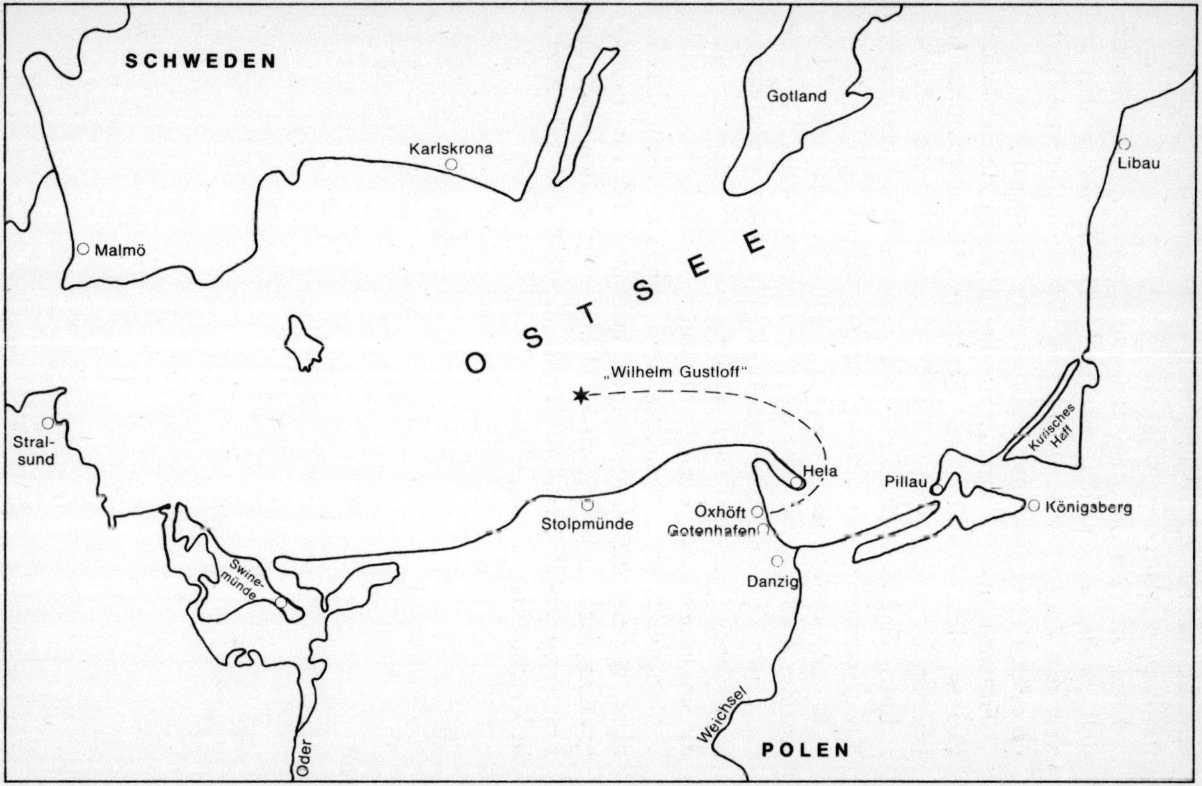

SCHWEDEN
Gotland
Karlskrona
Libau
Malmö
OSTSEE
„Wilhelm Gustloff"
Stral-
sund
Kurisches
Haff
Hela
Pillau
Oxhöft
Königsberg
Stolpmünde
Gotenhafen
Danzig
Swine-
münde
Weichsel
POLEN
Oder

1

In der eisigen Nacht des 30. Januar 1945 stampfte der 25.484 Tonnen große deutsche Passagierdampfer *Wilhelm Gustloff* durch die stürmische Ostsee. Auf den Decks bildeten sich Eisschichten, Schneeschauer verdeckten den blassen Mond. Die halb erfrorenen Ausgucke konnten gerade noch das eigene Schiff ausnehmen. Unter Deck waren beinahe alle Passagiere seekrank.

Die *Wilhelm Gustloff* war kein Schiff für rauhe See, sondern für Kreuzfahrten in ruhigeren, sonnigeren Gewässern gebaut. Unter normalen Umständen sorgte eine Besatzung von 400 Mann für 1465 Passagiere, die, auch wenn sie nicht von dem Luxus eines großen Atlantikdampfers umgeben waren, immerhin einen gewissen Komfort genossen.

Aber es herrschten keine normalen Umstände, und die *Wilhelm Gustloff* befand sich nicht auf einer Vergnügungsfahrt. Man schrieb das letzte Jahr des Zweiten Weltkrieges. Obwohl Deutschlands Niederlage besiegelt war, fanden an allen Fronten verzweifelte Rückzugsgefechte statt. Die Zeit für „Deutschlands Dünkirchen“ war gekommen.

Millionen verängstigter Flüchtlinge, von den vordringenden russischen Truppen unbarmherzig westwärts getrieben, strömten in die deutschen Ostseehäfen. Diese Häfen waren auch das Ziel der Lazarettzüge, die überquollen von deutschen Soldaten, die im Osten verwundet worden waren. Und in diesen Häfen befanden sich auch einige Tausend Männer, die für die Fortführung des deutschen Seekrieges lebenswichtig waren – hervorragend ausgebildete U-Bootsbesatzungen und Marinespezialisten verschiedenster Art.

All diesen Menschen erschien es ein unvorstellbar grauenhaftes Schicksal, in die Hände der Russen zu fallen, und für sie alle gab es praktisch nur einen Fluchtweg: das Meer. Zu Lande existierte keine Möglichkeit, diese Menschenmassen zu transportieren; Straßen und Eisenbahnlinien wurden fortwährend von neuen russischen Vorstößen unterbrochen.

Das Oberkommando der deutschen Wehrmacht entschied sich daher für eine großangelegte Evakuierung über das Meer. Diese Aktion fand damals wenig Beachtung, da sie von den dramatischen Erdkämpfen überschattet wurde, und sie ist bis heute weitgehend unbekannt geblieben. Dennoch war es eine Operation von atemberaubendem Ausmaß. Zwischen dem 23. Januar und dem 8. Mai brachten die Kriegs- und die Handelsmarine unter Einsatz aller zur Verfügung stehenden Dampfer und Kähne, praktisch ohne Luftunterstützung und mit minimalem Begleitschutz, nicht weniger als 2,022.602 Menschen (einschließlich 444.757 Verwundeten und 241.225 Soldaten) vor dem Zugriff der Roten Armee in Sicherheit.

Zu diesem Zweck lief die *Wilhelm Gustloff* am Morgen des 30. Januar von Gotenhafen bei Danzig, dem ehemaligen polnischen Gdingen, aus. Sie hatte nicht, wie von den Konstrukteuren vorgesehen, 1900, sondern 8000 Menschen an Bord. Sie war ein Flüchtlingsschiff; ein Truppentransporter; ein Lazarettschiff.

Der rege deutsche Schiffsverkehr in der Ostsee blieb natürlich nicht unbehelligt. Die gefährlichste Bedrohung der hastig zusammengestellten und schlecht geschützten Geleitzüge waren die russischen U-Boote, die bisher in diesen Gewässern nur bescheidene Erfolge zu verzeichnen gehabt hatten. Jetzt war ihre Stunde gekommen.

Als die *Wilhelm Gustloff* durch die eisige, unruhige See stampfte, wurde sie von dem russischen U-Boot *S 13* entdeckt und verfolgt. Der Kommandant dieses U-Bootes war der Kapitän 3. Klasse Alexander Marinesko, eine jener rauhen Typen, wie sie in jeder Kriegsmarine zu finden sind: ein Weiberheld, ein Säufer, ein Rebell wider die militärische Disziplin, aber ein brillanter U-Bootkommandant.

Als Marinesko sein Periskop auf das ehemalige deutsche Passagierschiff richtete, war dies der Auftakt zu einer Katastrophe größten Ausmaßes.

Wann immer von großen Schiffsunglücken gesprochen wird, fällt unweigerlich der Name *Titanic,* jenes britischen Schnelldampfers der Cunard-Linie, der auf seiner Jungfernfahrt mit einem Eisberg zusammenstieß. Dann nennen die meisten die *Lusitania*, die im Ersten Weltkrieg von den Deutschen versenkt wurde. Hierauf folgt vielleicht die *Athenia*, die in den ersten Stunden des Zweiten Weltkrieges torpediert wurde, oder der italienische Dampfer *Andrea Doria*, der in Friedenszeiten bei einem Zusammenstoß vor der Küste von New York gesunken ist; oder die *Empress of Ireland*, ein Dampfer der Canadian Pacific Line, der bei einer Kollision in der Flußmündung des St. Lorenz sank, wobei eine große Anzahl von Menschenleben zu beklagen war.

Von der *Wilhelm Gustloff* spricht niemand, ja, außerhalb Deutschlands hat kaum jemand jemals von ihr gehört.

Und doch war der Verlust an Menschenleben beim Untergang der *Wilhelm Gustloff* fünfmal so groß wie beim Untergang der *Titanic* und größer als beim Untergang aller anderen erwähnten Schiffe zusammen, einschließlich der *Titanic.*

Es ist beinahe unglaublich, daß eine Katastrophe solchen Ausmaßes so wenig Aufmerksamkeit erregt hat, besonders da die *Wilhelm Gustloff* ein Schiff war, das mit dem Deutschen Reich unter Adolf Hitler in einzigartiger Verbindung stand.

Es ist ebenso bemerkenswert, daß das maritime Großunternehmen, bei dem sie ihr Ende fand, in den meisten kriegsgeschichtlichen Werken nur in einer Fußnote erwähnt wird.

Um die Geschichte dieses Schiffes, das niemand kennt, zu verstehen und um begreifen zu können, was hinter seiner letzten Reise steckte, muß man vorerst wissen, was sich im Jahre 1944 in einer Kleinstadt zutrug, deren Name ebenso unbekannt ist wie jener des Schiffes.

Die Stadt heißt Nemmersdorf.

2

Nemmersdorf liegt nicht am Meer. Es ist ein kleiner Ort unweit der damaligen Grenze zwischen Ostpreußen und Polen. Als der Vormarsch der Roten Armee nach Westen unaufhaltsam weiterging, hatte Nemmersdorf das Unglück, der erste deutsche Ort zu sein, der in russische Hände fiel. Es wurde von General Galitskys 11. Gardearmee überrannt.

Daß die russischen Soldaten, die mitangesehen hatten, wie ihre Familien getötet und ihre Häuser und Felder niedergebrannt wurden, mit den „Fritzen" eine Rechnung zu begleichen hatten, ist nur natürlich. Nemmersdorf war der Anfang dieser furchtbaren Abrechnung.

Russische Propagandisten stachelten die Truppen auf, „alle Faschisten umzubringen", und die Disziplin wurde absichtlich gelockert. Ohne es ausdrücklich zu befehlen, griffen die Russen auf die im Mittelalter beliebte Parole „Vergewaltigt und plündert" zurück, indem sie die Soldaten wissen ließen, daß Vergewaltigung, ein Verbrechen, das in der Sowjetunion mit dem Tod bestraft wurde, gestattet sein würde, sobald sie die deutsche Grenze überschritten. Alexander Solschenizyn berichtet, daß dies als „eine Kampfauszeichnung" galt. Zusätzlich durften die Soldaten alles per Post nach Hause schicken, was sie geraubt hatten, aber nicht selbst tragen konnten. Daher erfreuten sich Raub, Totschlag und Vergewaltigung einer solchen Beliebtheit, daß in manchen Gegenden die Disziplin bisweilen mühsam wiederhergestellt werden mußte, ehe die Truppen wieder im Kampf eingesetzt werden konnten.

Fünf Tage nach der Besetzung von Nemmersdorf warf die dezimierte 4. Armee unter General Friedrich Hoßbach die Russen wieder hinaus. Als seine Truppen den Ort erreichten, fanden sie kaum noch einen Bewohner am Leben. Frauen waren an Scheunentüren und Feldwagen angenagelt, Panzer hatten jene zermalmt, die zu fliehen versuchten, erschossene Kinder lagen umher.

Die Russen hatten völlig wahllos getötet. Vierzig französische Gefangene, die die Russen als Befreier begrüßten, wurden als Spione erschossen. Ebenso erging es deutschen Kommunisten, die so lange auf die Ankunft ihrer Kameraden gewartet hatten und töricht genug waren, sie mit Brot und Salz und Lobeshymnen auf die Sowjetunion zu empfangen.

Es war, als ob Nemmersdorf von einer Armee von Wilden mit den Körpern von Männern und der Mentalität grausamer Kinder heimgesucht worden wäre. Es war zwar nicht das organisierte Abschlachten, das die deutschen Vernichtungskommandos in den besetzten Gebieten betrieben hatten, aber das Resultat war ähnlich. Es war die planlose Brutalität einer Soldateska, deren Treiben man bewußt freien Lauf gelassen hatte. Major Lew Kopelew (nach seinem Bild hat A. Solschenizyn den Rubin im *Ersten Kreis der Hölle* gezeichnet), ein begeisterter Kommunist, dessen Aufgabe es war, die Deutschen zu indoktrinieren und zum Kommunismus zu bekehren – es war ihm gelungen, eine deutsche Garnison zur Meuterei zu überreden –, wurde von der NKWD verhaftet und in ein Gefangenenlager geschickt, weil er versuchte, den Vergewaltigungs- und Mordorgien in den Grenzgebieten Einhalt zu gebieten. Sein Verbrechen: „Bourgeoiser Humanismus".

Die deutschen Behörden schlachteten diese Greuel weidlich für ihre Propagandazwecke aus. Sie hofften immer noch, einen Keil zwischen die Alliierten treiben zu können, und Nemmersdorf lieferte genau die richtigen Beweise für die Nazi-Behauptung, daß Deutschland für das Überleben der europäischen Kultur gegen die „Barbaren aus dem Osten" kämpfe. Ihr eigenes kulturfeindliches Barbarentum vergaßen sie geflissentlich.

Die Propaganda verfehlte zwar ihre Wirkung auf die Alliierten, aber bei der deutschen Bevölkerung war sie nur zu erfolgreich. Ganz Ostpreußen geriet in Panik. Hunderttausende verließen ihre Häuser und die Felder, die ihre Familien seit Generationen bestellt hatten – und vielleicht war es genau das, was Stalin bezweckt hatte, als er seinen Soldaten freie Hand ließ.

Lange Kolonnen von Wagen, Handkarren und Kinderwagen, hoch beladen mit wertvollem Besitz, zogen nach Westen. In diesen „Trecks" befanden sich außer den Deutschen aus den Grenzgebieten auch Kriegsgefangene der verschiedensten Nationalitäten sowie Russen, die kein Bedürfnis hatten, der NKWD zu erklären, warum sie sich ergeben hatten, und Flüchtlinge, die in den Osten ausgewichen waren, um dem Bombardement ihrer Städte durch die amerikanischen und die britischen Luftstreitkräfte zu entgehen. Ein paar Glückliche fuhren mit Traktoren – bis sie keinen Treibstoff mehr hatten. Manche Flüchtlinge verschwanden in Schneewächten, andere kamen ins Kreuzfeuer, wurden von Tanks überrollt oder von „Stormoviks" niedergemäht, jenen gefürchteten Flugzeugen vom Typ Iljuschin, die im Tiefflug mit Bordwaffen angriffen und von den Deutschen als „Schlächter" bezeichnet wurden. Dennoch zogen sie weiter, ein Volk im Aufbruch auf der Suche nach Sicherheit, von den Exzessen seiner eigenen Führer verdammt.

Je näher die russischen Truppen Berlin kamen, desto weiter wurden die Flüchtlinge nach Norden und zum Meer abgedrängt. Sie strömten nach Elbing, dem Eisenbahnknotenpunkt, nach Königsberg, der Hauptstadt Ostpreußens, und in die Häfen Danzig und Pillau. Einige konnten sich per Bahn oder Lastwagen nach Westen durchschlagen. Die meisten blieben aber in den Ostseehäfen und hofften auf ein Schiff, das sie in Sicherheit bringen würde.

Solange Hoßbachs Truppen die Front hielten, gab es noch eine gewisse Organisation. Ausspeisungen fanden statt. Man schlug Pflöcke in die gefrorenen Untiefen, die den Trecks den Weg über das Eis des Frischen Haffs wiesen, über die Meeresbucht zwischen Königsberg und Elbing. Einige hatten

Glück, und das Eis hielt. Aber nur allzuoft brachen die schwerbeladenen Wagen ein und verschwanden für immer.

Sowohl Hoßbach wie General Heinz Guderian, der Generalinspekteur der Panzertruppen, der nach dem Attentat vom 20. Juli 1944 zum Generalstabschef ernannt worden war, traten dafür ein, die Stellungen entlang der litauischen und der estländischen Küste aufzugeben. Nach ihrer Meinung sollten die dreihunderttausend Mann der Heeresgruppe Nord nach Süden abgezogen werden, um Berlin zu schützen. Doch Hitler wollte davon nichts hören. Jetzt waren die Reste dieser Armee abgeschnitten und mußten über das Meer versorgt werden.

Aus den letzten verbliebenen Schlachtschiffen und schweren Kreuzern der deutschen Marine, *Prinz Eugen*, *Lützow*, *Admiral Scheer* und *Admiral Hipper* wurde ein gemischter Kampfverband, die 2. Kampfgruppe, gebildet und zur Unterstützung der bedrängten Truppen eingesetzt. Es war ein verzweifelter Versuch, die Konzentration von russischem Kriegsmaterial, Artillerie und Soldaten, die die Deutschen in zusammenschrumpfende und verlustreiche Kessel entlang der Küste zusammendrängten, von See aus mit schweren Schiffsgeschützen zu bekämpfen.

Sie konnten nur wenig ausrichten. Die Situation war hoffnungslos, und die Soldaten wußten es. Guderian inspizierte die Front und stellte fest, daß die Russen ihre Kräfte für einen letzten großen Vorstoß in das Herz Deutschlands zusammenzogen. Es war nur eine Frage der Zeit, wann dieser Schlag fallen würde.

Er fiel am 12. Januar 1945 und begann mit einem zweistündigen Sperrfeuer der Artillerie; 117.000 Granaten schlugen in die deutschen Stellungen – in Stellungen, die zum Großteil von alten Männern und mit Panzerfäusten ausgerüsteten Jugendlichen gehalten wurden. An diesem kalten klaren Morgen brach Marschall Rokossowskis Armee in Ostpreußen ein. Das Kräfteverhältnis war ungleich: Bei den Truppen betrug es 10 : 1 zugunsten der Russen, bei den Panzern 7 : 1; die russische Artillerie war zwanzigmal so stark wie die deutsche. Die deutsche Front fiel auseinander.

Die russischen Truppen strömten in das Herzland des deutschen Militarismus. Albert Speer, der Minister für Rüstung und Kriegsproduktion, beschreibt in seinem Buch *Erinnerungen* die bemerkenswerte Szene, die sich kurz darauf in Berlin abspielte.

„Einige Tage danach warteten wir im sogenannten Botschaftszimmer der Reichskanzlei, einem mit Gobelins ausgehängten Vorraum zu Hitlers Arbeitssaal, auf den Beginn der Lagebesprechung. Als Guderian, der sich durch einen Besuch beim japanischen Botschafter Oshima* verspätet hatte, eintraf, öffnete ein Diener in einfacher schwarzweißer SS-Uniform die Tür zum Arbeitssaal Hitlers. Über den dicken, handgewobenen Teppich begaben wir uns zu dem Kartentisch an den Fenstern. Die riesige Marmorplatte, aus einem Stück gearbeitet, stammte aus Österreich und zeigte auf hellrotem Grund in einem gelblichen Weiß Schnitte durch eine Korallenbank. Wir stellten uns an der Fensterseite auf, Hitler saß uns gegenüber.

Die deutsche Armee in Kurland war hoffnungslos abgeschnitten. Guderian versuchte, Hitler davon zu überzeugen, daß diese Position aufgegeben und die Armee über die Ostsee abtransportiert werden solle.

Hitler widersprach, wie immer, wenn es sich darum handelte, einem Rückzug zuzustimmen. Guderian gab nicht nach, Hitler beharrte, die Tonart steigerte sich, und schließlich stellte sich Guderian Hitler mit einer Deutlichkeit entgegen, wie sie in diesem Kreis gänzlich ungewohnt war. Wahrscheinlich befeuert von den Wirkungen des Alkohols,

*Oshima versuchte 1942 und 1943 verschiedentlich, Hitler zu einem Separatfrieden mit Rußland zu überreden, damit die Deutschen und die Japaner gemeinsam die USA und Großbritannien besiegen könnten. Laut Oshima lehnte Hitler ab, weil Deutschland den Weizen aus der Ukraine benötigte, den er nur gewaltsam erhalten konnte. Aber es ist interessant, Vermutungen anzustellen, wie weit Oshima Guderian in seinem Wunsch, den Osten zu evakuieren, beeinflußt hat.

den er bei Oshima zu sich genommen hatte, streifte er alle Hemmungen ab. Mit blitzenden Augen und wahrhaft gesträubtem Schnurrbart stand er Hitler, der ebenfalls aufgestanden war, am großen Marmortisch gegenüber.

,Es ist einfach unsere Pflicht, diese Menschen zu retten! Noch haben wir Zeit, sie abzutransportieren', rief Guderian herausfordernd. Verärgert und aufs äußerste gereizt, hielt Hitler ihm entgegen: ,Sie werden dort weiterkämpfen! Diese Gebiete können wir nicht aufgeben!' Guderian blieb hartnäckig. ,Aber es ist nutzlos', widersprach er empört, ,dort in dieser sinnlosen Weise Menschen zu opfern. Es ist höchste Zeit! Wir müssen diese Soldaten sofort einschiffen.'...

Aber es blieb bei Hitlers Entscheidung."

Hitler wurde in seinem Wahnsinn vom Gauleiter von Ostpreußen Erich Koch unterstützt, einem Mann, der in seiner Schlechtigkeit den Nationalsozialismus verkörperte. Koch, von William Manchester als „griesgrämiger kleiner Leuteschinder, der für gewöhnlich eine Stockpeitsche bei sich trug" geschildert, war früher Generalkommissar für die Ukraine gewesen und hatte 1943 in Kiew eine Rede gehalten, in der er unter anderem sagte: „Wir sind die Herrenrasse und wir müssen hart, aber gerecht regieren ... Ich werde das Letzte aus diesem Land herauspressen. Ich bin nicht hierhergekommen, um Freude zu bringen ... Die Bevölkerung muß arbeiten, arbeiten und wieder arbeiten ... Wir sind bestimmt nicht hierhergekommen, um Manna zu verteilen. Wir sind hergekommen, um die Basis für den Sieg zu schaffen.

Wir sind eine Herrenrasse, wir müssen immer daran denken, daß der niederste deutsche Arbeiter rassisch und biologisch tausendmal wertvoller ist als die Bevölkerung hier."

Aber jetzt waren die Tage, wo Koch sich vor einer besiegten Rasse brüsten konnte, vorüber. Jetzt kämpfte er als Reichsverteidigungskommissar darum, Hitlers Befehle in Ostpreußen auszuführen. Seine Vorstellung einer Verteidigung des Reichs bestand in der sklavischen Befolgung von Hitlers Gebot, den Russen keinen Zoll deutschen Bodens zu überlassen.

Sich als „Führer des ostpreußischen Volkssturms" aufspielend, rief er jedermann auf, zu den Waffen zu greifen, und weigerte sich, abgesehen von einer acht Kilometer breiten Zone unmittelbar hinter der Front, die Zivilbevölkerung evakuieren zu lassen. Er weigerte sich, weil „kein echter Deutscher auch nur daran denken dürfe, daß Ostpreußen in russische Hände fallen könnte". Sein „Volkssturm" beschäftigte sich damit, „Feiglinge" aufzuspüren und aufzuknüpfen. Er legte eigene Waffenlager an und entzog damit den regulären Truppen dringend benötigte Waffen und Ausrüstung. Jeden Abend hielt er eine Radioansprache und forderte die Bevölkerung Ostpreußens auf, den Kampf fortzusetzen. Als General Hoßbach versuchte, nach Westen durchzubrechen, sandte Koch folgende Nachricht an Hitler: „4. Armee feige auf der Flucht, versucht sich in die Heimat durchzuschlagen. Ich verteidige Ostpreußen mit dem Volkssturm weiter." Hitler untersagte den Durchbruch nach Westen, und Hoßbach wurde gefeuert.

Dessenungeachtet hatte Koch während dieser ganzen Zeit die eigene Flucht mit einigen Parteifreunden und seinen geraubten Schätzen vorbereitet. Er ließ die beiden Eisbrecher *Ostpreußen* und *Pregel* beschlagnahmen und mit Flakgeschützen und einer speziellen Funkanlage ausrüsten.

Das war der Mann, der das Gebiet regierte, in das jetzt die Flüchtlinge strömten, völlig verängstigt von den Berichten über die Geschehnisse in Nemmersdorf und anderen Orten. Hunderttausende flohen, dicht gefolgt von den russischen T 34, die den Volkssturm mit seinen Panzerfäusten beiseite fegten. Auch die deutschen Soldaten, selbst jene mit Orden und Auszeichnungen, die sich bis Moskau vorgekämpft und auf dem Rückzug wieder durchgeschlagen hatten, flohen nun. Sie sahen keinen Sinn mehr darin, für eine verlorene Sache zu sterben.

Je weiter die Russen nach Deutschland vordrangen, desto schlimmer wurden die Exzesse. Die gefürchteten Worte: „Frau komm" bedeuteten Vergewaltigung, vielleicht den Tod. Wo immer die Russen hinkamen, breitete sich die Syphilis aus. Sie plünderten, und was sie nicht stehlen konnten, wurde zerschlagen und verbrannt. Alexander Solschenizyn war damals Hauptmann in der sowjetischen Artillerie. Später schrieb er von seiner tiefen Scham – Scham über sich und seine Kameraden –, denn er war der Versuchung unterlegen, hatte Schreibpapier und Bleistifte gestohlen und war mit einem Mädchen ins Bett gegangen, dessen einzige Bitte gewesen war: „Erschieß mich nicht."

Er wurde anfangs Februar in Ostpreußen von der NKWD verhaftet, unter anderem auch wegen seiner Kritik an den von offizieller Seite unterstützten Grausamkeiten. In seinem großen Werk „Archipel Gulag" erinnert er sich später: „Ja! Nach drei Wochen Krieg in Deutschland wußten wir Bescheid: Wären die Mädchen Deutsche gewesen – jeder hätte sie vergewaltigen, danach erschießen dürfen, und es hätte fast als kriegerische Tat gegolten . . ."

Während er im Norden von Kasachstan im Straflager von Ekibastuz wegen „antisowjetischer Propaganda" acht Jahre abdiente, verfaßte er das Gedicht *Ostpreußische Nächte*. Er wagte nicht, es niederzuschreiben, sondern behielt es bis zu seiner Entlassung für sich. Es erzählt von dem Schrecken, der über Ostpreußen kam:

Zweiundzwanzig, Höringstraße.
Noch kein Brand, doch wüst, geplündert.
Durch die Wand – gedämpft – ein Stöhnen:
Lebend finde ich noch die Mutter.
Waren's viel auf der Matratze?
Kompanie? Ein Zug? Was macht es!
Tochter – Kind noch, gleich getötet.
Alles schlicht nach der Parole:
NICHTS VERGESSEN! NICHTS VERZEIH'N!

BLUT FÜR BLUT! – und Zahn für Zahn.
Wer noch Jungfrau, wird zum Weibe,
und die Weiber – Leichen bald.
Schon vernebelt, Augen blutig,
bittet: „Töte mich, Soldat!"

Es muß betont werden, daß diese Greuel nicht bloß die Taten primitiver Soldaten aus Sibirien und Zentralasien waren, die der Kampf blutrünstig gemacht hatte. Nein, die Greuel wurden offiziell gebilligt. Ilja Ehrenburg, der russische Kriegsberichterstatter und Propagandist, forderte die Truppen auf: „Tötet, tötet! Es gibt nichts, was an den Deutschen unschuldig ist, an den Lebenden nicht und nicht an den Ungeborenen! Folgt der Weisung des Genossen Stalin und zerstampft für immer das Faschistische Tier in seiner Höhle. Brecht mit Gewalt den Rassenhochmut der germanischen Frauen. Nehmt sie als rechtmäßige Beute. Tötet, ihr tapferen, vorwärtsstürmenden Rotarmisten!"

Ehrenburgs Maßlosigkeit wurde sogar in Moskau kritisiert: Die *Prawda* brachte noch während des Krieges einen Artikel des Parteitheoretikers G. F. Alexandrow, in dem dieser feststellte, es sei unmarxistisch und unklug, alle Deutschen für Nazis zu halten, die man als Untermenschen behandeln müsse.

Die Soldaten zogen es jedoch vor, auf Ehrenburg und auf Kommandanten wie Generaloberst Rybalko zu hören, dessen Tochter von deutschen Soldaten verschleppt worden war und der daher seine eigene bittere Rechnung zu begleichen hatte. Als die Russen die deutsche Grenze erreichten, stachelte er seine Leute auf: „Die lang erwartete Stunde, die Stunde der Rache ist gekommen! Wir alle haben persönliche Gründe für Rache: meine Tochter, eure Schwestern, unser Mütterchen Rußland, die Zerstörung unseres Landes!"

Selbst die offizielle *Sowjetische Geschichte des großen vaterländischen Krieges* mußte trotz Aufzählung aller Tugenden der Roten Armee zugeben: „Nicht alle sowjetischen Truppen begriffen richtig, wie sie sich in Deutschland zu verhalten hatten. Während der ersten Kampftage in Ostpreußen gab es vereinzelte Handlungen, die die korrekten Verhaltensregeln verletzten ..." Die Tatsache, daß die sowjetischen Historiker, die nicht gerade bekannt sind für das bereitwillige Eingeständnis eigener Schuld, zugeben, daß die Rote Armee sich nicht immer ganz korrekt verhalten hat, zeigt deutlich, wie viele „Verhaltensregeln" durchbrochen wurden.

Aber wo konnten die Deutschen Sicherheit finden? Und wie lange konnte eine dahinstolpernde Flüchtlingskolonne den russischen Panzern entkommen? Die einzige Hoffnung auf Rettung für Millionen schien die Evakuierung über die Ostsee durch die deutsche Kriegs- und Handelsmarine zu sein. Also strömte alles zu den Häfen.

Dort spielten sich furchtbare Szenen ab. Jürgen Thorwald schreibt in *Es begann an der Weichsel:*

„Ein paar Tage zuvor hatten Wind und Sturm den Schnee zu meterhohen Dünen in den Straßen zusammengeweht. Und die weit auseinandergezogenen Züge der Leiterwagen, auf denen an jedem Tag neue Flüchtlinge in die Stadt hineinrollten, hatten eher Bergen von Schnee geglichen als Fahrzeugen, die unter ihren Planen Menschen bargen. Die Flüchtlinge, die mit der Bahn ankamen, wühlten sich vom Bahnhof aus in trostlosen Haufen durch die schneeverwehten Straßen, um irgendwo in Schulen, Baracken oder in Hafenschuppen unterzukriechen und wenigstens Schutz vor dem Sturm zu finden. Man sah viele von ihnen in Schlangen vor den neueingerichteten Auffangstellen der Marine oder vor den Küchen, die in Hafenschuppen und unter offenen Holzdächern Brot und Suppe verteilten.

Man sah vermummte Frauen mit Kindern von Haustür zu Haustür gehen. Sie stemmten sich gegen den Wind und bettelten um ein Brot oder um warme Milch. Man sah auch Kinder, die ihre kranke Mutter auf einem Schlitten oder einem Koffer hinter sich her durch den Schnee zogen, um nach einem Arzt, einem Bett, einem warmen Winkel zu suchen."

Gräfin zu Eulenberg erzählte den Autoren, was sich abspielte, als das Schiff, das sie in der kleinen Hafenstadt Neufahrwasser nahe Danzig bestiegen hatte, Pillau (auf der anderen Seite der Danziger Bucht gelegen und damit den Russen ein Stück näher), anlief, um weitere Flüchtlinge an Bord zu nehmen.

„Als wir ankamen, schaute ich durch das Bullauge und sah nichts als eine dicke Lage Schnee. Als wir näherkamen, begriff ich, daß es eine riesige Menge von Flüchtlingen war, die alle auf eine Chance warteten, fortzukommen. Wie Zelte hatten sie Decken aufgespannt und die ganze Nacht gewartet. Wir legten an, und die Gangway wurde herabgelassen. Der Ansturm war unbeschreiblich. Ich sah, wie ein Kinderwagen von den nachdrängenden Massen bis zur Unkenntlichkeit zerdrückt wurde. Ein alter Mann fiel ins Wasser, und man konnte gar nichts tun – überdies war es so kalt, daß er vermutlich in dem Augenblick starb, als er das Wasser berührte . . ."

Je näher die Russen kamen, desto größer wurde die Verzweiflung. Die sowjetische Artillerie beschoß die Häfen, die Stormoviks warfen Bomben ab und rissen mit ihren Bordwaffen große Löcher in die wartenden Reihen der Flüchtlinge. Aber keiner rührte sich weg. Selbst der Tod war weniger wichtig als auf eines der Schiffe zu kommen. Babys wurden als Fahrkarten benutzt, an Bord getragen und wieder hinuntergeworfen, um damit einem andern Familienmitglied einen Passierschein in die Sicherheit zu verschaffen. Manche fielen zwischen das Schiff und die Kaimauer. Es schien belanglos. Wichtig war nur das eine: von den Russen wegzukommen.

Noch am 30. Januar behauptete Hitler in einer Radioansprache, nachdem er „die furchtbaren Ereignisse, die sich im Osten abspielen" erwähnt hatte, daß Deutschland letztlich triumphieren würde, und verlangte unbedingten Gehorsam.

Am selben Tag schrieb sein Stellvertreter Martin Bormann seiner Frau über die herrschenden Zustände. Sie und die Kinder dürften niemals in die Hände der Russen fallen, und für den Endsieg müßten sie alle hart sein und durchhalten.

Blind gegenüber der Logik der Rache, war Bormann nicht

imstande, die Lage zu erfassen. Ein Mann hingegen, der sie erfaßte, war Großadmiral Karl Dönitz. Er hatte schon vor neun Tagen einen in einem Wort verschlüsselten Befehl erteilt: HANNIBAL. Damit befahl er seinen Männern in der jetzt bedrohten U-Boot-Schule sich von Gotenhafen nach Westen abzusetzen.

3

Seit Hitlers Polenfeldzug im Jahre 1939 spielte Gdingen oder Gotenhafen, wie Hitler es umgetauft hatte, eine wichtige Rolle im von Admiral Raeder begonnenen und von Dönitz fortgesetzten U-Boot-Krieg, der Großbritannien durch die Unterbrechung der lebenswichtigen Seetransporte in die Knie zwingen sollte.

Die geschützten Gewässer der Danziger Bucht und der See vor Bornholm waren für die Ausbildung der U-Boot-Besatzungen hervorragend geeignet. In der ersten Zeit des Krieges bekamen die dort ausgebildeten Besatzungen in Kiel und Hamburg neue Boote und fuhren durch die Nordsee und um Nordschottland, um an der Atlantikschlacht teilzunehmen. Später, nach der Niederlage und teilweisen Besetzung Frankreichs, fuhren sie auf dem Landweg durch Europa, um die Boote zu übernehmen, die in den geschützten U-Boot-Bunkern entlang der Bucht von Biskaya lagen.

Der U-Boot-Krieg erreichte im Frühjahr 1943 seinen Höhepunkt, doch neue Ortungs- und Jagdmethoden ließen die Alliierten die Oberhand gewinnen, und man hielt die U-Boot-Gefahr für gebannt.

Aber plötzlich, im Januar 1945, wurden die U-Boote wieder zu einer Bedrohung. Wie der Marinehistoriker Stephen Roskill schreibt: „Es mag erstaunlich klingen, aber die ersten Monate des Jahres 1945 waren für die britischen Marinebehörden eine Periode der Besorgnis. Denn wir wußten, daß immer noch mehr U-Boote ins Wasser gelassen wurden, als wir versenkten. Wir erwarteten, daß einige der wesentlich verbesserten Boote vom Typ XXI und XXIII zum Einsatz kommen würden, und wir wußten, daß unsere mit Radar ausgerüsteten Flugzeuge seit der Entwicklung des Schnorchels viel von ihrer Wirkung verloren hatten."

Dönitz setzte diese Schnorchelboote in den britischen Küstengewässern ein, und sie konnten eine Reihe von Erfolgen verbuchen. Obwohl er darüber beglückt war, wartete er ungeduldig auf die neuen „Elektro-Boote", die allen bisher gebauten Booten bei weitem überlegen waren; sie würden die durch die U-Boot-Abwehr erlangte technische Überlegenheit der Alliierten zunichte machen. Dönitz' Planung erlitt durch die fortwährenden Bombenangriffe immer wieder Rückschläge, aber er hoffte immer noch, die neuen Boottypen zum Einsatz bringen zu können. Und dann würde er die jungen Männer, die in den baltischen Häfen ausgebildet wurden, dringend als Besatzungen benötigen.

Aus diesen Gründen unterstützte Dönitz zuerst nachdrücklich Hitlers Weigerung, einen Rückzug zuzulassen, der die Aufgabe der Ostseehäfen bedeuten würde. Die neuen Super-U-Boote waren seine letzte Hoffnung. Aber es war zu spät. Am 21. Januar war der Augenblick der Entscheidung gekommen.

Die U-Boot-Ausbildungsabteilungen waren in großen Handelsschiffen untergebracht, die einst der Stolz der deutschen Schiffahrtslinien gewesen waren: Die *Hansa*, die *Hamburg*, die *Deutschland*.

Und die *Wilhelm Gustloff*.

4

Die *Wilhelm Gustloff* stand in einer besonderen Beziehung zur U-Boot-Waffe – und zur NSDAP. Sie war im Besitz der Deutschen Arbeitsfront, und vor dem Krieg mußte jedes Besatzungsmitglied der Partei angehören. Ein uniformierter Parteigenosse, Gruppenführer Kaufhold, achtete darauf, daß die Parteiinteressen an Bord gewahrt wurden. Wenn er nicht mit diesen Kommissarpflichten beschäftigt war, leitete er die Schiffswäscherei.

Das Schiff war gleichsam von der Partei geboren worden, denn Hitler hatte persönlich den Bau angeordnet und es nach dem Gauleiter Wilhelm Gustloff, dem Führer der Nationalsozialisten in der Schweiz, benannt. Im Februar 1936 war Gustloff von dem jungen jugoslawischen Juden David Frankfurter ermordet worden, der sich unter dem Vorwand, eine wichtige Nachricht zu bringen, Zutritt zu seiner Wohnung verschafft und ihn mit fünf Kopfschüssen getötet hatte.

Gustloff war seit den frühen Tagen der Partei ein kämpferisches Mitglied gewesen, und seine Aufgabe in der Schweiz war vor allem gewesen, unter den Deutschschweizern die Lehren des Nationalsozialismus zu verbreiten und Informationen über in der Schweiz lebende deutsche Antifaschisten zu sammeln. Er war immerhin so bedeutend gewesen, daß die Diplomaten einer Reihe von Ländern seine Aktivitäten in Davos verfolgt hatten, und daß die schweizerische Regierung seine Zeitung „Der Reichsdeutsche" verboten hatte. Man hatte auch seine Ausweisung aus der Schweiz verlangt, die jedoch von Sympathisanten in der schweizerischen Regierung verhindert worden war. Bis zu Gustloffs Tod kannte kaum jemand, nicht einmal in Deutschland selbst, seinen Namen. Da er jedoch der erste

Nazi war, den ein Jude ermordet hatte, wurde er sofort zum Märtyrer und zum Vorwand für antisemitische Ausschreitungen.

Was das Ausmaß der offiziellen Trauer betraf, konnte sich sein Begräbnis durchaus mit jenem des Reichspräsidenten Feldmarschall von Hindenburg messen. Hitler, Hess, Goebbels und Himmler nahmen daran teil, und Hitler ritt eine hysterische Attacke gegen die Juden:

> „Dann kommt eine endlos lange Reihe von ermordeten Nationalsozialisten, feige ermordet, fast stets aus dem Hinterhalt, erschlagen oder erstochen oder erschossen. Hinter jedem Mord stand aber dieselbe Macht, die verantwortlich ist für diesen Mord: hinter den harmlosen kleinen verhetzten Volksgenossen, die aufgewiegelt waren, steht die haßerfüllte Macht unseres jüdischen Feindes, eines Feindes, dem wir nichts zuleide getan hatten, der aber versucht, unser deutsches Volk zu unterjochen und zu seinem Sklaven zu machen, der verantwortlich ist für all das Unglück, das uns im November 1918 getroffen hat, und verantwortlich ist für das Unglück, das in den Jahren darauf Deutschland heimsuchte! . . .
>
> Wir begreifen die Kampfansage, und wir nehmen sie auf! Mein lieber Parteigenosse, du bist nicht umsonst gefallen!
>
> Unsere Toten sind alle wieder lebend geworden. Sie marschieren nicht nur im Geiste, sondern lebendig mit uns mit. Und einer dieser Begleiter in die fernste Zukunft hinein wird auch dieser Tote sein. Das sei unser heiliger Schwur in dieser Stunde, daß wir dafür sorgen wollen, daß dieser Tote in die Reihen der unsterblichen Märtyrer unseres Volkes einrückt. Dann wird aus seinem Tod millionenfaches Leben kommen für unser Volk. Das hat dieser jüdische Mörder nicht geahnt oder vorausgesehen, daß er einen tötete, aber in die fernste Zukunft hinein Millionen und aber Millionen Kameraden zu einem wahrhaft deutschen Leben erwecken wird . . .

Nun hat jede Ortsgruppe des Auslandes ihren nationalsozialistischen Patron, ihren heiligen Märtyrer dieser Bewegung und unserer Idee. In jeder Geschäftsstelle wird nun sein Bild hängen. Jeder wird seinen Namen im Herzen tragen, und er wird nimmermehr vergessen sein in alle Zukunft.

Das ist unser Gelöbnis. Diese Tat fällt auf den Täter zurück. Nicht Deutschland wird dadurch geschwächt, sondern die Macht, die diese Tat verübte.

Das deutsche Volk hat einen Lebenden im Jahre 1936 verloren, allein einen Unsterblichen für die Zukunft gewonnen!"

Der *Völkische Beobachter* setzte die Hetze mit einigen Artikeln, die den Mord ausschlachteten, fort.

Man kann die propagandistische Ausnutzung des Mordes an Wilhelm Gustloff als einen der ersten Schritte Hitlers auf dem Weg zur „Endlösung" sehen, seines Versuches, die Juden auszurotten.*

Wilhelm Gustloff bekam sein Denkmal am 5. Mai 1937, als seine Witwe, eine gute Bekannte Hitlers, das schöne Schiff taufte, das seinen Namen in gotischen Lettern auf dem Bug trug. Blohm & Voß hatten es mit einem Kostenaufwand von fünfundzwanzig Millionen Reichsmark als Flaggschiff der „Kraft durch Freude"-Bewegung gebaut. Diese wurde von dem als Trinker bekannten Richard Ley geleitet, der seine Freude in der Kraft des konsumierten Alkohols fand. Hitler hatte diese Organisation ins Leben gerufen, um der Welt zu zeigen, wie groß die Leistungen des neuen Deutschlands seien. Es war ein gewaltiges Propagandaunternehmen, um zu demonstrieren, daß der deutsche Arbeiter, zufrieden mit seiner Beschäftigung, auch alle Annehmlichkeiten des modernen Lebens genießen konnte.

*Frankfurter, geschickt von einem Schweizer Anwalt verteidigt, der Gustloff beschuldigte, in der Schweiz eine „Miniaturgestapo" zu errichten, wurde zu achtzehn Jahren Gefängnis verurteilt.

Diesem Ideal entsprach der Dampfer, ein klassenloses Schiff mit einer Besatzung von vierhundert Mann, dazu bestimmt, mit 1.465 fröhlichen Passagieren Ferienkreuzfahrten ins Mittelmeer und nach Afrika zu unternehmen, aber auch in die norwegischen Gewässer, wo die deutsche Hitlerjugend ihren nordischen Träumen nachhängen konnte.

Ihre erste Kreuzfahrt führte die *Wilhelm Gustloff* im März 1938 unter dem Kommando von Kapitän Karl Lubbe ins Mittelmeer. Es war die Zeit der großen Transatlantikdampfer, als britische, französische und amerikanische Schiffe mit ihren luxuriös ausgestatteten Kabinen Erster Klasse und den wesentlich spartanischeren Unterkünften für die Passagiere Dritter Klasse ein lebendes Symbol für die Klassenunterschiede der kapitalistischen Welt waren. Die *Wilhelm Gustloff* aber war der nachdrückliche Beweis, daß Hitler-Deutschlands Wertschätzung den Arbeitern und Parteigenossen galt. Wie es ein deutscher Autor ausdrückte: „Die *Gustloff* war nicht für die wichtigen und reichen Leute bestimmt, sondern für den Schlosser aus Bayreuth, den Briefträger aus Köln, die Garderobefrau aus Bremen und für die Hausfrau.“

Unter diesen Gesichtspunkten war es unvermeidlich, daß der Stapellauf der *Wilhelm Gustloff* zu einer großen Propagandaveranstaltung wurde. Hitler erschien mit seinem ganzen Gefolge. Musikkapellen spielten auf, Fahnen flatterten, Sirenen heulten und die Leute jubelten, als das Schiff langsam in Hamburg die Helling hinabglitt.

Die *Wilhelm Gustloff* erfüllte alle Erwartungen, die Hitler in sie gesetzt hatte. Sie machte Kreuzfahrten nach Italien, die für jeden Arbeiter erschwinglich waren, und im April 1938 hatte sie ganz besonderes Glück. Der Funkoffizier fing den SOS-Ruf des britischen Kohlendampfers *Pegaway* auf, der sich zwanzig Meilen vor der holländischen Insel Terschelling in Seenot befand. Die *Wilhelm Gustloff* eilte zu Hilfe und rettete neunzehn Mann. Die Zeitungen betonten damals die gute Kameradschaft auf hoher See, die alle politischen Differenzen überwand. Wo immer die *Wilhelm Gustloff* hinfuhr, brachte sie den Glanz der neuen deutschen Stärke und Tüchtigkeit mit sich. Sie lief Portugal und Madeira an. Anläßlich eines Englandbesuches fuhr sie die Themse hinauf und diente zweitausend Deutschen, die ihre Stimme abgeben wollten, als schwimmendes Wahllokal.

Im Winter 1938/39 lief sie nach Genua aus, um Reisende aufzunehmen, die per Eisenbahn aus Deutschland gekommen waren, fuhr nach Neapel und Palermo weiter und brachte ihre Passagiere schließlich nach Venedig, von wo sie wieder mit der Eisenbahn nach Hause zurückkehrten. Im Frühsommer des Jahres 1939 unternahm sie ihre letzte Kreuzfahrt nach Norwegen und Schweden.

Dann kam der Krieg, und nach nur siebzehn Monaten als Flaggschiff der KdF-Flotte ging die *Wilhelm Gustloff* ins Dock in Hamburg, um in ein Lazarettschiff umgewandelt zu werden. Diese Funktion übte sie allerdings niemals aus, denn 1940 fuhr sie ostwärts nach dem eroberten Gotenhafen, wo sie den U-Boot-Fahrern während der Ausbildung als Unterkunft diente. In die reich geschmückten Aufenthaltsräume stellte man Schlafstellen für die Matrosen, die auf dem Sonnendeck exerzierten, auf dem sich einst vergnügte Passagiere während der Mittelmeerkreuzfahrten gesonnt hatten. Ihr glänzendweißer Anstrich wurde durch ein stumpfes Marinegrau ersetzt, ihre Elite-Besatzung verließ das Schiff und wurde eingezogen. Italienische, litauische und kroatische Arbeitskräfte kamen auf die *Gustloff*, deren Aufgabe es war, sich um die U-Boot-Fahrer zu kümmern.

Mehr als vier Jahre lag sie in Gotenhafen am Kai, und ihr entsprang jener Strom von U-Boot-Männern, der England beinahe in die Knie gezwungen hätte. Obwohl Admiral Dönitz so viele von ihnen in den Tod schickte – rund neunzig Prozent von ihnen kamen um –, liebte er diese Männer. Er war zu der Überzeugung gekommen, daß sie alles das verkörperten, was den deutschen Soldaten auszeichnete.

So beschloß er, seine U-Boot-Leute zu evakuieren, als die Russen unaufhaltsam gegen Gdingen vorstießen. Es gab immer noch einen Funken Hoffnung, daß sie die neuen U-Boote übernehmen würden, aber Dönitz' Hauptanliegen war es, seine Leute vor den Russen zu retten. Es schien nur natürlich, daß die *Wilhelm Gustloff*, die so lange ihr Heim gewesen war, nun den Befehl bekam, die Männer in Sicherheit zu bringen.

5

Während Dönitz „Operation Hannibal" in Gang setzte, bereiteten sich die U-Boote der sowjetischen Baltischen Rotbannerflotte, die in der Ostsee und im Finnischen Meerbusen operierte, darauf vor, zum Angriff überzugehen.

Nach der Beendigung der Belagerung von Leningrad setzte die Rote Armee ihren Vormarsch nach Westen entlang des finnischen Meerbusens fort. Diese Offensive und die Kapitulation Finnlands, Deutschlands unglückseligem Verbündeten, öffneten den U-Booten die Ostsee. Diese U-Boote waren die längste Zeit durch Minensperren und das im Frühjahr 1943 von 141 deutschen Schiffen ausgelegte Stahlnetz in Leningrad und in Kronstadt, der wichtigsten russischen Marinebasis der Ostsee, festgehalten worden.

Die Rotbannerflotte hatte bis zu diesem Zeitpunkt kaum Erfolge zu verzeichnen gehabt. Als Hitler angriff, verfügte die russische Marine über 218 U-Boote und war damit die größte Unterwasserflotte der Welt. Und dennoch erreichte sie weniger als alle anderen größeren U-Boot-Verbände; sie versenkte nur 108 Handelsschiffe und 28 kleine Kriegsschiffe, wobei 108 U-Boote verloren gingen.

Die russische U-Bootflotte wurde durch Stalins Vorkriegssäuberungen schwer getroffen. Bei Kriegsausbruch hatte nur ein Viertel der Kapitäne mehr als zwei Jahre Kommandoerfahrung. Und es gab noch andere Probleme. Die Torpedos waren schlecht, explodierten vorzeitig oder gar nicht und verfehlten ihr Ziel. Die Hydrophone, Horchgeräte zur Ortung feindlicher Schiffe, waren, verglichen mit jenen der Briten und der Deutschen, primitiv. Außerdem hatten die U-Boote lautstarke Motoren, die ihre Position verrieten. Und die Überstellung von Technikern in die Rote Armee hatte die Besatzungen geschwächt.

Während des Krieges zeigte Stalin wenig Interesse am Seekrieg, aber im Dezember 1944 besprach er mit Admiral Nikolai Kusnezow, einem Überlebenden der Säuberungen, der in weniger als drei Jahren vom Kapitän zum Oberbefehlshaber der sowjetischen Seestreitkräfte avanciert war, Operationen in der Ostsee.

Kusnezow erzählte später seinen Freunden, was geschah, als der Diktator ihn zu sich befahl. Stalin erklärte dem Admiral, es wäre an der Zeit, daß die Ostseeflotte zeige, wozu sie imstande sei. Sie müsse mit vollem Einsatz an der Offensive teilnehmen, die deutschen Seeverbindungen angreifen und die eigenen Gewässer gegen deutsche U-Boote und Kriegsschiffe schützen, da die deutschen Schlachtschiffe und Kreuzer immer noch vor den Ostseeküsten patrouillierten und ihre schweren Geschütze gegen die vordringenden Russen richteten.

Er erwartete nicht nur eine wesentlich bessere Erfolgsbilanz der U-Boot-Flotte in der Ostsee, sondern er wünschte auch einen intensiveren Einsatz der Überwasserschiffe. Die Luftwaffe würde Befehl erhalten, die Luftüberlegenheit aufrechtzuerhalten und ihre Langstrecken-Aufklärungsflüge zu verbessern, um der Flotte beizustehen.

Die Wahrheit war, daß die schweren Schiffe der russischen Flotte damals nicht auszulaufen wagten. Zumeist veraltet, hatten sie vier Jahre lang nur als Unterstützung der Artillerie gedient. Viele Matrosen wurden zur Infanterie abkommandiert. Kriegserfahrenen deutschen Schiffen wie der *Admiral Hipper* hatten sie nichts entgegenzusetzen.

Offenbar bewies Kusnezow großen persönlichen Mut, als er Stalin den tatsächlichen Sachverhalt auseinandersetzte. Er erwähnte die Minen, die immer noch im Finnischen Meerbusen verstreut waren, die Eisbildung, die alle Bewegungen behinderte und das Fehlen der Kampferfahrung, das die lange Belagerung Leningrads mit sich gebracht hatte.

Stalin entließ ihn mit den Worten: „Ich habe Ihnen die

beste U-Boot-Flotte der Welt gegeben. Jetzt müssen Sie das Beste aus ihr herausholen."

Diese Behauptung entsprach nicht ganz der Wahrheit, aber Widerspruch wurde nicht geduldet. Daher erhielten die U-Boote, die von den durch Eisbrecher offen gehaltenen finnischen Häfen aus operierten, den Befehl, auszulaufen und alles zu versenken, was ihnen in den Weg kam. Diese Operation verfolgte sowohl einen militärischen als auch einen psychologischen Zweck; die Boote sollten die Geleitzüge angreifen, die die bedrängte deutsche Armee versorgten und Flüchtlinge und Soldaten in Sicherheit brachten. Damit würden sie schreckliche Rache für die in den letzten vier Jahren erlittenen Verluste und Demütigungen üben.

Es war dieser Befehl, der den Kapitän 3. Klasse Alexander Marinesko und sein U-Boot *S 13* zu dem Treffen mit der *Wilhelm Gustloff* führte.

6

Marinesko wurde in Odessa am Schwarzen Meer als Sohn einer ukrainischen Mutter und eines rumänischen Vaters geboren, der in der rumänischen Marine gedient hatte. Er war aus Konstanza geflohen, nachdem man ihn wegen der Teilnahme an einer der vielen Meutereien während der Balkankriege zum Tode verurteilt hatte.

Zu den frühesten Erinnerungen des jungen Marinesko gehörte ein Februartag im Jahr 1920. Damals lief der siebenjährige Junge zur Küste hinunter, um die Flucht der „Interventionisten" und der „Weißen" aus Odessa mitzuerleben. Der Hafen hatte während des Bürgerkrieges, der der Oktoberrevolution folgte, mehrmals den Besitzer gewechselt und war eine kurze Zeit sogar von britischen und französischen Truppen besetzt gewesen.

Vor dem Ersten Weltkrieg war Odessa nicht nur eine der schönsten Städte des zaristischen Rußlands, sondern auch ein wichtiger Hafen und ein großes Industriezentrum. Mit den Palästen der Aristokratie mit Blick aufs Meer, mit den breiten, von Akazien gesäumten Boulevards, den ordentlichen Plätzen, der eleganten Universität und den prächtigen Bürgerhäusern glich Odessa eher einer Stadt in Frankreich als einer grauen russischen Provinzstadt.

Marineskos Vater, der seinen rumänischen Namen Marinescu geändert hatte, lebte in einem ärmlichen Viertel inmitten von Hafenanlagen, Molen und Trockendocks. Seine Nachbarn waren Russen, Ukrainer, Armenier, Türken, Griechen, Bulgaren, Zigeuner und Juden. Doch sie alle nannten ihre Stadt „Mutter Odessa" und waren stolz, Odesser zu sein.

Der Bürgerkrieg und das Sowjetregime machten der Eleganz

und dem privaten Wohlstand von Odessa ein Ende. Der von den „Interventionisten" blockierte Hafen war verlassen; riesige Hafenratten und hungrige Katzen waren jetzt die Bewohner. Es gab kaum etwas zu essen oder zu trinken, und die Einwohnerzahl der Stadt sank auf hunderttausend Menschen, die bereit waren, ihr Glück unter den Bolschewisten zu versuchen.

Marinesko, der während dieser bewegten Jahre aufwuchs, zog mit den Gassenjungen umher, kämpfte um jeden Brocken Nahrung und mischte sich unter Diebe, Fälscher und Schmuggler. Anstatt in die Schule zu gehen, arbeitete er als menschliche Vogelscheuche und hielt die Spatzen von den kleinen Gemüsegärten ab, die man auf den Kais angelegt hatte. Im stillen Wasser des Hafens fischte er nach Makrelen und anderen kleinen Fischen.

Das erste Geld, das er sah und vielleicht sogar gestohlen hatte, war eine „Zitrone", eine gelbe sowjetische Banknote im Wert von einer Million Rubel – so schlimm war die Inflation nach der Flucht der Weißen Armee. Marinesko stahl alles, was ihm unter die Hände kam, insbesondere Zeitungen und Brennholz, und er durchstöberte den Basar, der zu einer Zuflucht für „Blatnye" geworden war, die Vereinigung der Diebe.

Als die Unruhen aufhörten und Odessa sich an das neue Leben unter dem Kommunismus gewöhnte, fuhren auch wieder Fracht- und Passagierschiffe mit ihren seltsamen fremden Flaggen und buntbemalten Schornsteinen am Leuchtturm von Worontsow vorbei in den Hafen. Und Marinesko fand eine neue Möglichkeit, Geld zu verdienen; er tauchte nach den Münzen, die die Passagiere der Vergnügungsdampfer ins Meer warfen.

Doch selbst das graue Leben unter der sowjetischen Herrschaft konnte Odessas Ruf als Stadt der Vielfalt und Lebensfreude nicht zerstören, ebensowenig wie den traditionellen Humor und die Respektlosigkeit ihrer Bewohner. Marinesko wuchs mit ihrer besonderen Art von Witzen, Liedern, Geschichten und Flüchen auf. Seine Lebensregel lernte er im

Basar und zitierte sie häufig: „Wer essen will, muß wissen, wie man die Ärmel einer Weste verkauft."

1928 verließ er die Schule; er war jetzt fünfzehn, doch außer lesen und schreiben hatte er kaum etwas gelernt. Wie ein echter Odesser sprach er einen seltsamen Dialekt mit lateinischen Wurzeln, slawischen Vorsilben und ein paar jiddischen Nachsilben. Wenn er russisch sprach, betonte er falsch, seine Grammatik war selten richtig, und Verben konjugierte er oft falsch. Sprache und Stil machten ihn schon in frühen Jahren zu einem „Original".

Auf einem Frachtschiff fand er Arbeit als Schiffsjunge. Er erregte die Aufmerksamkeit eines wohlwollenden Beamten, und innerhalb eines Jahres bekam er einen Platz im Marineinstitut von Odessa. Er wurde Maat auf dem Küstendampfer *Schwarzes Meer*, der von Odessa entlang der kleinen Häfen nach Batumi im Süden fuhr.

Der Durchbruch in seiner Karriere kam, als er mutig und energisch die Mannschaft eines Torpedobootes rettete, das vor Skadowsk im Sturm gekentert war. In der Schwarzemeer-Rotbannerflotte sprach sich der Vorfall rasch herum, und 1935 erhielt er den Befehl, zur Marine einzurücken und sich einer Navigationsausbildung zu unterziehen. Ein Jahr später wechselte er zu den U-Booten. Dort fand er endlich seine wahre Bestimmung.

Marinesko war der geborene U-Boot-Fahrer. Seine Kindheit als Gassenjunge hatte ihn erfinderisch gemacht, und er konnte mit allen Notlagen fertigwerden, ohne die Ruhe zu verlieren; außerdem entdeckte er sein Talent zur Menschenführung. Er begriff rasch, daß er in der Marine eine Null bleiben würde, wenn er nicht auf ein kleines Schiff ging, das seinem Individualismus Spielraum ließ. Er wählte das U-Boot genau zum richtigen Zeitpunkt. Man brauchte Mannschaften für die im Bau befindlichen neuen Boote. Die Ausbildung war hart und mühsam. Doch er genoß es, wurde Mitglied des Komsomols, der kommunistischen Jugendorganisation, und ein großer Verehrer Stalins. Aber den Wodka und die Mädchen vernachlässigte er nicht.

Nach einer neunmonatigen Ausbildung wurde er Navigationsoffizier auf *Sch 306 (Pischka)*, das ein Jahr zuvor in Dienst gestellt worden war. Sechs Monate später schickte man ihn auf die Schulbank zurück, um den Kommandantenkurs zu absolvieren, und im Sommer 1937 wurde er schließlich Kommandant des U-Bootes *M 96*.

In diese Zeit fielen die Säuberungsaktionen Stalins, die auch die sowjetische Marine schwer in Mitleidenschaft zogen. Marinesko zog den Kopf ein und konzentrierte sich darauf, sein Boot zum besten der Flotte zu machen.

Das Boot, das vor seiner Kommandoübernahme von Stapel lief, war eine Verbesserung der älteren M-Klasse, die nur in Küstengewässern operierte. Die Wasserverdrängung betrug nur zweihundertfünfzig Tonnen, und es war genau fünfundvierzig Meter lang. Über Wasser erreichte es eine Geschwindigkeit von vierzehn Knoten, unter Wasser drei Knoten. Die maximale Tauchtiefe betrug achtzig Meter. Die Besatzung bestand aus achtzehn Mann. Das Boot war eng, hatte nur ein 45-mm-Geschütz und zwei Torpedorohre, aber als das erste Kommando eines wagemutigen jungen Offiziers war es ideal.

In den Marinearchiven von Gattschina, achtundvierzig Kilometer südlich von Leningrad, gibt es eine Akte über *M 96*, in der festgehalten ist, daß das Boot zwei Jahre lang als das beste und tüchtigste U-Boot der Ostseeflotte galt. Es stellte einen Tauchrekord von 19,5 Sekunden auf, gegenüber einem Durchschnittswert von 28 Sekunden. 1940 erhielten Marinesko und seine Leute als Anerkennung ihrer Tüchtigkeit goldene Uhren. Jetzt waren sie bereit für den Krieg.

Während langer Kriegsjahre war Marinesko ebenso frustriert wie alle anderen russischen U-Boot-Kommandanten in der Ostsee, und über die von ihm erreichten Erfolge gibt es widersprüchliche Berichte.

Ein sowjetischer Autor, Kapitän Wladimir Dimitriew, berichtet in seinem Buch *U-Boote im Angriff*, daß *M 96* unter Marineskos Kommando 1942 ein Transportschiff mit 7000

BRT versenkte und hierauf zwanzig von U-Boot-Jägern geworfenen Wasserbomben entging. Der offizielle sowjetische Bericht über diese Periode billigt Marinesko allerdings nur die Versenkung eines Schiffes mit 1850 BRT zu.

1944 wurde Marinesko Kommandant des großen U-Bootes *S 13*. Es war ein von Deutschen konstruiertes Boot – das Produkt eines vor dem Krieg geschlossenen Geheimabkommens zwischen Hitler und Stalin. Marinesko hatte Glück, daß er *Pischka* und *M 96* verlassen hatte: beide Boote liefen später auf Minen und sanken mit der gesamten Mannschaft.*

Marinesko versenkte ein Schiff in der Pommerschen Bucht. Der deutsche Marinehistoriker Professor Rohwer bezeichnet diese Versenkung als „unbedeutend"; die versenkte *Siegfried* sei ein 563-Tonnen-Schlepper gewesen. Russische Quellen behaupten hingegen, daß es sich bei der *Siegfried* um ein 5000-Tonnen-Frachtschiff gehandelt habe. Der russische Bericht stellt fest, daß Marinesko auf eine Entfernung von tausend Metern in Sehrohrtiefe drei Torpedos abgefeuert habe. Sie verfehlten ihr Ziel, weil der Kapitän der *Siegfried* den deutlich sichtbaren „Aalen" ausweichen konnte.

Marinesko war wütend, wie seine Mannschaft behauptete. Er feuerte nochmals und verfehlte wieder. Da er nicht mehr laden konnte, tauchte er auf und nahm die *Siegfried* mit seinem 10-cm-Geschütz unter Feuer. Die Besatzung des Frachtschiffes schoß mit Maschinengewehren zurück, während sie selbst unter Beschuß lag. Schließlich zerstörten die Granaten des U-Bootes die Brücke der *Siegfried*, und sie sank.

Was immer an der Sache wahr sein mag, sicher ist, daß

**S 13* war ein Stalinetz-Klasse-Boot, 1933 in dem Haager Büro der „Ingeniers-Kantoor voor Scheepsbouw" entworfen, einer Gesellschaft, die der deutschen Marine, der Krupp-Germaniawerft in Kiel und der Deutschen Schiffs- und Maschinenbau A. G. Bremen gemeinsam gehörte. Leiter der Gesellschaft war ein pensionierter deutscher Marinekapitän namens Blum mit einem Stab von dreißig Mitarbeitern. Die Gesellschaft hatte ihren Sitz in Holland, um den Bestimmungen des Friedensvertrages von Versailles zu entgehen. Die Stalinetz-U-Boote sind ein prominentes Beispiel für die illegale industrielle und militärische Zusammenarbeit zwischen dem Deutschen Reich und der Sowjetunion vor dem Krieg.

Marinesko es genoß, als Held gefeiert zu werden, der zwei deutsche Schiffe versenkt hatte. Und er war tatsächlich aus dem Stoff, aus dem die sowjetischen Helden gemacht sind – der „neue Sowjetmensch“. Nicht nur daß er entscheidungsfreudig und pflichtbewußt war, besaß er auch die seltene Gabe der Menschenführung, die es ihm erlaubte, ohne Autoritätsverlust vom Genossen Kapitän zum Tischgenossen in der Messe zu wechseln. Auch war er Mitglied der kommunistischen Partei, eine Ehre, die nicht jedem zuteil wurde, und auf seiner Uniformjacke trug er die Medaillen des Lenin-Ordens und des Ordens der Roten Fahne. Zwar bedeuteten sie weniger als die höchste Auszeichnung „Held der Sowjetunion“, aber dennoch waren sie viel wert.

Ende 1944 lag *S 13* im Dock des Smolny-Stützpunktes in Turku, Finnlands ältester Stadt, die damals unter sowjetischer Verwaltung stand. Das Boot war aufgetankt und verproviantiert. Stalins Befehl, in der Ostsee anzugreifen, war eben eingetroffen, und das Boot sollte am 2. Januar 1945 auslaufen, um sich rechtzeitig an der neuen Offensive zu beteiligen, die die Deutschen aus dem Baltikum und aus Ostpreußen vertreiben sollte.

Das U-Boot und seine Mannschaft waren bereit. Nur Marinesko war es unglücklicherweise nicht.

Er hatte eine dreitägige Sauftour hinter sich, bei der er, wie er sich später erinnerte, enorme Mengen von Pontikka getrunken hatte, einem aus Kartoffeln destillierten Alkohol, gegen den Wodka sanft wie Muttermilch ist. Er hatte auch die Gunst verschiedener Damen genossen, konnte sich jedoch weder erinnern, wie viele es gewesen waren noch in welchen Etablissements.

Er kam nicht auf sein Boot zurück. Die Marinepolizei begann nach ihm zu suchen. Erst am 3. Januar kehrte er, nachdem er in einer Sauna den Alkohol ausgeschwitzt hatte, zum Stützpunkt zurück. Seine Lage war äußerst prekär, denn sowjetische Offiziere verschwinden für gewöhnlich nicht, wenn sie in fremden Ländern an Land gehen, und schon gar nicht im Krieg und in einem Land, das noch einige Monate zuvor Feindgebiet war. Die Behörden waren besorgt: Sie fürchteten, der Genosse sei übergelaufen und Spion geworden. Diese Eskapade in Turku sollte später grausame und harte Folgen für Marineskos Karriere haben.

Vorerst schien es, als würde er mit einem strengen Verweis seines Vorgesetzten, des dreiundvierzigjährigen Kapitäns 1. Klasse Alexander Jewstafjewitsch Orjel, davonkommen; er war ein Vorkriegs-U-Boot-Mann, der jede Gelegenheit ergriff, mit seinen Booten in See zu gehen. Allgemein stand er im Ruf eines gerechten und vernünftigen Kommandeurs, der darauf achtete, daß die praktische Ausbildung nicht durch politische Überlegungen gestört wurde.

Orjel verstand Marinesko und hörte sich geduldig an, was der verkaterte Kapitän von seinen drei verlorenen Tagen noch wußte. Er war überzeugt, daß dessen Verhalten nichts mit Verrat zu tun und daß es sich um ein Gelage nach echter russischer Tradition gehandelt hatte. Da er alle seine Leute brauchte, um Stalins Befehl, „aus der U-Boot-Flotte das Beste herauszuholen", Folge zu leisten, entschloß er sich, seinem unberechenbaren Untergebenen nur einen Verweis zu erteilen und *S 13* so rasch wie möglich in See zu schicken.

Aber er hatte die Rechnung ohne die NKWD und den Beauftragten für politische Belange, Kapitän Jumkoschijan, gemacht. Sie nahmen Marinesko in ein erbarmungsloses Kreuzverhör, und danach empfahlen sie, Marinesko vor ein Kriegsgericht zu stellen oder zumindest unter Bewachung nach Kronstadt zu bringen.

Es ist nicht verwunderlich, daß die Wachhunde mißtrauisch wurden, wenn man bedenkt, daß die russische Marine auch die kommunistische politische Führung herausgefordert hat, ebenso wie zuvor die zaristische Regierung. Es war der Kreuzer *Aurora* gewesen, der den ersten Schuß der Oktoberrevolution abgefeuert hatte, und es waren Matrosen, die in Kronstadt die erste Revolte gegen den Kommunismus ausgelöst hatten. Also wurde Marinesko vom Geheimdienst bearbeitet, um ein Geständnis von ihm zu erpressen. Er beharrte darauf, sich weder erinnern zu können, wo die Bordelle waren noch wie die Mädchen hießen, mit denen er geschlafen hatte. Alles andere gab er zu – den Stützpunkt ohne Erlaubnis verlassen, sich betrunken und mit Finnen fraternisiert zu haben und nicht rechtzeitig zum Dienst erschienen zu sein.

Es blieb ihm auch gar keine andere Wahl. Seine Neigungen waren nur allzu bekannt, und er beichtete bereitwillig alle jene Sünden, die ein Matrose auf Landurlaub begeht. Doch als die Geheimpolizei ihn des Verrats beschuldigte, wurde er wütend. Auf beiden Seiten erhitzten sich die Gemüter, und Jumkoschijan hielt ihm eine Standpauke über Patriotismus und die Verantwortung eines Mitglieds der kommunistischen Partei.

Kapitän Orjel vermied es, zu Jumkoschijans Forderung nach einem Kriegsgericht sofort Stellung zu nehmen. Er hatte dem U-Boot-Brigadekommandanten Kapitän Werchowsky einen Bericht geschickt und erklärt, daß er sich nicht zu überstürzten Maßnahmen drängen lasse, die die Kampfstärke seiner Abteilung schmälern könnten. Außerdem wies er jeden Gedanken daran zurück, daß Marinesko vom deutschen, britischen, amerikanischen, finnischen oder irgendeinem anderen Geheimdienst angeworben worden sein könnte.

Die Offiziere und die Mannschaft von *S 13*, angeführt von Marineskos Freund, dem ersten Offizier Lew Jefremenkow, Kapitänleutnant und Träger des Ordens der Roten Fahne, führten die Entscheidung herbei. Nach einer Zusammenkunft an Bord des U-Bootes, die im Geheimdienstkreisen ungute Erinnerungen an die Kronstadt-Meuterei von 1921 wachrief, legten sie Orjel eine Bittschrift vor und verlangten, daß ihr Kapitän wieder auf das Boot zurückkehren dürfe. Die Bittschrift wurde im wesentlichen von Jefremenkow entworfen und einstimmig angenommen. Sie wies darauf hin, daß „die Faschisten noch nicht geschlagen seien" und erklärte in der pathetischen und patriotischen Sprache, die damals im offiziellen Rußland vorherrschte: „Vaterland, höre uns! Wir schwören dir, daß wir schreckliche Rache üben werden für das vergossene Blut, das Leid, die Trauer und die Tränen unserer Väter, Mütter und Kinder. Wir schwören, daß wir unaufhörlich, bei Tag und bei Nacht, die feindlichen Schiffe suchen und versenken werden. Wir schwören, die heilige militärische Tradition der baltischen Seeleute hochzuhalten."

Das war alles schön und gut, aber die Mannschaft hatte durch ihr Verhalten unangenehmes Aufsehen erregt. Kapitän Orjel wollte nicht glauben, daß der Vorfall zu einer Meuterei auf einem der besten U-Boote der Flotte führen würde. Er fürchtete jedoch, daß die „ukrainischen Jungen", denen das Boot seine hervorragenden Erfolge verdankte, etwas Törichtes unternehmen könnten, wenn man Marinesko vor ein Kriegsgericht stellte. Diese harten, rauhen Männer waren ebenso tollkühn wie ihr Kommandant. Und er wußte, daß die NKWD rasch und brutal durchgreifen würde, wenn es Ärger gäbe und die Mannschaft sich weigerte, ohne ihren Kapitän auszulaufen. Überdies würde vermutlich auch gegen ihn selbst ein Kriegsgerichtsverfahren angestrengt werden, weil er den Dingen zu lang ihren Lauf gelassen hatte.

Er rief Marinesko und Jefremenkow zu sich und befahl ihnen, sofort auszulaufen. Doch obwohl er sie aus der gespannten Atmosphäre von Turku entfernen und aus den Klauen von Jumkoschijan retten konnte, durfte er nicht riskieren, daß sie die Angelegenheit für endgültig erledigt hielten. Er befahl ihnen, ostwärts nach Hangö zu laufen, wo sie bis zum 11. Januar warten sollten. Bis dahin würde er aus Kronstadt erfahren haben, ob Marinesko vor ein Kriegsgericht käme oder nicht. Wenn alles gut ging, sollten sie mit *S 13* in die Danziger Bucht fahren und dort den Deutschen das Leben sauer machen, und nicht ihm in Turku.

Konteradmiral Nikolai Smirnow, Mitglied des Militärrates der Baltischen Flotte, erinnert sich in seinen Memoiren, daß er, als er von dem Vorfall erfuhr, von Leningrad nach Helsinki flog, um herauszufinden, was eigentlich los war. „Einige unserer politischen Offiziere warnten uns", schrieb er, „daß unangenehme Dinge vorgefallen seien und daß wir besonders wachsam zu sein hätten. Der Feind sei immer noch aktiv und versuche, unsere Streitkräfte zu zersetzen . . . Der Kampfgeist und die Entschlossenheit unserer U-Boot-Leute, den Feind zu vernichten, beeindruckten mich. Niemand wollte im Hafen bleiben. Die Umstände verbaten dies auch. Der Feind mußte geschlagen werden."

Marinesko war also für eine Weile aus der Sache heraus. Aber es besteht kein Zweifel, daß er ohne Stalins Befehl an die U-Boote, einen totalen Krieg gegen die Nachschublinien der Deutschen zu führen und die sich daraus ergebende Notwendigkeit, jedes U-Boot einzusetzen, auf dem Weg nach Sibirien – oder in Schlimmeres – gewesen wäre, anstatt am 11. Januar sein Boot aus dem Hafen von Hangö zu steuern.

Aber er war nun gebrandmarkt. Die dem Marinehauptquartier in Kronstadt beigeordnete NKWD legte sofort ein Dossier über Alexander Marinesko an, den Träger des Leninordens und des Ordens der Roten Fahne. Kriegsheld oder nicht, er stand auf ihrer Liste. Dank seiner Mannschaft, Orjel und dem Mangel an U-Bootkapitänen würde er verspätet im „Archipel Gulag" ankommen. Aber hinkommen würde er zu gegebener Zeit, daran bestand kein Zweifel.

7

Am frühen Morgen des 11. Januar verließ Marinesko den Hafen von Hangö. Ein Eisbrecher bahnte ihm eine Fahrrinne, und *S 13* befand sich auf dem Weg zurück in den Krieg. Einer der besten Navigationsoffiziere der Flotte, Kapitänleutnant Nikolai Redkoborodow, ein vierundzwanzigjähriger Mann aus Leningrad, war zur Besatzung gestoßen, und das U-Boot führte zwölf Torpedos, hundertzwanzig Granaten für das 10-cm-Geschütz und Flak-MG-Munition mit sich. Es hatte Vorräte für eine lange Patrouille an Bord, und obwohl wir über Marineskos Gedanken bei der Abfahrt nichts Bestimmtes wissen, kann man mit Sicherheit annehmen, daß er fest entschlossen war, nicht ohne Erfolg heimzukommen. Denn abgesehen von allem anderen, mußte er sich jetzt von seiner Eskapade in Turku reinwaschen. Auch die Mannschaft hoffte auf einen Erfolg, um ihr an Meuterei grenzendes Verhalten wiedergutzumachen. *S 13* lief nach Südwesten, entlang der Westküste der Insel Gotland auf Zickzackkurs in die Ostsee. Es war eine entschlossene Gruppe, deren Kapitän den erlösenden Triumph vermutlich herbeisehnte.

Aber kein Schiff kreuzte ihre Bahn, keines der erhofften und benötigten lohnenden Ziele. Als *S 13* neun Tage später südlich von Gotland auftauchte, um die Batterien aufzuladen und sich beim Stützpunkt zu melden, konnte Marinesko nichts anderes berichten als seine Position, seinen Kurs, die Treibstoffvorräte und die Wetterlage. Er benachrichtigte das Hauptquartier nur selten, denn wann immer die Funkantenne ausgefahren wurde, befiel ihn heftige Unruhe. Er hatte Angst, von den deutschen Funkmeßstationen entlang der Küste eingepeilt zu werden. Nach seiner Meinung trug unvorsichtiger und übermäßiger

Funkverkehr die Hauptschuld an den schweren Verlusten der sowjetischen U-Boote – so wie er auch für die große Anzahl gesunkener U-Boote zu Beginn der Schlacht um den Atlantik verantwortlich war.

Daher wurde der komplizierte, aber wenig störungsanfällige Funkapparat von *S 13* so wenig wie möglich benutzt und ließ dem Telegraphisten, Oberbootsmann Michail Kolodnikow, genügend Zeit, sich mit seiner zweiten Aufgabe, der Überwachung der Lebensmittelvorräte, zu beschäftigen. Diesmal mußte der Apparat jedoch empfangsbereit bleiben, denn auf die übliche Bestätigung folgte eine längere Antwort, die Jefremenkow dechiffrierte und Marinesko übergab. Ihr Inhalt: „Vom Hauptquartier der Baltischen Flotte an alle U-Boote: Rote Armee Offensive Stoßrichtung Danzig verläuft gut und wird Feind vermutlich zur Evakuierung von Königsberg zwingen. Erwarten starke Zunahme der feindlichen Transporte in der Gegend der Danziger Bucht."

Das waren erfreuliche Nachrichten, doch *S 13* fand noch immer kein erstrebenswertes Ziel. Das Boot verfiel in die eintönige Routine einer langen Patrouille, fuhr bei Tag unter Wasser und tauchte in der Nacht auf, um die Batterien aufzuladen und den Gestank von sechsundvierzig in eine Stahlzigarre gepferchten Männer abzulassen. Dann kam der Befehl, sich einem „Wolfsrudel" anzuschließen, das sich vor Memel gruppierte, der alten Hafenstadt der Hanse, die, obwohl abgeschnitten, immer noch hartnäckig von Hoßbachs 4. Armee verteidigt wurde. Sie wurde von General Bagramjans 1. Baltischer Front angegriffen, und die U-Boote hatten die Aufgabe, alle Schiffe zu versenken, die Verstärkung bringen oder Hoßbachs Soldaten evakuieren sollten.

Am Morgen des 26. Januar, kurz nach Sonnenaufgang, schloß sich *S 13* einige Kilometer vor dem Hafen zwei anderen Booten an, *Sch 310* und *Sch 307*. Marinesko hatte eine fixe, zehn Kilometer lange Patrouillenroute vorgeschrieben bekommen, die parallel zur Küste verlief.

Sch 307 (*Treska*, Kabeljau) unter dem Kommando von

Kapitänleutnant Michail Kalinin stand im Nordosten. *Treska* war eines der erfolgreichsten sowjetischen U-Boote; es hatte 1941 das deutsche *U 144* und später noch drei Schiffe mit je 3000 Tonnen versenkt. Das Boot überstand den Krieg, und der Turm steht als Denkmal für die U-Boot-Fahrer in der U-Boot-Schule von Kronstadt.

Sch 310 (*Beluka*, Weißer Wal) lag an einem nördlichen Punkt im Hinterhalt. Ihr Kommandant war Kapitän 3. Klasse S. H. Bogorad, ebenfalls ein erfahrener U-Boot-Mann, der sich rühmte, im vergangenen November während einer Patrouille im östlichen baltischen Meer vier Schiffe, davon eines mit beinahe 5000 Tonnen, versenkt zu haben, als er mit *Sch 310* als erstes Boot aus dem Finnischen Meerbusen ausgebrochen war.

Ob man diese Behauptung für bare Münze nehmen darf, ist fraglich, denn das sowjetische Oberkommando hatte während des ganzen Krieges immer wieder bewußt überhöhte Versenkungszahlen gemeldet. Um den Feind zu verwirren und zu demoralisieren, mag diese Taktik in Kriegszeiten durchaus angebracht sein, aber üblicherweise werden nach Beendigung der Feindseligkeiten die korrekten Zahlen verlautbart. Die RAF zum Beispiel hat die Zahl der während der Luftschlacht um England abgeschossenen deutschen Flugzeuge richtig angegeben. Die Sowjets können sich jedoch immer noch nicht überwinden, das zu tun, und sie beharren auf ihren Phantasiezahlen aus der Kriegszeit – zum Teil vielleicht, um dem Vorwurf zu entgehen, die russische Marine hätte nichts dazu beigetragen, den britisch-amerikanischen Geleitzügen zu helfen, die auf ihren Fahrten nach Murmansk (um die Rote Armee zu versorgen) furchtbare Verluste erlitten. Ein gutes Beispiel ist das Schlachtschiff *Tirpitz*. Die Russen behaupten immer noch, daß die *Tirpitz* im Juli 1942 in der Barentsee von zwei Torpedos von *K 21* getroffen worden sei. Deutsche Aufzeichnungen hingegen behaupten, daß die *Tirpitz* nicht nur nicht getroffen wurde, sondern daß auch keine Torpedospuren gesichtet wurden. Und das will etwas heißen: immer wieder waren sowjetische U-Boote gezwungen, unmittelbar nach dem Abfeuern ihrer Torpedos zu tauchen, da die deutlich sichtbaren Blasenspuren ihre Position den Angegriffenen und den Begleitfahrzeugen verrieten. Es entbehrt daher nicht einer gewissen Ironie, daß eben jene Leute, die erfundene und übertriebene Erfolge publizierten, sich hartnäckig weigerten, Marinesko zu glauben, als er den größten Erfolg errang, den die russische U-Boot-Flotte jemals zu verzeichnen hatte.

Vor Memel gab es jedoch in diesen letzten Januartagen des Jahres 1945 für die wartenden U-Boote nichts zu tun, und als Marinesko am frühen Morgen des 30. Januar einen Funkspruch erhielt, daß die Rote Armee den Hafen besetzt und den Widerstand gebrochen habe, war Marinesko klar, daß nichts mehr zu erwarten war.

Er rief seine Offiziere zu einer Lagebesprechung zusammen. *S 13* hatte noch eine Menge Treibstoff, Lebensmittel für einige Wochen und alle Torpedos.

Was sollten sie damit anfangen? Offensichtlich würde die Danziger Bucht zum Mittelpunkt der deutschen Operationen werden. Diese geschützten Gewässer, die vielen kleinen Küstenhäfen und die großen Häfen von Gotenhafen und Pillau boten den fliehenden Deutschen und ihren Geleitschiffen eine scheinbar sichere Zuflucht. Marinesko beschloß daher, die ihm vorgeschriebene Patrouillenroute zu verlassen und zu den Jagdgründen aufzubrechen, die, dessen war er sicher, gute Beute versprachen. Er hatte die militärische Lage richtig eingeschätzt. Leider unterließ er es, dem Hauptquartier seine Pläne mitzuteilen. Als *S 13* Kurs auf einen Punkt nördlich der Halbinsel Hela nahm, jener schmalen Landzunge, die in die nordwestliche Ecke der Danziger Bucht hinausragt, hatte das russische Marinehauptquartier in Kronstadt keine Ahnung, wo Marinesko stand und was er plante.

8

Während *S 13* nach Süden fuhr, wurde in Gotenhafen die Evakuierung der Flüchtlinge, der verwundeten Soldaten und der U-Boot-Spezialisten von Dönitz eifrig vorangetrieben. Im Zentrum dieser hektischen Aktivitäten stand die *Wilhelm Gustloff*.

Natürlich war sie nicht mehr jener elegante Vergnügungsdampfer, der im sonnigen Mittelmeer kreuzte. Während ihrer langen Liegezeit hatte man viele Rettungsboote entfernt, und das Schwimmbad hatte Wohnräumen Platz gemacht.

Sie stand unter einem seltsamen Doppelkommando. Ihr Kommandant war Kapitän Friedrich Petersen, ein müder siebenundsechzigjähriger Offizier der Handelsmarine, den die Engländer aus der Gefangenschaft entlassen hatten, weil sie der Meinung waren, daß er den Kriegsanstrengungen der Deutschen kaum mehr dienlich sein könne. Die *Wilhelm Gustloff* hatte aber auch einen regulären Marineoffizier als militärischen Kommandanten. Dies war Korvettenkapitän Wilhelm Zahn, ein temperamentvoller U-Boot-Offizier, der die *Gustloff* als das Wohnschiff der II. U-Boot-Lehrdivision kommandierte.

Zahn war eine bekannte Erscheinung in Gotenhafen, unter anderem weil er immer von seinem großen Schäferhund Hassan begleitet wurde. Tüchtig, pedantisch und auf Disziplin bedacht, war er sich seiner Rolle als ranghöchster Marineoffizier an Bord sehr genau bewußt. Seine Karriere hatte seine Erwartungen nicht erfüllt. Ein Vorfall kränkte ihn ganz besonders. Er behauptete, 1939 das britische Schlachtschiff *Nelson* mit drei Torpedos getroffen zu haben – aber keiner von ihnen war explodiert. Merkwürdigerweise erwähnen die Aufzeichnungen der Royal Navy, die in bezug auf U-Boot-

Angriffe sehr genau sind, diesen Vorfall mit keinem Wort.

Die irrige Überzeugung der Deutschen, daß sich Winston Churchill an Bord der *Nelson* befunden hätte, machte Zahns Enttäuschung nur noch größer. Dönitz schreibt, daß Zahn so deprimiert über sein Versagen (an dem er keinerlei Schuld trug) gewesen sei, daß er ihn eine Weile vom Frontdienst befreite und im Hinterland als Ausbildner einsetzte.

Obwohl er später auf See zurückkehrte und kleinere Erfolge verbuchen konnte, schien sich ihm nie mehr Gelegenheit zu großen Taten zu bieten, und im Frühjahr 1942 war der enttäuschte Offizier nach Gotenhafen abkommandiert worden.

Jetzt befahl er alle höheren Offiziere der *Wilhelm Gustloff* zu einer Besprechung in die Offiziersmesse. Unter den Anwesenden befanden sich der weißhaarige Kapitän Petersen, sein Erster Offizier und alter Freund Louis Reese, der Zahlmeister Gerhardt Luth und Franz Lobel, der Leitende Ingenieur.

Heinz Schön, der auf der *Gustloff* zum Zahlmeister ausgebildet wurde und sich nun bemüht, alle Berichte und Publikationen über dieses Schiff zusammenzutragen, erinnert sich, daß Zahn die Besprechung mit den Worten eröffnete: „Meine Herren, ich habe Sie rufen lassen, um Ihnen einen Befehl weiterzugeben, der sowohl die Ausbildungsabteilung als auch die *Wilhelm Gustloff* angeht." Hierauf erklärte er sehr ausführlich Dönitz' Befehl und betonte, wie wichtig es sei, alle Vorbereitungen möglichst rasch zu treffen.

Das Schiff sollte binnen achtundvierzig Stunden klar zum Auslaufen sein. Ein Großteil der zweitausend Mann Marinepersonal an Bord wurde an Land beordert, um bis zur vollständigen Evakuierung den Hafen verteidigen zu helfen. Die nächste Aufgabe war, die verwundeten Soldaten an Bord zu bringen, die soeben mit einem Lazarettzug von der Ostfront gekommen waren. Und hierauf sollten die Flüchtlinge eingeschifft werden.

Aus der Sicht militärischer Notwendigkeiten stellten die tausendfünfhundert U-Boot-Leute, von denen viele von ihren Familienangehörigen begleitet wurden, den wichtigsten Teil der menschlichen Fracht der *Wilhelm Gustloff* dar, doch der ehemalige Vergnügungsdampfer sollte viel mehr Flüchtlinge aufnehmen. Jede verfügbare Ecke sollte mit Zivilisten vollgepfercht werden.

„Das wird keine KdF-Fahrt werden“, warnte Zahn. „Wir alle, die Offiziere der Kriegs- und der Handelsmarine, haben eine schwere Aufgabe vor uns und tragen große Verantwortung. Es ist unsere Pflicht, alles zu tun, um die Situation der Flüchtlinge zu erleichtern, und ich erwarte von der Mannschaft, daß sie alles in ihrer Macht Stehende tun wird, um ihnen zu helfen.“

Die Offiziere kannten einander seit langer Zeit, und Zahn hielt es nicht für nötig, detaillierte Anweisungen zu geben, was zu geschehen habe. Obwohl ihnen eine mühsame Arbeit bevorstand, waren Offiziere und Mannschaft hocherfreut, daß sie bald in See gehen und Kurs nach Westen – weg von der Roten Armee – nehmen würden.

Die Vorbereitungen für das „deutsche Dünkirchen“ wurden rasch, effektvoll und gründlich durchgeführt. Bisher waren die Handelsschiffe, die man für die Evakuierung bereitgestellt hatte, dem Hamburger Gauleiter Kaufmann unterstanden, der auch Reichskommissar für die Seeschiffahrt war. Nun übernahm Großadmiral Dönitz die Befehlsgewalt, um eine reibungslose Zusammenarbeit zu ermöglichen. Konteradmiral Konrad Engelhardt, Seetransportchef für die Wehrmacht, ein Mann mit großer Erfahrung in der Handelsmarine, koordinierte die Operationen der Kriegs- und Handelsschiffe. Admiral Kummetz vom Marineoberkommando Ostsee in Kiel wurde Admiral westliche Ostsee in Swinemünde, Admiral Burchardi, ein harter Knochen, der Redewendungen wie „Kampf bis zum letzten Mann“ liebte, Admiral östliche Ostsee mit Sitz in Gotenhafen. Ihm unterstand auch die Verteidigung der ostpreußischen Küste.

Schiffe jeder Größe, Bauart und Verwendung versammelten sich, darunter große Dampfer, die einst der Stolz der deutschen Schiffahrtslinien gewesen waren, wie die *Hansa* mit 21.131 BRT, die *Hamburg* mit 22.117 BRT, die *Deutsch-*

*land** mit 21.046 BRT, die *Cap Arkona* mit 27.571 BRT, die *Wilhelm Gustloff* und acht andere Dampfer von über 10.000 Tonnen. Sie alle hatten als Wohn- und Mutterschiffe für die U-Boot-Ausbildungsabteilungen gedient. Weitere fünfundzwanzig größere Frachtschiffe erhielten Befehl, an der Evakuierungsaktion teilzunehmen.

Die *Hansa* sollte die Ausrüstung der Lehrdivisionen, die Offiziere und dreitausend Flüchtlinge aufnehmen. Die *Wilhelm Gustloff* sollte die 2. Lehrdivision, ein Kontingent von Marinehelferinnen und eine Anzahl schwerverwundeter Soldaten transportieren.

Das übrige Marinepersonal sollte sich auf der *Hamburg* und der *Deutschland* einschiffen. Außerdem erhielten diese Schiffe Befehl, jeden verfügbaren Platz Zivilflüchtlingen zur Verfügung zu stellen.

Am Abend des 22. Januar war die Mannschaft der *Gustloff* eifrig damit beschäftigt, das Schiff für die Aufnahme von Tausenden von Passagieren, viele von ihnen verwundet, alle erschöpft und halb erfroren, bereitzumachen. Diese Aufgabe war nicht allzu schwierig, denn schließlich war der Dampfer mehrere Jahre lang ein schwimmendes Hotel gewesen. Es gab jedoch andere Probleme: Das Schiff war vier Jahre lang nicht auf See gewesen. Es hatte Bombenschäden erlitten, und der Leitende Ingenieur, der mit seinen Leuten im Maschinenraum arbeitete, wußte ganz genau, daß die *Wilhelm Gustloff* nie mehr ihre Spitzengeschwindigkeit von sechzehn Knoten erreichen würde.

Walter Knust, der Zweite Ingenieur der *Wilhelm Gustloff*, war mit Korvettenkapitän Zahn gut befreundet. In ruhigeren Zeiten gingen sie oft gemeinsam ins Schwimmbad, in dem sich jetzt Unterkünfte befanden, und tranken dann gemütlich ein Glas Sekt. Der Kommandant sagte zu Knust: „Wir haben

*An der Rettungsaktion beteiligten sich zwei Schiffe mit dem Namen *Deutschland*: die hier genannte *Deutschland* war ein Schwesterschiff der *Hansa* und wurde 1923 für die Hamburg-Amerika-Linie gebaut. Die andere *Deutschland* war ein 1909 für die Deutsche Reichsbahn gebautes Fährschiff.

Befehl erhalten auszulaufen", und von diesem Augenblick an arbeiteten die Männer im Maschinenraum ununterbrochen, um die *Gustloff* einsatzbereit zu machen. Wie Knust sagte: „In den folgenden achtundvierzig Stunden hatten wir nicht einmal Zeit, eine Zigarette zu rauchen."

Zuerst mußte die *Gustloff* bunkern. Während der langen Zeit, die sie am Kai gelegen war, hatte sie weder Öl noch Kohle gebraucht, denn der für die Heizung notwendige Dampf kam von einer Küstenstation, und das E-Werk im Hafen versorgte das Schiff mit Strom. Das Bunkern beanspruchte eine ganze Weile, und dann mußten die Maschinen vorsichtig angefahren werden, ehe man den Dampf wieder ablassen konnte, um erneut zu beginnen.

Die Atmosphäre auf der Brücke war alles andere als harmonisch. Weder Kapitän Petersen noch der Erste Offizier Reese waren in den letzten Jahren auf See gewesen. Wie Petersen war Reese zu Kriegsbeginn in englische Gefangenschaft geraten, und wie er wurde er vom Roten Kreuz nur repatriiert, weil die britischen Behörden ihn für nicht mehr kriegsverwendungsfähig hielten. Vor seiner Repatriierung mußte Petersen sich verpflichten, nicht mehr als Kapitän auf See zu gehen. Er wurde daher Liegekapitän auf einem Schiff im Hafen.

Um die Schiffsführung zu verstärken, wurden zwei junge Offiziere der Handelsmarine, Kapitän Kohler und Kapitän Weller, als Wachoffiziere und Fahrkapitäne auf die *Wilhelm Gustloff* abkommandiert. Als sie am Vormittag des 27. Januar ankamen, befanden sich Tausende Menschen am Pier. An der Gangway standen Soldaten mit Stahlhelm und Gewehr, die die Ausweispapiere kontrollierten. Die Ankunft der beiden Kapitäne veranlaßte einen der Soldaten zu der Bemerkung, daß man jetzt wohl bald auslaufen würde. Das Kommandoproblem war damit jedoch nicht gelöst, denn zwischen den Männern von der Handelsmarine und den Offizieren der Kriegsmarine entstanden ernste Differenzen.

Unter normalen Umständen hätte man einen „Liegekapitän" wie Petersen niemals mit dem Kommando der *Gustloff* betraut. Doch Schiffskapitäne waren rar, und Petersen hatte den Vorteil, die *Wilhelm Gustloff* früher einmal auf einer ihrer Kreuzfahrten kommandiert zu haben. Er konnte daher in der traditionellen Sprache der Marine annehmen, daß er der „alleinige Herr an Bord, unter Gott, für diese Reise" sein würde.

In dem herrschenden Chaos konnten sich die Behörden jedoch über den Status des Schiffes nicht einig werden. Unter dem Druck der militärischen Ereignisse und dem Heranrücken der Russen drohte die Kommandostruktur bereits auseinanderzubrechen. Es wurde keine Weisung ausgegeben, ob die *Wilhelm Gustloff* als Marinetruppentransporter, als Flüchtlings- oder als Lazarettschiff anzusehen war. In Wahrheit war sie von allem ein bißchen. Viele glauben, daß sie mit Rot-Kreuz-Emblemen als Lazarettschiff gekennzeichnet war, doch dies – falls es stimmt – wäre ein Bruch der Genfer Konvention gewesen, denn sie war ein mit Flak-Geschützen bestücktes Schiff der deutschen Kriegsmarine.

9

Zahn, dem ranghöchsten Marineoffizier an Bord der *Wilhelm Gustloff*, gefiel es nicht, von einem Zivilisten, wie es Petersen, Offizier der Handelsmarine und nominell Kommandant des Schiffes, in seinen Augen war, Befehle entgegennehmen zu müssen. Vorläufig beschäftigte sich Zahn mit militärischen Aufgaben und beaufsichtigte die Aufstellung der Flak-Geschütze. Er überprüfte die Signalausrüstung und die Vorräte. Geschriebene Instruktionen besaß er nicht, denn für so unwesentliche Dinge hatten die Behörden keine Zeit. Es gab auch kein Schriftstück, das ihm die Befehlsgewalt über die Offiziere der Handelsmarine zugesichert hätte. Später meinte er: „Es ist naturgemäß schwierig, ohne höhere Weisung einem dreiundsechzigjährigen Kapitän, der in fast fünfzigjähriger Seefahrt zur alleinigen Verantwortung für sein Schiff erzogen wurde, Befehle zu erteilen."

Dessenungeachtet war er der Überzeugung, daß Petersen von der modernen Kriegsführung wenig verstand und nicht imstande sein würde, die *Wilhelm Gustloff* auf See zu kommandieren. Von allem Anfang an bestanden Konflikte zwischen den älteren Offizieren der Handelsmarine und den U-Boot-Offizieren, die sich zur Elite der Streitkräfte zählten. Die beiden fünfunddreißigjährigen Offiziere Kohler und Weller fanden sich in einer spannungsgeladenen Atmosphäre.

Eine andere Schwierigkeit, der sie sich gegenübersahen, war die Tatsache, daß die langen Liegejahre die Besatzung auf ein Minimum reduziert hatten. Wohl gab es genügend Stewards, die die an Bord lebenden U-Boot-Offiziere betreuten, aber es gab nur wenige Matrosen. Viele von ihnen waren auf ein kämpfendes Schiff versetzt worden, andere kämpften an Land im Rahmen neu aufgestellter Einheiten, um die geschwächten Heerestruppen zu unterstützen. Als die *Wilhelm Gustloff* auslaufen sollte, bestand mindestens ein Drittel der verbliebenen Mannschaft aus Kroaten und anderen Ausländern.

Als U-Boot-Mann kannte Zahn die Gefahren, die dem Schiff mit einer solchen Besatzung und einem alten Kapitän bevorstanden, und er ging daher öfters ins Hauptquartier, um die Nachrichten über feindliche U-Boot-Aktivitäten in der Ostsee zu studieren. Man teilte ihm jedesmal mit, daß die Marine keine verläßlichen Meldungen über sowjetische U-Boot-Tätigkeit auf der vorgesehenen Route der *Wilhelm Gustloff* habe. Die russischen U-Boote waren in der Ostsee so wenig erfolgreich gewesen, daß man sie für keine ernste Bedrohung hielt, obwohl man wußte, daß einige den Finnischen Meeresbusen passiert hatten. Doch hieß es, daß es sich um wenige und nicht besonders kriegstüchtige Boote handle. Die sowjetischen Torpedoflugzeuge und die britischen Bomber mit ihren schweren Bomben und Minen hielt man für eine viel ernstere Bedrohung. Aber selbst sie stellten nach offizieller Ansicht keine Gefahr für die *Wilhelm Gustloff* dar. Ihre Größe, ihre Schnelligkeit und ihr Prestige als KdF-Flaggschiff und U-Boot-Mutterschiff schienen irgendwie ihre Unverletzlichkeit zu gewährleisten. Sie würde bestimmt durchkommen . . .

Stabsführerin Wilhelmina Reitsch, die in Gotenhafen zehntausend Marinehelferinnen kommandierte, erzählte den Autoren: „Wir hielten die *Wilhelm Gustloff* für ein sicheres und bequemes Schiff. Aus diesem Grund wurde sie zum ersten offiziellen Evakuierungsschiff für unsere Mädchen ausersehen." Frau Reitsch, die heute in Hamburg lebt, ist die Frau von Kapitän Karl Reitsch, einem guten Freund von Admiral Dönitz und Bruder der berühmten Testpilotin Hanna Reitsch. Es war Hanna, die einige Tage vor Hitlers Selbstmord mit General Robert Ritter von Greim, der während dieses Fluges verwundet wurde, nach Berlin flog, das Flugzeug unter heftigem Artilleriebeschuß vor dem Brandenburger Tor aufsetzte und vergeblich versuchte, Hitler zur Flucht zu überreden.

„Wir beschlossen, daß die Mädchen vor den Russen gerettet werden mußten“, sagte Wilhelmina Reitsch. „Und weil damals Straßen- und Eisenbahntransporte sehr gefährlich waren, hielt man es für das beste, die Mädchen – sie waren alle zwischen siebzehn und fünfundzwanzig Jahren – auf die *Wilhelm Gustloff* zu schicken. Die Zahl der Plätze war überaus beschränkt, daher siebten wir die Mädchen sorgfältig und gaben denen mit Familie oder sonstiger Verantwortung den Vorrang.“

Die Marinemädchen waren über die Nachricht, daß sie per Schiff nach Westen fahren würden, hell begeistert. Seit die sowjetische Armee in Ostpreußen vorstieß, hatten sie fortwährend von Mord und Vergewaltigung gehört, und Flüchtlinge hatten ihnen erzählt, es sei besser tot zu sein als in russische Hände zu fallen.

Sie fürchteten sich auch vor einer langen und gefährlichen Fahrt mit der Bahn oder in Lastwagenzügen, die vom Feind leicht aufgehalten werden konnten. Die bittere Kälte war ein weiterer Umstand, vor dem sie Angst hatten – es war Ende Januar, und das Thermometer zeigte zwanzig Grad unter Null. Auf einem großen Dampfer über die Ostsee zu fahren schien den Mädchen wesentlich sicherer und komfortabler.

Im Prinzip hatten sie recht. Admiral Dönitz sagte: „Neunundneunzig Prozent der Menschen, die über das Meer flohen, erreichten die westlichen Ostseehäfen. Der Prozentsatz der Flüchtlinge, die auf den Überlandstraßen umkamen, ist wesentlich höher.“

Es gab allerdings ein Mädchen, dem die Schiffsreise nicht verlockend erschien. Nach der Aussage von Schön war es ein zwanzigjähriges Mädchen aus Hagen namens Anni Faust, das das Unglück vorausahnte. Während ihre Freundinnen die gute Nachricht feierten, versuchte sie ihren Platz abzugeben: „Ich will nicht auf dieses Todesschiff. Ich will nicht auf die *Gustloff*.“ Aber ihr blieb keine Wahl. Sie wurde mit den andern dreihunderteinundsiebzig Marinehelferinnen in ihren feschen blaugrauen Uniformen – knielanger Rock, Uniformbluse und Feldmütze mit Adler und Hakenkreuz – an Bord des Dampfers gebracht.

Die meisten Mädchen wurden im E-Deck in dem ehemaligen Schwimmbad untergebracht, wo ihre Vorgesetzten ein Auge auf sie haben konnten. Es waren Mädchen aus allen Schichten. Einige kamen direkt von der Schulbank, andere hatten in Bars, Theatern oder zweifelhaften Vergnügungsetablissements in den Ostseehäfen gearbeitet. „Auch unter normalen Umständen gaben sie einem einiges aufzulösen", bemerkte eine ihrer Vorgesetzten.

Sie erinnerte sich, daß ursprünglich etwa fünfhundert Mädchen ausgewählt wurden, aber die Aufzeichnungen der Zahlmeisterei zeigen, daß nur dreihundertzweiundsiebzig tatsächlich an Bord kamen. Auch ein paar Wehrmachtshelferinnen kamen gemeinsam mit den Frauen und Familien des Personals der U-Boot-Schule auf die *Gustloff*. Letztere wurden bevorzugt, da die *Wilhelm Gustloff* als ihr eigenes Schiff galt. Für die weniger Privilegierten war es wesentlich schwerer an Bord zu kommen, denn die Parteibürokratie kontrollierte jeden und lehnte jene ab, die sie für unerwünscht hielt. Selbst Korvettenkapitän Hugo Heydel, einem hohen Offizier der 9. Sicherungs-Division, die für den Schutz der Geleitzüge verantwortlich war, gelang es nicht, für seine Familie Plätze auf dem Dampfer zu erhalten.

Den U-Boot-Leuten, ihren Familien und Freunden, den Marinehelferinnen und den verwundeten Soldaten schien die *Gustloff* eine sichere und angenehme Überfahrt nach Westen zu versprechen. Für Tausende Flüchtlinge aus dem Osten, die furchtbare Entbehrungen auf sich genommen hatten, um Gotenhafen zu erreichen, verkörperte die *Wilhelm Gustloff* die letzte Hoffnung. Von bewaffneten Wachen an der Gangway zurückgehalten, flehten Männer und Frauen, die nur ihr nacktes Leben hatten retten können, um einen der extra gedruckten Passierscheine. Wer noch Geld hatte, war bereit, jeden Preis zu zahlen; wer keines mehr hatte, war bereit, sich den Platz auf dem Schiff mit Gewalt zu erkämpfen.

„Es müssen sechzigtausend Menschen im Hafen gewesen sein, und sobald wir die Gangways herunterließen, stürmten die Leute vor und drängten sich auf das Schiff", berichtete Walter Knust. „In dem Durcheinander wurden viele Kinder von ihren Eltern getrennt. Entweder kamen die Kinder an Bord und die Eltern blieben im Hafen zurück, oder die Kinder blieben zurück, während die Eltern von der drängenden Menschenmenge vorwärtsgeschoben wurden."

Das wertvolle Stück Papier – es wurde von einer schiffseigenen Presse, auf der man in Friedenszeiten die Bordzeitung und die Speisekarten hergestellt hatte, in gotischen Lettern gedruckt – lautete: „Ausweis für MS *Wilhelm Gustloff*". Es trug die Stampiglie des Kommandos der 2. U-Boot-Lehrdivision und nannte den Namen des Besitzers, seine bisherige Anschrift und die seiner nächsten Angehörigen. Die U-Boot-Besatzungen beanspruchten Passierscheine für sich und ihre Familien; Flüchtlinge mit guten Beziehungen zur Partei versuchten sie dadurch zu ergattern, und jene mit Geld versuchten sie zu kaufen. Anfangs gingen diejenigen, denen es gelungen war, einen Passierschein zu bekommen, diszipliniert an Bord, während auf dem Kai Tausende neiderfüllt zuschauten. Doch als weitere Flüchtlingsmassen ankamen, wurde die Stimmung gespannter, und die *Wilhelm Gustloff* wurde ein paar Meter vom Kai weggezogen, um zu verhindern, daß die Verzweifelten die Gangways stürmten oder bei Nacht an Bord schlichen. Die Besitzer von Passierscheinen bestiegen am andern Hafenende eine Fähre und erreichten das Schiff von See her auf einer bewachten Gangway.

Fritz Brustat-Naval, ein bekannter Autor von Marinebüchern, selbst Marineoffizier und an der Evakuierung der deutschen Ostprovinzen aktiv beteiligt, beschrieb, was er gesehen hatte. „Man mußte sich zu den Schiffen buchstäblich durchkämpfen. Ich erinnere mich, wie ich mich mit einer Gruppe von verwundeten Soldaten, die evakuiert werden sollten, durchboxte. Als wir auf das Schiff kamen, war alles noch sehr bürokratisch, und man mußte seinen Passierschein vorweisen. Das ganze Gebiet war voller Flüchtlinge und überall standen Pferdewagen umher, mit denen die Leute über Tausende Meilen durch den Schnee gekommen waren. Am deutlichsten sind mir die Pferde und Hunde in Erinnerung, die mit den Trecks gekommen waren und jetzt von ihren Besitzern verlassen wurden, weil es kein Futter gab. Sie waren überall, im Stadtzentrum und im Hafenviertel."

Baronin Ebbi von Maydell fühlte nichts als Erleichterung, als sie an Bord gehen konnte. Die Frau eines deutschen Aristokraten, Litauerin von Geburt, hatte seit 1939 in Gotenhafen gelebt und dort eine Parfumerie geführt. Sie hatte das Glück, mit Professor Adolf Bock befreundet zu sein, einem Künstler, der sich auf Marinezeichnungen und -bilder spezialisierte. Als eine Art offizieller Kriegskünstler hatte er einige Jahre an Bord der *Wilhelm Gustloff* gelebt und auf dem Kommandodeck seine eigene Kabine gehabt.

Er ließ seine Beziehungen spielen, um der Baronin und ihren beiden Söhnen Passierscheine zu verschaffen. Doch der ältere Sohn, der sechzehnjährige Bernhard, weigerte sich, an Bord zu gehen. Er behauptete, das Meer sei voller russischer U-Boote und viel zu gefährlich. Er beschloß, die Reise über Land zu wagen. Die Baronin und ihr jüngerer Sohn Günther erinnern sich, daß sie an zwei Kontrollen ihre Passierscheine vorzeigen mußten. Dann wurden sie zu einer kleinen Kabine, Nummer 40, auf dem Oberen Promenadendeck geführt, die sie mit einer anderen Frau und deren Tochter teilten. Sie waren glücklich, auf dem Dampfer zu sein und empfanden tiefe Dankbarkeit für Professor Bock.

Seit dem Weihnachtsfest, das man zwar in einfachem Rahmen, aber doch noch in traditioneller Weise auf dem schönen Familienbesitz gefeiert hatte, konnte die Baronin das Gefühl eines bevorstehenden Unglücks nicht loswerden. Damals hatten sie zum letzten Mal gemeinsam das Abendessen bei Kerzenlicht in einem Raum eingenommen, an dessen Wänden Ahnenbilder und alte blaue englische Teller hingen.

In der Stadt sprach man von nichts anderem als vom Vordringen der Russen. Kein Tag verging ohne Fliegerangriffe, Wasser- und Stromversorgung waren zusammengebrochen. Und doch schien es unvorstellbar, daß Deutschland Preußen verlieren könnte. Bestimmt würden die deutschen Ritter auferstehen und die Barbaren niedermachen, wie sie es vor langer Zeit getan hatten! Sicher würde der Geist von Feldmarschall von Hindenburg, der 1914 die vordringenden Russen bei Tannenberg besiegt hatte und mit seiner Frau in dem riesigen Ehrenmal begraben lag, ihnen zu Hilfe kommen! Es sollte nicht sein. Hindenburgs sterbliche Überreste wurden im letzten Moment von Königsberg auf den Kreuzer *Emden* gebracht und in einer wahren Odyssee gerettet. Und Königsberg selbst, das Symbol der preußischen Aufklärung im 18. Jahrhundert, wurde von den Russen zerstört und in ein Fischerdorf verwandelt.

Also verließen die Maydells, wie so viele Tausende andere, ihr Heim und wanderten durch den Schnee zum Hafen. Wenigstens bekamen sie eine Kabine; und sie waren für dieses Privileg dankbar, denn sie wußten, daß viele andere, die auf das Schiff strömten, weniger bequem reisen würden. Schon einen Tag, nachdem sie an Bord gekommen waren, schien das Schiff vor Menschen überzugehen. Ungeduldig fragte man sich, wann die *Wilhelm Gustloff* endlich auslaufen würde.

In der Nacht des 27. Dezember wurden sie von Luftschutzsirenen geweckt. Alle mußten an Land gehen ,,Nur mühsam gelang es uns, in einem der drei überfüllten Luftschutzkeller des Hafens Schutz zu finden", erinnert sich Günther. ,,Später hörten wir, daß ein schwerer Angriff auf Danzig stattgefunden habe, bei dem viele Flüchtlinge getötet wurden."

Günther von Maydell, der heute in Hamburg lebt, fand es damals sehr aufregend, an Bord des großen Schiffes zu sein. Abenteuergeschichten waren seine Leidenschaft, und jetzt durfte er plötzlich selbst an einem Abenteuer teilnehmen. Nachdem er mühsam ein paar wertvolle Stücke aus dem Familienbesitz und drei Koffer auf einem Schlitten durch den

Schnee gezogen hatte, begann er sofort das Schiff zu erforschen. Vorsichtig inspizierte er die Rettungsboote. Nach den Davits zu schließen, sollten es zweiundzwanzig sein, elf auf jeder Seite des Sonnendecks. Aber eine Reihe von Davits war leer, und um die noch vorhandenen Boote schien sich niemand zu kümmern. Sie waren voll Schnee, und die Taue waren bis zu den Flaschenzügen steifgefroren. Es war ein Detail, das kaum einem der vielen Flüchtlinge auffiel; die meisten waren glücklich und zufrieden über die Wärme und die Sicherheit des Schiffes.

Die sechzehnjährige Eva Luck hielt in ihrem Tagebuch fest, wie sie an Bord kam.

„Früh am Morgen verließen wir unsere Wohnung in Gotenhafen. Als wir aus dem Haus traten, schien der Himmel sehr hoch, denn als ich hinaufschaute, konnte ich Millionen durchsichtiger Schneeflocken sehen. Wir alle, meine Mutter, mein Vater und meine sechsjährige Schwester Dorrit, gingen zum Hafen. Ein schrecklich langer Weg.

Ein eisiger Wind zerrte an unseren Mänteln und trieb mir die Tränen in die Augen. Dorrit weinte vor Kälte, und mein Vater schimpfte mit ihr, aber das war nur, weil er so besorgt war. Er durfte nicht mit uns kommen und mußte uns dort verlassen, wo wir in ein kleines Boot stiegen, das uns zum Schiff brachte. Unsere Passierscheine hatte er erst am Tag vorher bekommen. Ich hatte Angst, in dem kleinen Boot seekrank zu werden. Mami war verzweifelt."

Sie mußten ihre Papiere und die Passierscheine vorweisen, um den Hafen betreten zu dürfen. Die Kabinen waren bereits alle besetzt, und man erklärte der Familie, daß sie während der kurzen Reise im Musikzimmer des Dampfers bleiben müßte.

„Ein netter Matrose gab mir eine kleine dunkelblaue Schwimmweste, die zu meinem Wollkleid paßte", schrieb Eva. „Alles war sehr laut, und man rief uns bald zum Mittagessen. Wir bekamen einen guten Eintopf, aber wir mußten uns beeilen, denn es wartete bereits eine andere Gruppe, an die Reihe zu kommen. Dann habe ich mit meinen Schulfreundinnen das Schiff besichtigt. Wir schauten in die großen Zimmer und liefen die langen Gänge entlang, bis wir uns verirrten. Ein Offizier zeigte uns den Weg zurück. Es war schade, daß Vati nicht mit uns kommen konnte. Er war so traurig, als er uns Lebewohl sagte. Sonst hätte es mir gut gefallen. Ich war noch nie auf einem großen Schiff."

Frau Paula Maria Knust, damals dreiundzwanzig Jahre, kam als eine der ersten an Bord. Sie hatte keine Schwierigkeiten gehabt, den begehrten Passierschein zu bekommen, denn ihr damaliger Mann Walter Knust, der Zweite Ingenieur, hatte zwei Jahre an Bord der *Wilhelm Gustloff* verbracht. Er war froh über seinen Posten. Als Offizier der Handelsmarine hatte man ihn bei Kriegsausbruch zur Kriegsmarine überstellt; er wurde Leitender Ingenieur auf der *Pretoria*. Dieses Schiff wurde nach Antwerpen geschickt, und an Bord verbreitete sich das Gerücht, daß man eine lange, gefährliche Fahrt nach Japan vor sich hätte, wie sie bereits einige deutsche Schiffe unternommen hatten. Da Walter das letzte überlebende männliche Mitglied seiner Familie war, profitierte er von einer im Krieg erlassenen deutschen Verordnung, wonach diese Männer vom aktiven Kriegsdienst enthoben werden konnten. Seine Mutter schrieb ein entsprechendes Gesuch, und er wurde sofort versetzt, zuerst nach Hamburg und dann auf die in Gotenhafen liegende *Gustloff*. Als Kapitän Petersen Ende 1943 das Kommando übernahm, war Knust bereits an Bord.

Walter und Paula hatten in Gotenhafen eine Wohnung; als sich die Dinge auf dem Festland jedoch zuspitzten, war Paula immer öfter an Bord.

Sie war aus ihrer Heimatstadt Mannheim nach Gotenhafen in eine Munitionsfabrik geschickt worden und hatte sich zu den Marinehelferinnen gemeldet, wo sie bald einen höheren Rang bekleidete. Sie hatte hundert Mädchen unter sich, die in Büros und Gefechtsständen Dienst machten, da die Männer sich an der Front befanden. Sie war für Disziplin verantwortlich und den Pistolenschießunterricht der Mädchen. Als sie Walter Knust kennenlernte und ihn 1944 heiratete, verließ sie den Dienst. Der Mittelpunkt ihres Lebens war nun die *Gustloff* und sie wurde ein Mitglied jener Gemeinschaft, die ständig an Bord wohnte. Den Kontakt mit ihren Kolleginnen vom Hilfsdienst erhielt sie jedoch aufrecht, und in einem späten Stadium der Evakuierung sah sie ihre Freundinnen an Bord kommen.

Einige von ihnen mußten sich mit Gewalt einen Weg durch das Gewühl der Flüchtlinge bahnen. Paula war froh, als sie hörte, daß die Mädchen in dem trockengelegten Schwimmbad gut untergebracht waren und mit bequemen Schlafmatratzen ausgestattet wurden. „Als sie an Bord kamen, herrschte bereits Panik", sagte sie. Sie freute sich, unter den Neuankömmlingen auch das vertraute Gesicht von Professor Bock zu sehen, und sie blieb stehen, um mit ihm zu plaudern. Frau Knust teilte mit ihrem Mann auf dem B-Deck eine Kabine, von der aus er leicht in den Maschinenraum gelangen konnte. Sie sah daher mehr von der Mannschaft als von den Flüchtlingen, und sie erinnert sich, daß alle, nachdem man Tausende Passagiere und die nötigen Vorräte an Bord genommen hatte, ungeduldig auf den Befehl zur Abfahrt warteten.

Auch die Kapitäne Weller und Kohler waren unruhig. Sie wollten die Reise so rasch wie möglich hinter sich bringen, denn die Stimmung zwischen den Offizieren der Handelsmarine und den U-Boot-Leuten wurde zusehends gespannter, und die ganze Entwicklung gefiel ihnen nicht. Die zivilen Offiziere blieben zumeist unter sich und nahmen auch das Mittagessen in ihren Kabinen ein, während die U-Boot-Leute gemeinsam in der Messe aßen. Versuchsweise gesellten sich die beiden Kapitäne am ersten Tag beim Mittagessen zu den Marineoffizieren, wurden jedoch eher formell als freundlich begrüßt.

Auch zu diesem späten Zeitpunkt war es noch keineswegs klar, wie das Kommando und die Verantwortung aufgeteilt werden sollten, obwohl man Kohler und Weller vor ihrer Abreise aus Hamburg mitgeteilt hatte, daß der diensthabende Wachoffizier für die Schiffsführung verantwortlich sein würde. Da man Kapitän Petersen nicht für genügend qualifiziert hielt, das Schiff auf See zu befehligen, würden sie zwar die Verantwortung, nicht aber die volle Befehlsgewalt haben.

Eines der Probleme, das sie bedrückte, war die geringe Anzahl von ausgebildeten Seeleuten an Bord. Vor allem fehlte es an Bootsleuten, Maaten und Gefreiten, also an jenen Männern, die für ein Schiff auf See lebenswichtig sind. Sie konnten nur zwei ältere Bootsleute auftreiben. Kohler und Weller waren daher erleichtert, als drei junge Offiziere von anderen Schiffen im Hafen abkommandiert wurden, um der bunt zusammengewürfelten Besatzung zu helfen, den 25.000-Tonnen-Dampfer mit Tausenden von Menschen an Bord durch die gefährliche Ostsee zu steuern.

Zahn unterrichtete die Offiziere des Schiffes über die allgemeine Situation. Er gab seiner Überzeugung Ausdruck, daß feindliche Kriegsschiffe und Unterseeboote keine Bedrohung darstellten. Neu gelegte Minenfelder auf dem Seeweg der *Gustloff* und mögliche Luftangriffe bereiteten ihm mehr Sorgen.

Er wurde wütend, als er feststellte, daß die Flak-Geschütze noch nicht montiert waren, weil es keine Hafenarbeiter gab, um die Kräne zu bedienen und die polnischen Arbeiter nicht mithelfen wollten. Er entdeckte einen Schwimmkran, der von Schleppern gezogen wurde, und rief den Polen an Bord durch ein Megaphon zu: „Ich habe zehn Flaschen Schnaps für euch, wenn ihr helft, diese Geschütze an Bord zu bringen.“ Das war ein Angebot, dem die Polen nicht widerstehen konnten, und kurz darauf waren die Waffen an Ort und Stelle.

Lastwagen mit dem grauen Tarnanstrich der Marine brachten ununterbrochen Lebensmittel zur Verpflegung der viertausend Menschen an Bord. Jeder Passagier sollte eine warme Mahlzeit pro Tag erhalten. Das war nicht viel, aber für manche war es ein Luxus, den sie wochenlang entbehrt hatten. Dreißig geschlachtete Schweine wurden an Bord genommen und Tonnen von Mehl für die Schiffsbäckerei.

Zwei Tage vor ihrer Abfahrt hatte die *Wilhelm Gustloff* immer noch nicht mehr als zwölf Rettungsboote. Die übrigen hatte der Hafenmeister während der langen Ruhezeit des Schiffes für besondere Aufgaben requiriert. Als vor einiger Zeit die Luftangriffe begonnen hatten, waren die Rettungsboote der *Gustloff* und anderer Schiffe als Nebelboote im Hafen herumgefahren und hatten dichten Qualm erzeugt, um den Angreifern das genaue Zielen zu erschweren. Daher fehlten jetzt, in dieser kritischen Lage, zehn der großen Rettungsboote, die mit Dieselmotoren ausgerüstet waren und bis zu hundertzwanzig Passagiere aufnehmen konnten.

Schließlich gelang es aber doch, auf anderen Schiffen und in Lagerhäusern achtzehn kleine Boote aufzutreiben, zumeist kleine Beiboote mit schweren Rudern, die dafür vorgesehen waren, den U-Boot-Kadetten die Grundbegriffe der Seefahrt beizubringen. Diese Boote wurden auf das Sonnendeck gehievt und dort festgemacht, um im Notfall rasch einsatzbereit zu sein.

Auf den oberen Decks wurde eine Anzahl von Rettungsflößen aufgestapelt. Sie waren rot, weiß und grau gestrichen und bestanden aus Stahlplatten, die auf Schwimmer montiert waren. Zusätzlich erhielt jeder Passagier eine Schwimmweste, die von Lastwagen auf die Pier geschafft wurden, wie auch Stöße von Matratzen für die Flüchtlinge.

So wurde die *Wilhelm Gustloff* für ihre erste Fahrt nach beinahe fünfjähriger Ruhepause zwar in höchster Eile, aber in Anbetracht der Lage bestmöglich ausgerüstet.

In den Morgenstunden des 29. Januar kam ein weiterer Lazarettzug in Gotenhafen an. Die Verwundeten sollten im Laufe des Tages eingeschifft werden, und der Schiffsarzt Dr. Richter arbeitete den ganzen Morgen, um den verglasten Aussichtsraum vorne auf dem Sonnendeck als Sanitätsraum herzurichten und es den Neuankömmlingen möglichst bequem zu machen. Viele der Soldaten hatten schreckliche Wunden, und es schien unwahrscheinlich, daß sie die Reise überleben würden.

Ähnliche Vorbereitungen wurden einige hundert Meter entfernt auf der *Hansa* getroffen. Sie nahm Offiziere der U-

Boot-Divisionen, verwundete Soldaten und Flüchtlinge an Bord. Die beiden Schiffe sollten im selben Geleitzug fahren. Es war jetzt klar, daß der Auslaufbefehl unmittelbar bevorstand; jeder Tag, jede Stunde brachte neue Nachrichten von Katastrophen an der Front.

Die Passagiere der *Wilhelm Gustloff* erhielten über die Bordsprechanlage Anweisungen, wie sie sich in einem Notfall zu verhalten hätten. Es waren die üblichen Instruktionen für das Anlegen der Schwimmwesten, und man führte auch eine Reihe von Routineübungen durch. Am 29. Januar um elf Uhr übte die Schiffsführung das Schließen aller wasserdichten Schotten. „Achtung, Achtung!“ sagte der Wachoffizier. „Das ist eine Übung. Wir schließen alle wasserdichten Türen. Bitte Achtung! Wenn Sie dreimal hintereinander die Alarmglocke hören, beginnt die Übung.“

In diesem Augenblick überbrachte man Zahn ein Signal von Kapitän zur See Schütze, dem Kommandeur der 2. U-Boot-Lehrdivision, dem die *Gustloff* unterstand. Das Schiff sollte am folgenden Tag bereit zum Auslaufen sein. Diese Nachricht, die Korvettenkapitän Zahn an Kapitän Petersen weitergab, wurde auf der Brücke mit größter Erleichterung aufgenommen, denn die Offiziere wußten sehr genau um die Frustration ihrer Mannschaft, um die wachsende Nervosität der Passagiere unter Deck und um die Wut und die Verzweiflung aller jener Flüchtlinge auf dem Kai, denen es nicht gelungen war, sich einen „Ausweis für MS *Wilhelm Gustloff*“ zu verschaffen.

Im Hauptquartier der 9. Sicherungs-Division, die für das Geleit der großen Schiffe verantwortlich war, löste der Befehl jedoch Sorge und Angst aus.

10

Der Mann, der die Gesamtverantwortung für die „größte Evakuierungsoperation der Geschichte“ (Professor Jürgen Rohwer) trug, war Generaladmiral Kummetz, der Chef des Marineoberkommandos Ostsee. Im Januar 1945 stand er vor der Aufgabe, die Rettung von Millionen Flüchtlingen, den Abtransport der U-Boot-Schulen, von Soldaten und Verwundeten aus dem Osten zu bewerkstelligen. Die wenigen zur Verfügung stehenden Schiffe, der akute Treibstoffmangel und das völlige Fehlen einer Luftunterstützung erschwerten seine Aufgabe erheblich. Überdies mußte er die deutschen Heerestruppen versorgen, die immer noch einige Stellungen hielten.

Zu Beginn des Jahres 1945 hatte die deutsche Marine zwei Geleitschutzeinheiten in dem Gebiet. Im Osten war es die 9. Sicherungs-Division unter dem Kommando von Fregattenkapitän Adalbert von Blanc, der später zum Konteradmiral befördert wurde; sein Gebiet erstreckte sich von der Danziger Bucht bis nach Kurland. Das Gebiet von Rixhöft an der Küste westlich von Danzig bis zu den dänischen Inseln wurde von der 10. Sicherungs-Division geschützt, die ab Februar von Korvettenkapitän Hugo Heydel befehligt wurde, der bis dahin in Gotenhafen stationiert gewesen war.

Die 9. Sicherungs-Division bestand zum Großteil aus drei Flottillen von Minensuchbooten, jede mit einem halben Dutzend Schiffen, zwei Flottillen von Minenräumbooten und einer Anzahl verschiedener Hilfsschiffe. Die benachbarte 10. Sicherungs-Division, mit der auf Grund der Freundschaft von Heydel und von Blanc eine gute Zusammenarbeit bestand, hatte eine ähnliche Streitmacht zur Verfügung.

Größere Kriegsschiffe, wie Zerstörer und Torpedoboote, die

zu zwei Kampfverbänden von Großkampfschiffen gehörten, die Admiral Dönitz gebildet hatte, um die vorrückende Rote Armee von See aus anzugreifen, operierten unabhängig. Von Zeit zu Zeit wurden Hilfszerstörer und Torpedoboote für andere Zwecke eingesetzt, wie zum Beispiel zur Evakuierung von Truppen und Flüchtlingen. Doch nicht die Rote Flotte war zu diesem Zeitpunkt das größte Hindernis für eine Evakuierung, sondern die britische Luftwaffe. Im Januar warf die RAF 668 Minen, die achtzehn Schiffe versenkten, und im folgenden Monat legte sie weitere 1345 Minen. Die RAF konzentrierte sich auf das Gebiet um Swinemünde, wo das Hauptquartier der 10. Sicherungs-Division lag, aber sie operierte auch weit im Osten an der Küste von Pommern und hielt so die Geleitzüge lange in den Häfen fest, während die Minen geräumt wurden.

Die sowjetische U-Boot-Offensive konzentrierte sich vorerst auf den Seeweg nach Kurland, wo deutsche Marine- und Versorgungsschiffe eine rege Aktivität entwickelten, um jene eingeschlossenen Einheiten zu unterstützen, die immer noch Widerstand leisteten, obwohl sie sich bereits viele Kilometer hinter der vordringenden Roten Armee befanden. Einige große sowjetische U-Boote operierten unkoordiniert im Gebiet zwischen Rixhöft und Bornholm. Die Deutschen hatten insofern Glück, als die sowjetische Luftwaffe zu Beginn der Evakuierung noch mit der Unterstützung von Landoperationen beschäftigt war und kaum eine Möglichkeit hatte, die riesigen Flüchtlingstransporte anzugreifen.

Während auf der *Wilhelm Gustloff* und auf den anderen Schiffen die Vorbereitungen zum Start auf vollen Touren liefen, wußten die Offiziere der Sicherungs-Division in Gotenhafen und Danzig sehr genau, welchen Gefahren die Schiffe auf ihrer Route entlang der pommerschen Küste ausgesetzt sein würden. Das Risiko der Minen beschränkte die Wahl der Routen, und die aktive Abwehr von U-Boot-Angriffen war fast unmöglich, denn die Geleitzüge hatten bis zur zweiten Januarhälfte keine effizienten U-Boot-Jäger mit moderner

Ausrüstung. Erst dann wurden zwei Flottillen U-Boot-Jäger in das Gebiet beordert.

Unter solchen Umständen mußten die Marineoffiziere in ihren mit Sandsäcken ausgekleideten Hauptquartieren an der bedrohten Küste um Danzig die Westwärtsbewegung einer ganzen Schiffsflotte planen. „Diese letzte Aufgabe brach plötzlich über uns herein, und sie wurde schwerer, als wir es für möglich gehalten hatten", sagte Hugo Heydel, der von seinem Hauptquartier in Swinemünde aus für den Schutz der Konvois in jenem Sektor verantwortlich war, der russischen U-Boot-Angriffen und britischen Minen am meisten ausgesetzt war. In dieser verzweifelten Situation gelangen ihm und den anderen Kommandanten eine Reihe von brillanten Improvisationen. Es gab zahlreiche Schwierigkeiten. Die Kriegsmarine mußte weit entfernt von ihrem Stützpunkt in Kiel operieren. Der Mangel an Kriegsschiffen brachte es mit sich, daß beinahe alles eingesetzt werden mußte, was eben noch schwimmen und fahren konnte. Der Treibstoff ging rasch zur Neige. Und die Russen überrannten die deutschen Stützpunkte – Admiral von Blanc mußte das Hauptquartier seiner 9. Division von Libau zurück nach Pillau verlegen.

So bedrohlich sah die Lage aus, als Konteradmiral Engelhardt, der Seetransportchef für die Wehrmacht, vierzehn Dampfer – von der 9554 Tonnen großen *Ubena* bis zur *Cap Arkona* mit 27.571 BRT – für die große Evakuierung zur Verfügung stellte. Außerdem hatten die Leitenden der Evakuierungsaktion noch dreiundzwanzig Frachter von mehr als 5000 Tonnen und viele kleinere Schiffe zur Verfügung.

Einzig der Voraussicht von Admiral Engelhardt ist es zu verdanken, daß der Evakuierungsplan gelang; ihm war bereits im Herbst 1944 klar gewesen, daß der Tag nicht fern war, ab dem Truppen und Flüchtlinge auf dem Seeweg evakuiert werden müßten, und er merkte schon damals die in Frage kommenden Schiffe vor. Dönitz, dessen Haltung zu diesem Zeitpunkt noch zwiespältig war, ließ ihm freie Hand. Engelhardt nutzte die Autorität eines Flottenadmirals, um die Einwände der

Parteibehörden hinwegzufegen, die Angst hatten, man könnte sie des Defätismus bezichtigen, wenn sie sich mit Evakuierungsplänen beschäftigten. Er wurde auch mit den Schiffseigentümern fertig, die ihre Schiffe nicht für eine so gefährliche Operation hergeben wollten, bevor die Frage der Bezahlung der von Soldaten und Flüchtlingen angerichteten Schäden geklärt war.

Während diese Vorbereitungen auf höchster Ebene vor sich gingen und die Werften Befehl erhielten, sich auf die Ausrüstung der zur Evakuierung bestimmten Schiffe zu konzentrieren, gab es auf der unteren Ebene viele Querschüsse. Zum Beispiel ließ Gauleiter Koch seine Männer regelmäßig die Werften und Docks nach tüchtigen Arbeitern für seine Privatarmee durchkämmen. Viele Leute, die kriegs- und lebenswichtige Arbeit leisteten, wurden unter Androhung der Exekution abgezogen.

Überdies war es für eine Reorganisation des Schiffsbauprogramms reichlich spät. Es gehört zu den Ironien dieses Krieges, daß die Ressourcen Großdeutschlands jahrelang für die Fertigung von U-Booten monopolisiert wurden, während man den Bau von Handelsschiffen vernachlässigte.

In dieser Situation hing alles von der Tüchtigkeit der Marineoffiziere ab, denen das Beladen und die Koordinierung der Schiffe oblag.

Der unbestreitbare Erfolg der Gesamtoperation ist unter anderem Fregattenkapitän Bartels zu verdanken, jenem fünfundfünfzigjährigen Marineoffizier, dessen unangenehme Aufgabe es war, Handelsschiffe und Besatzungen für die Flüchtlingstransporte zu organisieren. Er mußte nicht nur die notwendigen Schiffe auftreiben, sondern auch die Einschiffung jener Gruppen überwachen, die verhungert und halb erfroren in allen kleinen Häfen zwischen Gotenhafen und Pillau warteten. Sein Hauptquartier befand sich in einem altmodischen, vom Krieg mitgenommenen Strandhotel in Gotenhafen, und offiziell war er Operationsoffizier von Admiral Theodor Burchardi, der als Admiral östliche Ostsee der ranghöchste Marineoffizier des östlichen Baltikums war.

Bartels war ein Seemann mit langjähriger See- und Kriegserfahrung. Er hatte seine Laufbahn in der Handelsmarine begonnen, mußte bei Ausbruch des Ersten Weltkrieges als noch sehr junger Mann einrücken, diente nach Kriegsende als Zivilist im Marineversorgungsdienst und wurde in den dreißiger Jahren in die Kriegsmarine übernommen. Im Zweiten Weltkrieg hatte er die Operation im Finnischen Meerbusen mitgemacht und war Zeuge der deutschen Katastrophe vor Leningrad und des Verlustes der finnischen Stützpunkte geworden. Als die Armee sich immer weiter nach Westen zurückzog, war es seine Aufgabe, Truppen und Kriegsmaterial zu evakuieren. Ein Veteran des Rückzuges aus Lettland und Estland und der Evakuierung auf dem Seeweg von Riga und Reval, wußte er vermutlich mehr über die Einschiffung und Versorgung von großen Menschenmassen als irgendein Offizier in der deutschen Marine. Zeitweise war er für die gesamte Versorgung der Armee in Kurland verantwortlich gewesen. Obwohl er in seiner Art etwas betriebsam war, mochten ihn doch Offiziere und Mannschaften gleichermaßen. „Ein wackerer Kerl, ein Mann, der einem nicht ins Bier spuckt", so beschrieb ihn ein alter Freund.

Als er im Auftrag von Admiral Buchardi nach Danzig kam, fand er einen Hafenkommandanten vor, der vor dem Flüchtlingsproblem kapituliert hatte und dessen Büro der Schauplatz sinnloser und hysterischer Besprechungen war. Bartels wußte, daß er die Aufgaben rationeller und wirksamer lösen konnte und entschloß sich, sein Standquartier nach Gotenhafen zu verlegen. Dieser Entschluß wurde von seinem Admiral genehmigt und später von Admiral Dönitz bestätigt, der ihm befahl, im Gebiet der Danziger Bucht zu bleiben und die Evakuierung von Ost- und Westpreußen zu organisieren, „falls sich das als nötig erweisen sollte". Als Dönitz seinen U-Boot-Leuten befahl sich abzusetzen, war dieser Moment offensichtlich gekommen.

Um die Evakuierung zu organisieren, bedurfte es größter

Energie und Entschlossenheit. Bartels war genau der richtige Mann dafür. Als erste Maßnahme ließ er die unfähigen Offiziere und jene, die den Belastungen nicht gewachsen waren, ablösen. Er schien eine persönliche Auseinandersetzung direkt zu genießen und legte sich mit der Partei, den Schiffseigentümern, der Armee und jedem andern an, der ihm im Weg stand. Bei einer Einschiffung, als die Leute aufgerufen wurden, kämpfte er sich durch die Menschenmenge, um Ordnung zu schaffen. Eben war eine Truppe Soldaten an der Pier angekommen. Er ging zu ihren Offizieren und erklärte: „Sie werden nicht an Bord gehen. Dieses Schiff ist für Verwundete und Flüchtlinge bestimmt. Sie haben den Befehl, hierzubleiben und zu kämpfen."

Seine Aufgabe wurde schließlich so schwierig, daß Admiral Burchardi nach Gotenhafen übersiedelte, um seinem Untergebenen beizustehen.

Aber weder Burchardi noch Bartels noch irgendein anderer Offizier, der mit den Konvois oder der Evakuierung zu tun hatte, besaß Autorität über die U-Boot-Waffe. Sie hatte ihre Eigengesetzlichkeit entwickelt. Hugo Heydel erzählte den Autoren, daß die U-Boot-Waffe damals oft „der 5. Wehrmachtsteil" genannt wurde. Ihre Männer betrachteten sich als eine Elitetruppe und warteten auf die Ankunft der neuen U-Boote, jene Wunderwaffe, die dem Feind enorme Verluste zufügen würde. Hitler hielt große Stücke auf die U-Boot-Leute, und überdies standen sie unter dem Schutz von Dönitz.

Vielleicht machten sie sich selbst Mut, denn die U-Boote hatten im Atlantik furchtbare Verluste erlitten: ab 1943 standen ihre Chancen, von der Feindfahrt zurückzukehren, ziemlich schlecht.

J. P. Mallman Showell, dessen Vater mit U 377 unterging, schreibt in seinem Buch *U-Boats under the Swastika* (U-Boote unter dem Hakenkreuz) er habe „niemals von einem Ex-U-Boot-Mann gehört, der nach 1940 gern auf See ging. Hätten die Männer die Wahl gehabt, nach Hause zu gehen oder auf den U-Booten zu bleiben, Hitler hätte nur mehr eine Handvoll Fanatiker zur Verfügung gehabt. Die neuen Rekruten der U-Boot-Waffe warteten zwar geduldig auf einen Kampfeinsatz, doch das war mehr der Propaganda, der sie fortwährend ausgesetzt wurden, zuzuschreiben, und nicht dem Wunsch, Wasserbomben explodieren zu hören."

J. P. Mallman Showell berichtet weiter: „Ab 1944 war eine deutliche Veränderung im Verhalten der U-Boot-Leute festzustellen. Kam das an der Küste stationierte Personal in ein Büro, so sagten die Leute ‚Guten Morgen' und nicht das obligate ‚Heil Hitler'. Lieder wie ‚Denn wir fahren gegen Engeland' oder das *U 47*-Lied, ‚So klein ist das Boot und so groß ist das Meer' wurden von wesentlich zynischeren Liedern abgelöst, die die schlechte Bewaffnung und das feindliche Radarsystem aufs Korn nahmen. Die Männer wußten, daß sie geschlagen waren und das Ende nahte – aber niemand wußte, wie lange Deutschland noch aushalten würde, und es gab immer noch den einen Hoffnungsschimmer der von Hitler versprochenen neuen Waffen."

Als Fähnrich z. S. Hans Schottes seinen U-Boot-Lehrgang in der Lehrdivision antrat, meldete er sich an Bord der *Gustloff* bei Leutnant Dankel, den er als Student in Berlin kennengelernt hatte. Dankel, der seit einer Verwundung ein Glasauge trug und für den Seedienst untauglich war, hörte Schottes Mitteilung, sich tatsächlich freiwillig zum U-Boot-Dienst gemeldet zu haben, ungläubig an. „Du mußt verrückt sein, daß du in diese Särge willst", sagte er und kam zu dem Schluß, daß Schottes Schwierigkeiten mit einem Mädchen haben mußte.

Man darf allerdings nicht vergessen, daß in den Schulungsabteilungen strenge Disziplin herrschte und daß ein Teil der Ausbildung darin bestand, den Kadetten den rechten Korpsgeist einzuimpfen. Die Ausbilder auf der *Gustloff* waren eifrig bemüht, die U-Boot-Kadetten davon zu überzeugen, besser zu sein als sonst irgend jemand in der Marine. Es war diese Überzeugung von der eigenen Überlegenheit, die die Einstellung der U-Boot-Leute zu allen Dingen bestimmte. Jetzt, da man Befehl hatte, sich aus der Danziger Bucht zurückzuziehen, würde man dies auf den eigenen Schiffen und nach eigenem Gutdünken tun.

Es gab daher keine Verbindung zwischen jenen, die für das Schiff der U-Boot-Leute, die *Wilhelm Gustloff*, verantwortlich waren und dem Offizier, dessen Aufgabe es war, den Konvoi der großen Schiffe zu organisieren, die jetzt in die Ostsee auslaufen sollten. Dieser Mann war Korvettenkapitän Wolfgang Leonhardt, ein vielfach ausgezeichneter Offizier mit einer langen Kampferfahrung im östlichen Baltikum. Er war Leiter der Zweigstelle Gotenhafen der 9. Sicherungs-Division. Auf dem breiten Kai zwischen den Hafenbecken I und II hatte er ein kleines Büro, wo ihm fünf Offiziere und einige Seeleute im Karten- und im Funkraum zur Seite standen. Mit diesem bescheidenen Team trug er die Verantwortung für einen Marinebereich von siebenhundert Seemeilen und damit für das Schicksal von Tausenden Menschen und Dutzenden Schiffen. Als die Geleitzüge und die Minenräumboote ausliefen, zeichnete Leonhardt ihre Positionen auf der großen Seekarte ein und steckte kleine Flaggen entlang der „sicheren Routen", die man organisiert hatte.

Während man auf der *Wilhelm Gustloff* noch mit Vorbereitungen beschäftigt war, hatte er bereits den ersten Konvoi großer Schiffe westwärts geschickt: Die *Robert Ley* (27.288 BRT), die *Pretoria* (16.662 BRT) und die *Ubena* (9554 BRT) verließen mit insgesamt siebentausend Flüchtlingen an Bord den Hafen von Pillau und erreichten unter dem Schutz der 9. Sicherungs-Division ohne Zwischenfall sichere Häfen. Korvettenkapitän Leonhardt hatte auch einen raschen Konvoi zusammengestellt, der aus den modernen Frachtschiffen *Minden* (4737 BRT) und *Cometa* (5123 BRT) mit zweitausendfünfhundert Soldaten an Bord, einem Torpedoboot und zwei Minensuchbooten bestand. Aber die Königin der gewaltigen Evakuierungsflotte war zweifellos die *Wilhelm Gustloff*. Und sie gehörte den U-Boot-Leuten.

Am Morgen des 30. Januar mußte Korvettenkapitän Leonhardt in seinem spartanisch eingerichteten Büro feststellen, daß er kein Schiff mehr zur Verfügung hatte; in Gotenhafen gab es kein einziges freies Begleitfahrzeug. Und doch war Leonhardt für die Koordinierung der Konvoi-Bewegung verantwortlich, die er an Korvettenkapitän Heydel weiterzuleiten hatte, der das Gebiet westlich der Danziger Bucht befehligte. Heydel berichtet, daß er mit den gleichen Schwierigkeiten zu kämpfen hatte. „Zu diesem Zeitpunkt herrschte bereits ein völliges Chaos. Immer neue Flüchtlingsströme kamen an und machten unsere Organisation zunichte."

Von seinem Hauptquartier konnte Leonhardt die *Cap Arkona* (27.571 BRT) sehen, die einst das stolze Flaggschiff der Hamburg-Südamerika-Linie gewesen war. Sie wurde von Flüchtlingen belagert und nahm schließlich die unglaubliche Zahl von vierzehntausend Menschen an Bord. Leonhardt war der Ansicht, daß er sie nicht ohne den Schutz von mindestens einem halben Dutzend Minensuchbooten auslaufen lassen durfte. In Danzig lag die *Deutschland* mit zwölftausend Menschen. Zusammen hatten die beiden Schiffe das Äquivalent einer Kleinstadtbevölkerung an Bord genommen. Überdies waren da noch die beiden großen Schwesterschiffe der *Deutschland*, die *Hansa* und die *Hamburg*. Aber es gab keine Kriegsschiffe, um sie zu begleiten.

Korvettenkapitän Leonhardt entschied, daß es absolut unverantwortlich wäre, diese Schiffe ohne Bedeckung auf See zu lassen. Er wußte, daß die sowjetischen U-Boote in Offensive gingen; vor Memel hatten sie bereits zwei Küstenfahrzeuge versenkt, und es war anzunehmen, daß sie sehr bald in die Danziger Bucht eindringen würden.

Die *Cap Arkona* und alle anderen Dampfer hatten der 9. Sicherungs-Division ordnungsgemäß ihre Bereitschaft zum Auslaufen gemeldet. Leonhardt bestätigte ihre Meldungen und befahl zu warten, bis man Begleitschiffe gefunden habe und einen Konvoi bilden könne.

Bei der *Gustloff* und der *Hansa* lagen die Dinge anders, denn diese beiden Schiffe unterstanden ja der 2. U-Boot-Lehrdivision (ULD) mit ihrem Hauptquartier in Hafenbecken IX auf der Oxhöfter Seite des Hafens.

Von der Auslaufbereitschaft der *Gustloff* erfuhr Leonhardt nur durch einen Zufall. Einer seiner Untergebenen ging an dem Schiff vorbei und bemerkte die ungewöhnliche Aktivität an Bord.

Korvettenkapitän Leonhardt rief das Hauptquartier der ULD an und erkundigte sich nach ihren Plänen. Man sagte ihm, daß die *Gustloff* in den nächsten vierundzwanzig Stunden auslaufen würde. Er erkundigte sich, welche Vorbereitungen man hinsichtlich der Geleitschiffe getroffen habe, und erhielt von dem U-Boot-Offizier die Antwort, daß er darüber gar nichts wisse. Die Folge dieses Telefongesprächs war eine Einladung von Kapitän zur See Schütze, dem Kommandanten der U-Boot-Division, an Korvettenkapitän Leonhardt, an einer Besprechung in seinem Hauptquartier teilzunehmen.

Ein U-Boot-Offizier eröffnete die Besprechung mit der Mitteilung: „Wir haben Befehl, unsere Wohnschiffe *Gustloff* und *Hansa* mit nach Westen zu verlegen. Die Fahrbereitschaft ist hergestellt, die Einschiffung fast abgeschlossen." (Zitiert nach Cajus Bekker, Flucht übers Meer, Oldenburg 1959). Hierauf bat Schütze den Konvoispezialisten um einen Bericht über die zu nehmende Route und über feindliche Aktivitäten.

Leonhardt war bestürzt, denn man schien überhaupt nichts geplant zu haben. Plötzlich wurde ihm klar, daß seine U-Boot-Kameraden ernstlich daran dachten, diese zwei großen Schiffe ohne Bedeckung auf See zu schicken. Er begann seinen üblichen Bericht über den letzten Stand der Verminungen und hielt unvermittelt inne.

„Ich bin im Augenblick nicht in der Lage, Ihren Schiffen ausreichenden Schutz zu gewähren", warnte er. „In ein paar Tagen wird die Situation anders aussehen; dann wird der Geleitführer einen ausführlichen Bericht über alle Feindaktivitäten und über empfohlene Seewege erhalten."

Kapitän z. S. Schütze erwiderte: „Es tut mir leid, aber wir

können nicht warten, bis Sie einen Konvoi zusammengestellt haben. Je früher wir auslaufen, desto besser." Einen Augenblick standen sich die beiden Offiziere – jeder hatte auf seinem Gebiet Hervorragendes geleistet – gegenüber. Dann mußte Korvettenkapitän Leonhardt nachgeben, obwohl er überzeugt war, daß der U-Boot-Mann verantwortungslos handle. Schütze war der Ranghöhere.

Bekker meint, daß in diesem Streit die Psychologie der U-Boot-Waffe eine wichtige Rolle spielte. Für die U-Boot-Offiziere war der Atlantik und nicht die Ostsee der Schauplatz ernster Feindoperationen. Dort hatten sie beinahe fünf Jahre lang mit vollem Einsatz gekämpft und britische Geleitzüge angegriffen, die über das beste Verteidigungssystem verfügten, das jemals organisiert wurde. Aus ihrem Blickwinkel war die Ostsee vergleichsweise ein Kinderspielplatz, ein Gewässer, wo unerfahrene Mannschaften und Kapitäne die Grundbegriffe ihres Handwerks lernten. Die Ostsee war kein Platz für tödliche Gefechte; bisher hatte die russische Flotte auf die deutsche Marine nur wenig Eindruck gemacht, und die deutschen Versorgungsschiffe waren, unbehelligt von der sowjetischen Marine, hin- und hergefahren.

Korvettenkapitän Leonhardt sah die Dinge völlig anders. Als Kommandant der 25. Minensuch-Flottille war er an einem kritischen Punkt der deutschen Marineoperationen an der Ostseefront gewesen; sie hatte die Minensperren in der Narwa-Bucht unter Kontrolle gehalten. Er wußte, wie verbissen die Russen zur See kämpfen konnten.

Er war daher über den Entschluß der U-Boot-Lehrdivision, das Unternehmen allein zu wagen, zutiefst besorgt. Sobald er von dieser Besprechung in sein Büro zurückkehrte, rief er von Blanc, den Chef der 9. Sicherungs-Division in Winden an und berichtete, was geschehen war. Der Kommandant teilte seine Meinung, daß man Schiffe mit so vielen Menschen an Bord nicht ohne Geleitschutz auf See lassen dürfe und daß die Fahrt von der Sicherungs-Division überwacht werden müsse.

„Aber sie werden auslaufen. Wie soll ich sie zurückhalten?"

fragte Korvettenkapitän Leonhardt. „Alles, was sie haben, ist der symbolische Schutz von ein paar Torpedofangbooten."

Von Blanc versprach, alles in seinen Kräften Stehende zu tun, um das Auslaufen der Schiffe zu verhindern. Er würde sofort den Admiral östliche Ostsee informieren. Er sprach sogar mit der Seekriegsleitung in Berlin und bat um Ermächtigung, die *Gustloff* zurückzuhalten.

Die U-Boot-Leute aber blieben ungerührt; sie hatten Befehl auszulaufen, und sie würden dem Befehl gehorchen, ganz gleich, was die Offiziere der Sicherungs-Division empfahlen. Außerdem konnten sie selbst für Geleitschutz sorgen, schließlich hatten sie einige Torpedoboote sowie eine Anzahl kleiner Kriegsschiffe, Zielschiffe, Minensuch- und Torpedofangboote. Während von Blanc die Antwort auf seine Funksprüche nach Kiel und Berlin abwartete, setzte Kapitän z. S. Schütze seine Vorbereitungen unbeirrt fort und ignorierte alle Einwände.

Wer hatte recht in diesem Streit? Großadmiral Dönitz erklärte nach Kriegsende: „Bei ihren Übungen konnten die U-Boot-Lehrdivisionen in der Ostsee natürlich unabhängig von den Vorschriften der Sicherungsstreitkräfte operieren. In dem Augenblick aber, als sie nach Westen verlegten, fiel dieser Transport wie jeder andere ganz klar unter die Verantwortung des Admirals der östlichen Ostsee, Admiral Burchardi. Daher war für die Fragen der Geleitsicherung auch die 9. Sicherungs-Division zuständig." (Zitiert nach C. Bekker).

Als wir den Großadmiral 1978 diesbezüglich befragten, fällte er zwar kein so bestimmtes Urteil mehr, doch vertrat er immer noch die Meinung, daß die Fahrt der großen Dampfer besser von der 9. Sicherungs-Division organisiert worden wäre.

In der überhitzten Atmosphäre von Gotenhafen konnte sich dieses kühle, überlegte Urteil jedoch nicht durchsetzen. Die U-Boot-Leute gingen ihren eigenen Weg, und ihr Verhalten ließ Leonhardt das Schlimmste befürchten. Auch war dieser Streit nicht dazu angetan, das Verhältnis zwischen den Offizieren der Kriegsmarine und jenen der Handelsmarine an Bord der *Wilhelm Gustloff* zu verbessern.

Auf dem Bootsdeck des Dampfers aber dominierten persönlichere Sorgen. Louis Reese bemühte sich gemeinsam mit einigen Matrosen, von den Rettungsbooten die dicke Eisschicht und den Schnee zu entfernen, die der junge Günther von Maydell auf seinem ersten Entdeckungsgang an Bord festgestellt hatte. Eugen Jeissle, als Chef der Schiffsdruckerei ein Beamter der Reederei, wandte sich an Reese und bat um Erlaubnis, seine Frau und sein neugeborenes Baby an Bord bringen zu dürfen. Reese sagte ihm, daß jedes Mannschaftsmitglied das Recht habe, seine Familie an Bord zu bringen, daß er ihm jedoch davon abrate. Wenn es um seine eigene Frau ginge, würde er einen anderen Weg finden, sie in Sicherheit zu bringen. „Mir gefällt es hier nicht", fügte er hinzu.

Der Drucker hörte nicht auf seinen Rat. Schließlich hatte er die Passierscheine gedruckt, die den andern Zutritt gewährten, und vermutlich fand er es nur recht und billig, jetzt einige Scheine für die eigene Familie zu verwenden.

Unten im Frisiersalon hatte der Schiffsfriseur – er war glücklich, Gotenhafen verlassen zu können – alle Hände voll zu tun, denn die Flüchtlinge waren bestrebt, wieder zivilisiert auszusehen; auch in Katastrophenzeiten wollen Menschen sich die Haare schneiden lassen. Der Friseur war besorgt, denn er hatte in der Stadt von einer bevorstehenden Geldabwertung gehört, die den Wert seiner Trinkgelder stark vermindern würde. Aus diesem Grund hortete er vorsorglich 5-Mark-Münzen, die, wie er gehört hatte, auf Grund des Silbergehaltes ihren Wert behalten würden. Für den Katastrophenfall hatte er einen Rucksack bereit, um die Münzen mitnehmen zu können, sollte er gezwungen sein, rasch das Schiff zu verlassen.

11

Nur wenige Passagiere wußten, daß das Schiff am folgenden Tag auslaufen sollte. Viele waren bereits seit drei, vier Tagen an Bord, und ihre Ungeduld stieg, als das bedrohliche Donnern der russischen Artillerie und das Heulen der Stalinorgeln näher und näher kam. Das Schiff war bereits voll, und als es Abend wurde, verbreitete sich ein Gefühl der Angst. Worauf wartete man noch? Dann machte ein Gerücht die Runde: Es sei zu spät zur Abfahrt, die Russen würden jeden Augenblick da sein. Verschreckte Männer und Frauen flüsterten einander zu, daß sie alle in der Nacht an Land gesetzt und zu Selbstmordkommandos formiert werden würden, um Gotenhafen bis zum bitteren Ende zu verteidigen. Der Zahlmeister wurde von Passagieren belagert, die herausfinden wollten, was geschah. Schließlich ließ eine Verlautbarung über die Bordsprechanlage die Menschen aufatmen: „Die *Wilhelm Gustloff* ist bereit zur Ausfahrt. Wir werden morgen in See stechen."

Das Einladen von Vorräten und Ausrüstung wurde die ganze Nacht fortgesetzt, und als sich die bevorstehende Ausfahrt in der Stadt herumsprach, traf ein neuer Flüchtlingsstrom im Hafen ein. Die Versuche, an Bord zu kommen, wurden immer hektischer. Frauen wollten ihre Männer und Söhne auf die Schiffe schmuggeln und verkleideten sie als Frauen oder versteckten sie in Koffern, während SS-Streifen unter den Flüchtlingen nach kampffähigen Männern suchten.

Die örtlichen NS-Funktionäre hatten eine schwierige Entscheidung zu treffen. Hier lag die *Wilhelm Gustloff*, ein Parteischiff, auf dessen Schornstein man noch das verblaßte Hakenkreuz der „Kraft-durch-Freude"-Bewegung sehen konnte, bereit zur Ausfahrt. Ihre guten Parteibeziehungen würden ihnen sicherlich einen Platz an Bord verschaffen. Wenn aber Gauleiter Koch ihre Flucht bemerkte und Himmler oder Hitler davon in Kenntnis setzte, dann wären sie als Feiglinge und Defätisten gebrandmarkt, die nicht auf Gnade hoffen durften. Anderseits, welche Gnade durfte man von der Roten Armee erhoffen? Die Deutschen hatten jeden kommunistischen Parteifunktionär, der ihnen in die Hände gefallen war, ermordet. Die deutschen Funktionäre konnten sich kaum ein anderes Schicksal erhoffen.

Die „Führer-Suite" im Oberen Promenadendeck der *Wilhelm Gustloff* hatte man bis zum 29. Januar freigehalten – „reserviert für wichtige Persönlichkeiten". Dann brachte der Bürgermeister von Gotenhafen seine Familie – insgesamt dreizehn Personen – an Bord, und sie belegte die „Führer-Suite". Der unglückselige Bürgermeister wagte nicht, bei den Seinen zu bleiben, und ging am nächsten Morgen wieder an Land. Bald darauf fiel er bei der Verteidigung seiner Stadt. In derselben Nacht trafen noch andere prominente Persönlichkeiten ein und quetschten sich in eine Offizierskabine im Promenadendeck: der Kreisleiter von Gotenhafen, seine Frau und fünf Kinder, ein Stubenmädchen und ein Kindermädchen.

Zuletzt wurde auch die Kabine von Herrn Kaufhold vergeben, der vor dem Krieg Parteigruppenleiter des Schiffes gewesen war; in Krisensituationen muß auch das Allerheiligste herhalten. Doch sogar noch zu diesem Zeitpunkt hatten einige Parteimitglieder und insbesondere ihre Frauen die Stirn, sich über die unbequeme Unterbringung zu beklagen.

Und obwohl manche Kabinen überfüllt waren, hatte das Schiff tatsächlich noch Platz für mehr Menschen. Die übrigen Dampfer, die den U-Bootleuten unterstanden, die *Hansa*, die *Hamburg* und die *Deutschland*, waren alle kleiner als die *Wilhelm Gustloff*, und trotzdem hatte jedes Schiff siebentausend Passagiere an Bord. Doch weil die *Gustloff* ein besonderes Schiff, ein Parteischiff, war, hatte sie weniger Leute aufgenommen als die andern.

Der wichtigste und nützlichste Spätankömmling war der einundzwanzigjährige Oberfunkmeister Rudi Lange. Er sollte den Funkraum des Schiffes leiten. Die Tatsache, daß er überhaupt gebraucht wurde, zeigt, wie wenig ausgebildetes Personal an Bord war.

So vergingen die Stunden, während die allerletzten Vorbereitungen getroffen wurden. Um die 162 verwundeten Soldaten in ihrem provisorischen Lazarettraum etwas aufzuheitern, stellte Dr. Richter ein kleines Orchester zusammen. Wenn die Musik auch die Stimmung nicht besonders zu heben vermochte, so übertönte sie wenigstens das Stöhnen der Verwundeten. Nicht weit davon entfernt hatten die Matrosen einen eigenen Entbindungsraum eingerichtet, denn viele Flüchtlingsfrauen waren hochschwanger.

Während alle diese Aktivitäten vor sich gingen, hielt Koch, der fanatische Gauleiter – der zu diesem Zeitpunkt bereits seine eigene Flucht vorbereitete –, immer noch anfeuernde Reden und forderte die Leute auf, weiterzukämpfen, bis Hitler seine Geheimwaffen einsetzen und die Russen zurückwerfen würde. Es gab immer noch einige, die ihm glaubten.

Der deutsche Kriegsberichterstatter Hans Joachim Paris verkündete von Königsberg aus im Radio: „Die Stadt ist zu einem Teil des Frontgebietes geworden. Tausende lauschen in die Nacht, um zu hören, ob sich der Schlachtenlärm der Stadt nähert. Wir alle haben uns an den Anblick von automatischen Pistolen und Panzerfäusten auf Tischen und Schreibtischen gewöhnt; sie liegen bereit, um jeden Augenblick aufgenommen zu werden. Volkssturmeinheiten, aus Büros und Heimen zusammengezogen, werden mit Waffen ausgerüstet, um die Panzer in den Straßen zu bekämpfen. Um für die Verstärkungen Platz zu schaffen, hat man die Straßen von den Flüchtlingstrecks gesäubert."

12

Dienstag, 30. Januar 1945. Korvettenkapitän Zahn stand zeitig auf und machte kurz nach Sonnenaufgang mit Hassan einen raschen Spaziergang entlang des Kais. Der Hund hing an ihm, und Zahn fand, daß er auch an diesem dramatischen Tag seinen üblichen Auslauf haben sollte. In dieser Nacht hatten auf der *Wilhelm Gustloff* nur wenige Menschen geschlafen; die Stimmung war zu angespannt, und überall kursierten beunruhigende Gerüchte. Die Pier, auf der der U-Bootoffizier in seinem langen Ledermantel spazierenging, war voller halb erfrorener, erschöpfter Flüchtlinge, die den Frühaufstehern auf Deck sehnsüchtige Blicke zuwarfen und nur den einen Wunsch hatten, auch an Bord und damit praktisch in Sicherheit vor den Russen zu gelangen.

Zahn fühlte die steigende Spannung, und gegen neun Uhr telefonierte er mit dem U-Boot-Hauptquartier, um festzustellen, wann das Schiff auslaufen würde; der Zeitpunkt wurde von den U-Bootleuten bestimmt und hatte nichts mit der Sicherungs-Division zu tun. Kapitän z. S. Schütze antwortete, daß es vermutlich Mittag werden würde und er genaue Auslauftermin noch nicht festgesetzt sei. Auf einem benachbarten Liegeplatz nahm die *Hansa*, die zusammen mit der *Gustloff* auslaufen würde, auf Befehl von Fregattenkapitän Bartels immer noch Flüchtlinge an Bord. Zahn erwähnte während des Telefongesprächs, daß er bereits viertausendfünfhundert Flüchtlinge an Bord habe und keine mehr aufnehmen könne. Auf seine Frage nach feindlichen Aktivitäten erhielt er vom Hauptquartier abermals die Antwort, daß keine Meldungen über sowjetische U-Boote vorlägen.

Im Laufe des Morgens mehrten sich die Anzeichen der

unmittelbar bevorstehenden Ausfahrt. Um zehn Uhr kam eine Feldgendarmeriestreife an Bord und durchsuchte das Schiff nach Deserteuren; sie mußte erfolglos abziehen. Etwas später meldete sich der Lotse, der das Schiff aus dem Hafen steuern sollte, auf der Kommandobrücke. Das U-Boot-Hauptquartier hatte darauf bestanden, daß der Lotse ein Deutscher sein müsse, denn auf die Polen dürfe man sich nicht verlassen; sie könnten die Russen über die Schiffsbewegungen informieren. Vier Schlepper kamen längsseits, und kurz bevor die Telefonleitung abmontiert wurde, sprach Zahn noch ein letztes Mal mit dem U-Boot-Hauptquartier.

„Die *Gustloff* geht um 12.30 Uhr in See", wurde ihm mitgeteilt. „Vermutlich wird sie Kurs auf Stettin nehmen müssen."

In einer makabren Parodie ihrer normalen Funktion schrie die Bordsprechanlage fortwährend Informationen und Instruktionen für die Passagiere hinaus. Jedes Deck wurde zu den Mahlzeiten aufgerufen, verlorene Kinder wurden gemeldet, und ständig wiederholte man den Befehl, daß alle Passagiere immer Schwimmwesten zu tragen hätten. „Unter Deck ist das Rauchen verboten", befahl die Brücke. „Achtung, Achtung, bei Ertönen der Luftschutzsirene müssen alle Lichter gelöscht werden."

Etwa um zwölf Uhr besetzten die Seeleute ihre Stationen. Versorgungskabel wurden getrennt, alle Luken geschlossen, die Matrosen standen an den Ankern bereit. Schließlich wurde noch, kurz bevor man das Fallreep und die Laufstege endgültig einzog, die Schiffsliste in fünffacher Ausfertigung in das Verkehrsboot des Hafenmeisters hinuntergereicht. Als die *Wilhelm Gustloff* sich zu ihrer ersten Ausfahrt nach beinahe fünfjähriger Ruhepause bereitmachte, wurde alles streng nach Vorschrift abgewickelt. Der betagte Kapitän Petersen legte besonderen Wert auf vorschriftsmäßige Uniform und korrektes Verhalten. Neue Mannschaftsmitglieder wurden angewiesen, Mützen zu tragen, denn: „Der Alte mag es nicht, wenn man nackt auf der *Gustloff* herumläuft."

Ähnliches ging auf der *Hansa*, der *Hamburg* und der *Deutschland* vor sich. Aber nirgendwo wurde das seemännische Zeremoniell strikter eingehalten als auf der Brücke der *Gustloff*. Zum Abschluß übergab Oberzahlmeister Luth dem Ersten Offizier Reese offiziell die vollständige Passagierliste. Reese überflog sie, um die Ziffern zu kontrollieren:

918 Offiziere und Soldaten der Kriegsmarine
173 Besatzungsmitglieder
373 Marinehelferinnen
162 Verwundete
4424 Flüchtlinge

Zu diesem Zeitpunkt befanden sich also nach offiziellen Unterlagen 6050 Menschen an Bord der *Wilhelm Gustloff*.

Man hatte im letzten Augenblick für alle Passagiere Schwimmwesten beschaffen können, aber es gab immer noch nicht genügend Rettungsmittel. Zehn Davits blieben leer. Ein Bootsmann namens Gorch hatte die Boote nochmals inspiziert und gemeldet, man habe nur zwölf anstatt der vorgesehenen zweiundzwanzig. Er schätzte, daß jedes Boot bis zu sechzig Personen aufnehmen konnte. Weiters waren achtzehn von der Marine beigestellte Kutter vorhanden, von denen jeder dreißig Personen aufnehmen konnte, und dreißig Flöße für je zehn Passagiere. Nach Gorchs Berechnungen konnten in den Booten und auf den Flößen viertausend Menschen Platz finden.

Es war beinahe dreizehn Uhr, als die Matrosen die letzten Leinen losmachten und die Schlepper die *Wilhelm Gustloff* von der Pier wegzogen, an der sie so lange gelegen war. Unmittelbar darauf mußten sie stoppen, denn eine Anzahl kleiner Boote, beladen mit Frauen und Kindern, kam unter den Bug und längsseits. Sie blockierten das Schiff, und aus den überfüllten, teilweise lecken Booten ertönten herzzerreißende Rufe und Bitten.

Frauen hielten ihr kleinen Kinder hoch und flehten: „Nehmt uns mit. Rettet unsere Kinder!" Niemand konnte den Rufen widerstehen. Die *Gustloff* trieb ohne Fahrt, während die allerletzten Flüchtlinge über Seefallreeps und Netze an Bord kamen. Niemand nahm sich die Mühe, sie zu zählen, jeder war nur darauf bedacht, so rasch wie möglich in See zu stechen.

Wie viele Menschen in diesen letzten Minuten noch an Bord kamen, ist ungewiß. Viele Jahre später erzählte Rudi Lange bei einem Treffen der Überlebenden: „Wir ließen Netze hinunter, und alle Insassen der kleinen Schiffe kletterten so gut sie konnten an Bord. Ich glaube mich zu erinnern, daß mir einer der Offiziere befahl, einen Funkspruch durchzugeben, daß weitere zweitausend Menschen an Bord gekommen seien." Wenn dies stimmt, lief die *Gustloff* mit über achttausend Passagieren aus. Wir werden darüber niemals Gewißheit erhalten.

Nur wenige Passagiere konnten an der Schiffsreling stehenbleiben, während die *Gustloff* endgültig aus dem Hafen glitt, denn sobald sie sich, von den Schleppern gezogen, der Hafenausfahrt näherte, kam eine steife westliche Brise auf, und große Hagelkörner klatschten auf das Schiff. Es wurde bitter kalt, und die Schneeschauer waren so unangenehm, daß selbst Professor Bock, der Marinekünstler, darauf verzichtete, die Ausfahrt von Deck aus zu erleben.

Während der Hagel gegen die Glasscheiben der Brücke prasselte, meinte Kapitän Petersen, den die Gefahr feindlicher U-Boote immer noch beschäftigte, erleichtert, das schlechte Wetter werde den Dampfer auf See abschirmen.

„Was mich betrifft", sagte Korvettenkapitän Zahn, „wäre es mir noch lieber, in einer dicken Nebelsuppe zu fahren." Jetzt, wo man die Bewegung des Schiffes fühlen konnte und das zermürbende Warten auf den Marschbefehl vorüber war, schien sich das Verhältnis zwischen den Offizieren auf der Brücke zu bessern. Die aus Männern der Handels- und der Kriegsmarine zusammengewürfelte Besatzung begann zusammenzuarbeiten. An den Maschinentelegraphen standen Marinematrosen, und ein Steuermannsmaat bediente das Rad. Sie erhielten ihre Befehle von einem Kapitän der Handelsmarine und vom Wachoffizier.

Während Kapitän Petersen in das Schneetreiben hinausstarrte, setzte sich ein Minenräumboot an der Ansteuerungsboje vor das Schiff. Der Wachoffizier nahm das Mikrophon der Bordsprechanlage und teilte den Passagieren unter Deck mit: „Achtung, Achtung! Alle Passagiere müssen ihre Schwimmwesten anlegen. Von jetzt an müssen sie ständig getragen werden."

Da man so wenig Rettungsmittel hatte, befahl der Kapitän, die in Friedenszeiten übliche Routine einzuhalten. Das heißt, daß die Boote immer noch über Bord hingen und nicht ausgeschwungen waren. „Das war ein Fehler", sagte Knust später. „Die Boote hätten ausgeschwungen werden müssen. Das ist eine übliche Vorsichtsmaßnahme in Kriegszeiten, um die Dampfer für den Notfall bereit zu machen."

Das kleine Räumboot patrouillierte vor der *Gustloff* und suchte vor der großen Mole an der Hafeneinfahrt von Gotenhafen nach Minen. Selbst hier, in unmittelbarer Nähe des großen Marinestützpunktes, bestand die Gefahr, daß ein vereinzeltes britisches Flugzeug Minen abgeworfen hatte.

Die Wettervorhersage lautete: West-Nordwest Stärke 6 bis 7, abends nach Westen drehend und auf 5 fallend. Dünung 4, Schnee. Sichtweite 1–3 Seemeilen. Leichter bis mittlerer Frost.

Günther von Maydell hatte dem Hagel getrotzt, um die Ausfahrt des Schiffes zu beobachten, und bemerkte jetzt erstaunt, daß Eisschollen auf der Wasseroberfläche schwammen.

Auf dem Festland, im Hauptquartier der 9. Sicherungs-Division, wo die Ausfahrt der *Gustloff* und der *Hansa* so viel Kopfzerbrechen bereitet hatte, wurde Korvettenkapitän Leonhardt von dringlicheren Aufgaben abgelenkt. Zumindest war es eine Erleichterung, so viele Flüchtlinge bereits unterwegs zu wissen. In der Stadt und im Hafen würde es jetzt mehr Platz für jene geben, die immer noch aus unmittelbar gefährdeten Orten wie Königsberg nach Gotenhafen strömten.

13

Am frühen Nachmittag stürzte ein Offizier in Leonhardts Büro und schwenkte einen Funkspruchzettel. „Die *Gustloff* ist vor Anker gegangen. Sie wartet auf die *Hansa*, die Maschinenschaden hat."

Leonhardt war über diese Nachricht einigermaßen erleichtert, denn er war immer noch der Überzeugung, daß das U-Bootkommando einen Fehler gemacht hatte, als es die beiden großen Schiffe ohne entsprechenden Geleitschutz auslaufen ließ. Trotz der Zuversicht der U-Bootleute, selbst einen Geleitschutz organisieren zu können, hatten sie nicht mehr als zwei kleine Fahrzeuge aufgetrieben, ein Torpedoboot und ein Torpedofangboot. Da die *Wilhelm Gustloff* nicht allein weiterfahren würde, würde man mehr Zeit zur Verfügung haben, einen besseren Geleitschutz zu organisieren, überlegte Leonhardt. Seine Erleichterung war allerdings nur von kurzer Dauer, denn eine Stunde später kam bereits die Meldung herein, daß die *Wilhelm Gustloff* Befehl erhalten habe, die *Hansa* alleinzulassen und weiterzufahren.

Ursprünglich war geplant, daß die *Wilhelm Gustloff* und die *Hansa* unter Hela zusammentreffen sollten, wo die zwei von der U-Boot-Lehrdivision bereitgestellten Fahrzeuge zu ihnen stoßen würden. Aber eine Stunde nach der Ausfahrt aus Gotenhafen sah der Posten im Ausguck, daß die *Hansa* nicht weit vor Hela beidrehte. Die *Gustloff* stoppte ebenfalls, und da der Kapitän absolute Funkstille befohlen hatte, tauschten die Schiffe Winksprüche aus. Die *Hansa* meldete Maschinenschaden und gab einen Befehl an die *Gustloff* weiter: „*Gustloff* ankern, weitere Befehle abwarten."

Zu diesem Zeitpunkt war die *Gustloff* bereits der vollen

Wucht von Wind und Meer ausgesetzt, und viele Passagiere waren seekrank. Der Tempoverlust des Schiffes verwirrte und erschreckte die Menschen. Frau Knust, die Frau des Ingenieurs, erinnert sich, daß sie ängstlich in ihrer Kabine saß, und auch Baronin von Maydell hatte das Gefühl, daß etwas nicht in Ordnung sei. Für die Verwundeten in ihrem verglasten Lazarettraum war es eine neuerliche Belastungsprobe, die sie zu ertragen hatten.

Der wachhabende Kapitän Weller versuchte die Leute über den Lautsprecher zu beruhigen. „Es besteht kein Anlaß zu Besorgnis. Wir werden bald weiterfahren. Achten Sie darauf, daß Ihre Schwimmwesten ordnungsgemäß angelegt sind."

Es wurden keine weiteren Erklärungen mehr abgegeben, und in der nervösen Atmosphäre des überfüllten Schiffes war es unvermeidlich, daß sich unter den Passagieren sofort verschiedene wilde Gerüchte verbreiteten. Eine halbe Stunde trieb der Dampfer in dieser exponierten Lage, während die Offiziere auf der Brücke auf den Entschluß des Kommandanten der Lehrdivision warteten.

Kapitän zur See Schütze konnte nur wenig tun, um der *Hansa* zu helfen. Sie mußte versuchen, ihren Maschinenschaden mit eigenen Mitteln zu beheben, während die Schlepper durch die aufgewühlte See stampften, um ihr zu Hilfe zu kommen. Die *Gustloff* bei Tag unter dieser gefährlichen Küste treiben zu lassen, würde das Risiko verdoppeln. Daher entschied er, daß die *Gustloff* die Fahrt allein fortsetzen solle. Diese Nachricht wurde von der *Hansa* mittels Winkspruch an die *Gustloff* weitergegeben. Der Offizier fügte ein persönliches Wort hinzu – „Bon voyage!"

Wieder war die *Gustloff* unterwegs. Oben auf der Brücke fluchte Zahn vor sich hin, denn die Lage gefiel ihm gar nicht. Seine Zuversicht wie auch die seiner Kameraden von der Handelsmarine wurde nicht bestärkt, als sie vor Hela mitten im Schneetreiben erstmals ihren Geleitschutz erblickten.

Er bestand aus dem alten Torpedoboot *Löwe*, einem Beuteschiff aus dem Norwegen-Feldzug von 1940, und aus dem

Torpedofangboot *TF 1*, das bisher nur auf Übungstorpedos Jagd gemacht hatte, die von den U-Booten der Lehrdivision abgefeuert worden waren.

Mit einem Blinkspruch befahl Zahn den zwei kläglichen Schiffen Geleitposition einzunehmen. „Was für ein Geleit!" brummte Kapitän Weller, der die Wache übernommen hatte. „Es wäre gescheiter gewesen, auf die *Hansa* zu warten."

Zahn erwiderte, daß sie eindeutige Befehle hätten und weitermachen müßten.

Die *Gustloff* pflügte jetzt durch stürmische See, die den kleinen Geleitschiffen das Leben sauer machte. *TF 1* verringerte seine Geschwindigkeit, und bald las der Signalgast der *Gustloff* einen Blinkspruch ab: „Habe einen Riß in der Schweißnaht, Wassereinbruch, erbitte Entlassung nach Gotenhafen."

Die Umkehr von *TF 1* mußte natürlich genehmigt werden, und damit war der Geleitschutz des ehemaligen KdF-Flaggschiffes halbiert.

Es blieb nur mehr die *Löwe*, die vor dem Dampfer auf und nieder stampfte. Die Verschlechterung der Situation war den persönlichen Beziehungen auf der Brücke der *Gustloff* nicht gerade zuträglich. Korvettenkapitän Zahn fühlte sich unter diesen tristen Umständen verpflichtet, die Initiative zu ergreifen, und er führte in Gegenwart der anderen Offiziere und der beiden Wachoffiziere mit Petersen einen heftigen Streit über den einzuschlagenden Kurs.

Zahn wollte sich an die Tiefwasserroute westwärts halten; nach seiner Meinung gab es zwei Möglichkeiten: Entweder sie liefen mit Höchstfahrt geraden Kurs ohne Abweichungen, oder sie gingen mit der bestmöglichen Geschwindigkeit auf Zickzack-Kurs. Er schlug die zweite Möglichkeit vor.

Sofort erhob Kapitän Petersen Einwände – nicht zuletzt, weil er dachte, der U-Bootoffizier wolle ihn in den Hintergrund drängen. Schließlich war er der Kapitän. Ein so großer Dampfer wie die *Wilhelm Gustloff* könne nicht kreuz und quer über den Ozean fahren, war sein Argument.

In diesem Fall, erwiderte der wütende U-Bootoffizier, der mehr über die Gefahr eines U-Bootangriffes wußte als jeder andere an Bord, verlange er eine Geschwindigkeit von sechzehn Knoten.

Damit hatte er theoretisch recht. Ein großer, schneller Ozeandampfer wie die *Gustloff* konnte den langsamen U-Booten der ersten Kriegsjahre durchaus davonfahren und ihrem Angriff ohne Geleitschutz entkommen. Auf diese Weise hatten die Briten die *Queen Mary* sicher über den Atlantik gebracht – ein Stachel im Stolz der deutschen U-Bootwaffe.

Doch der alte Kapitän, der sein Schiff kannte, hatte für diese Forderung nur ein Lächeln übrig. Entgegen der allgemeinen Ansicht war die *Gustloff* nämlich kein wirklich schnelles Schiff, und sie war es nicht einmal in ihrer Glanzzeit gewesen. Sie war nicht gebaut, um das Blaue Band zu erringen, den Preis für die schnellste Atlantiküberquerung, sondern um als wirtschaftlich zu betreibendes Schiff ohne Decksklassen nationalsozialistische Propaganda zu verbreiten. Unter idealen Bedingungen, in erstklassigem Zustand und mit einer erfahrenen Mannschaft konnte sie vielleicht eine Spitzengeschwindigkeit von sechzehn Knoten erreichen.

Petersen erklärte, daß bei einem solchen Versuch wahrscheinlich binnen fünf Minuten die Lager rotglühen würden. Er erinnerte, daß die *Gustloff* einen Bombenschaden erlitten hatte und die Schraubenhose nur provisorisch repariert worden sei. Unter normalen Umständen, betonte er, hätte das Schiff gar nicht auslaufen dürfen. Zwölf Knoten seien das absolute Maximum.

Der alte Mann hatte sich jetzt richtig in Rage geredet, und obwohl auch Zahn verärgert und wütend war, gelang es ihm nicht, ihn umzustimmen. Das Wetter wurde schlechter, und die Matrosen, die man auf Deck geschickt hatte, um das Eis von den 3-cm-Flakgeschützen zu entfernen, kamen steif vor Kälte zurück. Es schien auch keine sehr sinnvolle Aktivität, denn in dem Sturm, dem Schneetreiben und der Dunkelheit hätte die Mannschaft ein Flugzeug keinesfalls sichten können.

„Gott helfe uns allen", bemerkte Zahn mit Nachdruck.

Unter Deck bei den Flüchtlingen war die Stimmung auch nicht viel besser. Die anfängliche Hochstimmung, einen Platz auf einem bequemen Schiff ergattert zu haben, war gewichen, und jetzt machten sich alle Unannehmlichkeiten eines überfüllten Schiffes bei schlechtem Wetter bemerkbar. Die Marinehelferinnen in ihrem Schwimmbad waren seekrank. Die Toiletten waren verstopft und stanken. Die Ventilation wurde mit der dichten menschlichen Ausdünstung nicht fertig, und es wurde unerträglich heiß. Die Leute zogen Schwimmwesten, Mäntel und Pullover aus. Ruth Fleischer, die junge Frau eines Marineoffiziers, erregte die Aufmerksamkeit der Passagiere, weil sie darauf bestand, die Anweisungen ihres Mannes zu befolgen, unter allen Umständen Schwimmweste und warme Kleidung anzubehalten. Ihre Reisegenossen versuchten vergeblich, sie umzustimmen.

Um zwanzig Uhr, als die Ausguckposten abgelöst wurden und in die Messe des Maschinenpersonals hinunterstiegen, um sich aufzuwärmen, empfing die Brücke wieder einen Funkspruch. Während sie parallel zur pommerschen Küste steuerten, näherte sich auf Gegenkurs ein Minensuchverband. In der dunklen, stürmischen Nacht bestand die Gefahr einer Kollision.

Nach einer hastigen Besprechung empfahl Zahn, die grünen und roten Navigationslichter zu setzen, um eine Kollision zu vermeiden. Diese Minenräumboote waren, nach Wissen der Offiziere, die einzigen Schiffe in der Nähe. Außer ihnen konnte man in diesem Abschnitt den schweren Kreuzer *Admiral Hipper* und sein Geleitboot *T 36* erwarten, ein modernes 600-t-Torpedoboot. Sie hatten die Danziger Bucht einige Stunden nach der *Gustloff* verlassen. Etwa um Mitternacht sollten sie die *Gustloff* auf Parallelkurs überholen.

Die *Admiral Hipper* war nach wechselvollen Fahrten 1943 außer Dienst gestellt und gründlich überholt worden. Schließlich verlegte sie nach Gotenhafen und diente der Ausbildung der Rekruten. Anfang 1945 sollte das nur höchst bedingt einsatzbereite Schiff nach Kiel verlegen und dabei Flüchtlinge mitnehmen.

Jetzt war sie mit 1377 Passagieren an Bord unterwegs. Ihr Geleitboot, *T 36* unter Kapitänleutnant Robert Hering, das in dem bevorstehenden Drama eine wichtige Rolle spielen sollte, hatte 250 Flüchtlinge an Bord.

Die Tatsache, daß diese beiden mächtigen Kriegsschiffe in der Nacht im selben Seeraum sein würden wie der Dampfer, hatten den Entschluß des U-Bootkommandos, die *Gustloff* allein fahren zu lassen, sicherlich mitbestimmt.

Auch für die besorgten Offiziere der Sicherungs-Division war es ein beruhigender Gedanke, daß die *Hipper* – wenn sie auch ihre Fahrt nicht verlangsamte, um die *Gustloff* zu begleiten – wenigstens während der zwei, drei kritischen Nachtstunden in der Nähe sein würde. Zu diesem Zeitpunkt und in diesen Gewässern hatten die deutschen Schiffe Freunde mit Feuerkraft dringend nötig.

So fuhr die einstmals so stolze *Wilhelm Gustloff* mit ihrer traurigen Fracht, mit streitenden Offizieren auf der Kommandobrücke, mit durch Maschinenprobleme reduzierter Geschwindigkeit und mit entgegen den Tarnungsvorschriften gesetzten Positionslichtern, nur von einem kleinen Fahrzeug geleitet, ihrem Schicksal entgegen.

14

Das sowjetische Hauptquartier in Kronstadt hatte keine Ahnung, wo sich Marinesko und *S 13* herumtrieben. Seit achtundvierzig Stunden hatten sie nichts mehr von ihm gehört. Doch Kapitän L. A. Kurnikow, der Stabschef, machte sich um seinen unberechenbaren Kommandanten keine Sorgen. Er wußte, daß Marinesko nur ungern die Funkanlage benutzte.

Nach dem Krieg berichtete Marinesko in der Literaturzeitschrift *Zwezda* über seine Aktionen. „Wir strichen vor dem Bau der Faschisten hin und her, aber die Hunde wollten nicht herauskommen und sich zum Kampf stellen. Ich beschloß, daß ich den Krieg am folgenden Tag in ihr eigenes Territorium tragen wollte; ich würde unsere Position nach dem Leuchtfeuer von Hela bestimmen und mich in die Danziger Bucht einschleichen. Natürlich gab es die Gefahr von Minen, aber wenn die Nazischiffe herauskonnten, dann sollte *S 13* imstande sein, hineinzukommen. Es war das Risiko wert."

Im Augenblick herrschte an Bord von *S 13* allerdings die übliche langweilige Routine einer Langstreckenpatrouille. Das Boot war stickig, und es roch nach Schweiß und Maschinenöl. Marinesko fuhr das Periskop aus, und es durchstieß plätschernd die Meeresoberfläche.

Im Boot wurde völlige Ruhe befohlen. Alle Gespräche verstummten. Die Männer auf Freiwache lagen in ihren Kojen. Nur noch das Geräusch der elektrischen Motoren und die leisen Befehle, die der Kapitän erteilte, waren zu vernehmen. Einmal sichteten sie ein einzelnes Schiff auf schnellem Zickzack-Kurs westwärts, aber es war bereits zu weit entfernt, um die Jagd aufzunehmen. Ein paar Schlepper und andere kleine

Schiffe kämpften sich durch die stürmische See. Marinesko verschmähte sie. In der Sprache der U-Bootleute waren sie „Mjelochi“ (Kleingeld“). Einmal erstarrte die Besatzung: in nächster Nähe passierte ein U-Boot. In *S 13* konnte man genau das Geräusch der Schiffsschrauben hören, und die Horchgeräte registrierten das Klicken der Schalter, als das andere Boot die Geschwindigkeit änderte. Es fuhr so knapp vorbei, daß *S 13* in seinem Kielwasser schaukelte, während das Propellergeräusch langsam verhallte und das U-Boot seines Weges zog.

Der Mann am Horchgerät war Maat Iwan Schnapzew. Schlank und dreiundzwanzigjährig, wurde er von der Mannschaft wegen der Kopfhörer, die er ständig trug, um Opfer oder Angreifer auszumachen, „Großohr“ genannt. Am Abend des 30. Januar erklärte er die See frei von U-Booten; Marinesko ließ *S 13* auftauchen und kletterte aus dem Turmluk. Der Dienstanzug der russischen U-Bootoffiziere bestand aus der „Uschanka“, einer marineblauen Pelzmütze mit dem Marineabzeichen, Gummistiefeln, Uniformhosen und dem gefütterten Mantel, den Angehörige aller Waffengattungen trugen. Marinesko pflegte jedoch einen schmutzigen Schaffellmantel zu tragen, und in dieser Nacht konnte er ihn gut gebrauchen. Als er, Jefremenkow und zwei Ausguckposten ins Freie traten, schlug ihnen ein schneidend kalter Wind entgegen, der sie und *S 13* mit Schnee und halb gefrorener Gischt bedeckte. Das Thermometer zeigte minus siebzehn Grad Celsius.

1970 schrieb der Navigationsoffizier Redkoborodow in einer Leningrader Zeitung über die Atmosphäre an Bord, als sie auftauchten: „Wir waren seit zwanzig Tagen auf Patrouille und hatten noch keinen einzigen Schuß abgegeben. Aber jetzt hatten wir das Gefühl, dort zu sein, wo wir schon immer hätten sein sollen. Wir wußten, daß eine Entscheidung fallen würde – zum Guten oder zum Schlechten. Entweder wir würden etwas erwischen oder es würde uns erwischen. Wir waren angespannt und kampfbereit.“

Doch im Augenblick war alles noch Routine. Während die

Ventilatoren Frischluft ins Boot preßten und die Dieselmotoren ansprangen, während die Batterien aufgeladen wurden, fragte sich die Mannschaft, wer das Glück haben würde, für eine Zigarette ins Freie zu dürfen. Im Turm befanden sich Marinesko, Jefremenkow und der Bootsmann 2. Klasse Anatoli Winogradow, ein dunkelhäutiger Mann aus Moskau. Er war Ausguckposten, aber er hatte sein Fernglas weggelegt; Gischt und Schnee machten es unbenützbar. Ausguckposten achtern war Maat Andrej Pichur, der achtundzwanzigjährige Torpedomechaniker des Bootes. Für seinen Einsatz während der erfolgreichen Patrouille von *S 13* im vergangenen Oktober hatte er den Leninorden erhalten. Nach dem Bericht von Viktor Germanow, einem sowjetischen Journalisten, blieb Marinesko im Turm, bis er sich vergewissert hatte, daß nirgends U-Boote lauerten, die *S 13* rammen und mit Wasserbomben belegen könnten, dann sagte er zu Jefremenkow: „Ich gehe hinunter und werde etwas Heißes trinken. Halt die Augen offen, die Hunde sind irgendwo dort draußen. Sie müssen dort draußen sein.“

Er zögerte nicht, Jefremenkow das Kommando zu übergeben; sie fuhren nun schon beinahe drei Jahre miteinander. Groß, schweigsam, mit ausdruckslosem Gesicht, war Jefremenkow das perfekte Gegenstück zu der schillernden Persönlichkeit Marineskos. Der Platz des Kapitäns wurde jetzt von einem Funker eingenommen, der eine Zigarette rauchen wollte, aber der Wind fraß seine Papirossa auf. Er warf die leere Hülse über Bord und fluchte auf das Wetter.

In diesem Augenblick zeigte Winogradow in Richtung Küste, wo er Lichter sichtete. Zuerst dachten sie, es wäre das Leuchtfeuer an der Hela-Spitze. Jefremenkow hatte vor dem Auftauchen die Seekarte studiert, und er hielt die Lichter für das Rixhöft-Leuchtfeuer an der Küste, westlich der Stelle, wo Hela auf das Festland trifft. Aber es konnte auch das Leuchtfeuer von Heisternest auf Hela sein.

Er rief Redkoborodow auf den Turm, um ihren Standort exakt zu bestimmen. Die Tatsache, daß diese Lichter zu sehen waren, bedeutete jedoch mehr als nur eine Möglichkeit, ihre Position zu bestimmen (was ihnen auch gar nicht gelang, denn die Koordinaten, die Marinesko später für die Operation angab, lagen zehn Meilen abseits). Sie bedeutete, daß sich ein Konvoi aus der Danziger Bucht bewegte und bald auf dem Weg nach Westen Hela umfahren würde.

Das wurde bestätigt, als Winogradow weitere Lichter meldete. Diese waren nun eindeutig Schiffe. Jefremenkow rief Marinesko auf die Brücke zurück, läutete die Alarmglocke und beorderte alle Mann auf Gefechtsstand. Es war 21.10 Uhr (Moskauer Zeit).

Marinesko beschloß, als erstes den Auftrieb von *S 13* zu reduzieren, so daß das Boot tiefer im Wasser lag und Ausguckposten und feindlichem Radar eine kleinere Silhouette bot. Die Wellen, die über dem Boot zusammenschlugen, würden ebenfalls zur Verwirrung etwaiger Radar-Beobachter beitragen, die Schwierigkeiten haben würden, das Boot in der Dünung zu finden.

S 13 sah aus wie ein Felsen, den das Meer bei steigender Flut überspült, bevor es sich wieder zurückzieht. Das war ein heikles Problem für den Steuermann Nikolai Toropow. Verlor er die Kontrolle, so würde das U-Boot unter die Wellen schneiden, während die Offiziere sich noch auf der Brücke befanden und die Luke geöffnet war. Wenn das geschah, dann würde *S 13* auf den Meeresgrund sinken und für immer dort bleiben.

Schnapzew arbeitete unermüdlich an seinen Horchgeräten. Er meldete ein Peilgeräusch: „Schiffsschrauben in 160. Entfernt sich rasch. Ein großes Fahrzeug mit Zwillingsschrauben. Vielleicht ein Kreuzer.“ Diese Meldung muß Marinesko gefallen haben, denn bisher hatte kein sowjetisches U-Boot ein größeres deutsches Kriegsschiff als ein Minenräumboot versenkt. Schnapzew hatte nicht schlecht geraten; es waren tatsächlich Kreuzer vor der Küste gelegen, um der deutschen Armee Feuerunterstützung zu geben, und ein paar Stunden später sollte die *Admiral Hipper* genau das gleiche tun.

Redkoborodow ließ einen Abfangkurs steuern, und dann brummte Marinesko laut Germanows etwas blumigem Bericht: „Ich glaube, wir sollten etwas mehr Fahrt machen. Wir wollen nicht verspätet bei unserem Rendezvous ankommen. Die Hundesöhne würden uns niemals verzeihen."

Ob er diese Worte tatsächlich gebrauchte oder nicht, jedenfalls passen sie zu seinem Charakter. Wir wissen aber auch, daß sich hinter seinem rebellischen, großspurigen Gehaben ein kluger Kenner der Unterwasserkriegsführung verbarg, der zu der Überzeugung gekommen war, daß sich die sowjetische Taktik grundlegend ändern müsse, wenn man fliehende Konvois versenken wollte.

Schon lange wollte er einmal die deutsche Methode versuchen – über Wasser angreifen und *S 13* nicht als U-Boot, sondern als ein tauchbares Torpedoboot einsetzen –, eine waghalsige Methode, die den konservativen russischen und britischen Lehren direkt zuwiderlief. Diese Methode hatte den Deutschen zuerst enorme Erfolge gebracht. Sie eignete sich am besten für den nächtlichen Angriff, bei dem das U-Boot den Schirm der Geleitfahrzeuge durchstieß und auf der im Schatten liegenden Seite der Schiffe den Kurs des Konvois erreichte, am besten mit Hilfe eines freundlichen Mondes, der die Ziele ausleuchtete. Aufgetaucht fuhr und manövrierte das U-Boot beinahe so schnell wie die Geleitschiffe und konnte seine Geschütze voll einsetzen. Es konnte auch seine Torpedos mit größerer Genauigkeit abfeuern und durch Hin- und Herzacken im Geleit unter den Handelsschiffen Verwirrung stiften und die Sicherungsfahrzeuge überlisten.

Natürlich war das auch ein überaus gefährliches Manöver, und Langstreckenflugzeuge mit Radarausrüstung, die die aufgetauchten U-Boote in der Nacht angreifen konnten, versenkten schließlich so viele von ihnen, daß die U-Boote wieder dazu übergingen, ihre Torpedos getaucht abzufeuern. Andernfalls sah die Besatzung des U-Jagd-Flugzeuges das Boot deutlich auf dem Radarschirm, und war es einmal im starken Suchscheinwerferlicht gefangen, gab es kaum mehr ein Entrinnen vor den Bordwaffen und Wasserbomben.

Doch diese Überlegungen konnten Marinesko nicht stören, denn in der Ostsee gab es keine deutschen Flugzeuge mit Radar. Er mußte nur auf Sicherungsfahrzeuge aufpassen, und auch von denen hatten die Deutschen herzlich wenige zur Verfügung. Wenn er sich vorsichtig näherte, würde er nicht allzu viel riskieren, überlegte er. So disziplinlos sich Marinesko auf dem Festland verhielt, so besonnen und überlegt war er auf seinem Schiff. Er entschloß sich zu einem Angriff über Wasser.

15

Von Land einfallende Schneestürme sind in der Ostsee keine Seltenheit. Sie nähern sich ohne Vorwarnung, machen ein Schiff völlig blind und verschwinden so plötzlich, wie sie gekommen sind. Ein solcher Sturm hüllte *S 13* ein. Die Männer im Turm konnten nichts ausnehmen. Die Lichter waren verschwunden. Doch als der Schneesturm weiterzog, sichtete Marinesko nicht nur Lichter, sondern auch die Umrisse zweier Schiffe, eines kleinen und eines sehr großen.

In einem Gespräch, das in der offiziellen Geschichte der Baltischen Rotbannerflotte festgehalten ist, erinnert sich Marinesko: „Als es zu schneien aufhörte, sah ich plötzlich die Silhouette eines Ozeandampfers. Er war riesig. Er hatte sogar Lichter gesetzt. Ich war sofort überzeugt, daß er etwa 20.000 Tonnen hatte, bestimmt nicht weniger. Ich war auch sicher, daß er mit Männern vollgepackt war, die die Erde von Mütterchen Rußland zertrampelt hatten und sich jetzt auf der Flucht befanden. Der Dampfer mußte versenkt werden, entschied ich, und *S 13* würde das besorgen. Es blieb nur mehr die Frage zu entscheiden, wo und wann. Im Geist hatte ich mich bereits auf einen Überwasserangriff eingestellt, um die Wahrscheinlichkeit eines Bugtreffers zu erhöhen.

Und dann kam mir die Idee, daß ich achtern um den Konvoi laufen und von der Küste her angreifen müsse. Aus dieser Richtung würden sie keinen Angriff erwarten. Die Wachposten würden sich darauf konzentrieren, die See abzusuchen. Wir mußten nur unsere Berechnungen richtig anstellen und durften nicht in Panik geraten. Um den Minenräumer würden wir uns später kümmern."

Er ließ *S 13* volle Fahrt laufen, bis sich das Boot auf einem

Parallelkurs zur *Wilhelm Gustloff* zwischen Schiff und Küste befand. Jetzt waren sie in Gefahr, erblickt zu werden, sobald der Mond zwischen den Wolken und dem Schneetreiben auftauchte. Dafür bot die Küste einen dunklen Hintergrund. Es war eine Frage des Glücks und der Aufmerksamkeit der deutschen Ausgucke.

Es gab zwei gefährliche Momente: Plötzlich stieg eine Leuchtrakete auf, hing eine Weile am Himmel und verblaßte wieder. Marinesko fragte sich, ob man ihn entdeckt habe oder ob das Leuchtzeichen eine Kursänderung bedeute. Dann kamen Blinksignale vom Dampfer, anscheinend in Richtung von *S 13*. Winogradow, der etwas Deutsch konnte und die deutschen Marineerkennungssignale abgefangen hatte, signalisierte eine kurze Antwort, die, so hoffte er, einen Sinn ergab. Daraufhin geschah nichts.

Marinesko lief, den Dampfer und sein Begleitschiff steuerbord, in einer Entfernung von zweitausend Metern die Küste entlang. Er fürchtete zwei Dinge: auf eine Mine aufzulaufen oder entdeckt zu werden und in nur dreißig Meter tiefem Wasser plötzlich tauchen zu müssen. In beiden Fällen würde *S 13* sehr viel Glück brauchen, um zu überleben. Das Schiff rüstete sich zum Angriff. Redkoborodow leierte die nötigen Angaben herunter: Ziel steuert Kurs 280 Grad. Geschwindigkeit fünfzehn Knoten. Entfernung 2200 Meter. Das Nachtzielgerät des Angriffsrohres wurde zugeschaltet, die Torpedorohre wurden feuerbereit gemacht.

Kapitänleutnant Wladimir Krylow, der politische Kommissar an Bord, ging durch die Abteilungen und teilte der Mannschaft mit, was vorging.

S 13 hatte beinahe zwei Stunden gebraucht, die *Gustloff* zu überholen, und Marinesko fand es unglaublich, daß er, so lange Zeit aufgetaucht, nicht entdeckt worden war. Das wäre bei einem starken Geleitschutz undenkbar gewesen. Er verstand nicht, warum das große Schiff keinen Zickzack-Kurs steuerte und warum es Lichter gesetzt hatte. Er befahl *S 13*, sich dem Angriffsziel zuzuwenden.

Löwe, das einsame Geleitschiff der *Wilhelm Gustloff*, kämpfte sich seinen Weg durch die schwere See. Beide hatten Rixhöft bereits hinter sich gelassen und näherten sich jetzt den Untiefen vor Stolpe, die sie an Backbord passieren würden, um wieder in tiefere Gewässer zu kommen. Obwohl er es nicht wissen konnte, bestand für Marinesko wenig Grund zur Besorgnis, denn die *Löwe* war völlig blind; ihr U-Boot-Horchgerät war total eingefroren und unbrauchbar. Abgesehen von den Ausguckposten gab es keine Möglichkeit, feindliche Fahrzeuge festzustellen.

Auf der *Gustloff* aber schien zum ersten Mal alles glatt zu laufen. Die Passagiere, auch die seekranken, hatten sich beruhigt, und das Schiff machte gute Fahrt. In ein paar Stunden sollte man außerhalb der Gefahrenzone sein. Durch das Brückenfenster konnte Kapitän Petersen das beruhigende weiße Hecklicht der *Löwe* sehen. Nirgends gab es Anzeichen von Gefahr oder Grund zur Besorgnis. Petersen ging mit Korvettenkapitän Zahn und Louis Reese in die Kabine des Ersten Offiziers, um dort die erste Mahlzeit seit dem Auslaufen des Schiffes einzunehmen. Max Bonnet, der Obersteward, servierte – im korrekten weißen Jackett – Erbsensuppe und kaltes Fleisch. Nach der Mahlzeit erholten sich die Offiziere allmählich von den Aufregungen und Streitigkeiten der letzten vierundzwanzig Stunden. Zum Abschluß bestellte Zahn für jeden einen Kognak, und man trank auf eine erfolgreiche Fahrt.

Am Navigationstisch war der Dritte Offizier damit beschäftigt, nach den Leuchtfeuern von Rixhöft und Stilo die Position der *Gustloff* zu bestimmen. Kapitän Weller, der Wachoffizier war, bat ihn, eine Weile zu übernehmen, während er in das Kartenzimmer ging, um die Position zu kontrollieren und sich zu vergewissern, daß sie Kurs hielten. Es war 21.04 Uhr (deutsche Zeit).

S 13 näherte sich von Backbord. Jefremenkow stellte das Nachtglas. Die vier Bugtorpedos wurden zum Überwasserschuß klargemacht, und Marinesko befahl, die Torpedos auf eine Tiefe von drei Metern einzustellen. Er blickte auf die Uhr.

Es war 23.04 Uhr (Moskauer Zeit).

Redkoborodow gab Lage, Fahrt und Entfernung an. Das Ziel war jetzt weniger als tausend Meter entfernt, und in Jefremenkows Nachtglas schien es riesig. Er wartete, bis der Bug des Dampfers genau ins Zentrum des Fadenkreuzes im Periskop lief. Einen Augenblick noch – und Marinesko gab den Feuerbefehl.

Bevor *S 13* Hangö verlassen hatte, hatte Maat Pichur alle Torpedos mit Sprüchen versehen. Natürlich waren sie politisch einwandfrei, und ihre Reihenfolge hatte Krylow gefallen. Der Torpedo in Rohr 1 trug die Aufschrift: „Für das Mutterland“, in Rohr 2: „Für Stalin“, in Rohr 3: „Für das sowjetische Volk“ und in Rohr 4: „Für Leningrad“.

Die Torpedos aus den Rohren 1, 3 und 4 liefen richtig. Sie fanden ihr Ziel und explodierten mit gewaltigem Feuerschlag. Im U-Boot klangen die Explosionen wie Schläge auf eine schlecht gespannte Trommel. Der Torpedo aus Rohr 2, „Für Stalin“, blieb jedoch im Rohr hängen – bereit, bei der geringsten Erschütterung das U-Boot und die gesamte Besatzung in Stücke zu reißen.

Im Logbuch von *S 13* ist zu lesen: „23.08: Drei Torpedos auf Backbordseite des Zieles gefeuert. Alles Treffer. Entfernung 400–600 Meter. 23.09: Ziel beginnt zu sinken.“

16

Weller wollte eben durch die Tür, um zu seinem Platz auf der Kommandobrücke zurückzukehren, als eine laute, dumpfe Explosion ihn hochhob und sein Kopf am Türrahmen anstieß. „Minen", schrie er und stürzte zum Maschinentelegraphen, um „Halt" zu befehlen. Zwei weitere Explosionen und das Schrillen der Alarmglocke folgten.

Achtern, in der Kabine des Ersten Offiziers, fielen Gläser und Teller krachend zu Boden; Hassan, Korvettenkapitän Zahns Schäferhund, der in der Koje geschlafen hatte, sprang auf. Die drei Offiziere liefen auf das sich neigende Deck. Der Bug des Schiffes hatte sich gesenkt, und das Schiff hatte eine Schlagseite von fünf Grad.

Zahn, der erfahrene U-Bootmann, wußte sofort, daß die *Gustloff* von drei Torpedos getroffen war. Kapitän Weller versuchte, mit dem Maschinenraum Verbindung aufzunehmen, aber Telefon und Bordsprechanlage waren tot. Die Explosionen hatten die Maschinen zum Stillstand gebracht. Die Offiziere auf der Brücke hörten von unten Geräusche, die darauf hinwiesen, daß einige Schotten gebrochen waren.

Walter Knust, der Zweite Ingenieur, schlief während seiner Freiwache im Maschinenraum, weil er seine Frau Paula Maria in ihrer gemeinsamen Kabine nicht stören wollte; Schuhe, Socken und Rock hatte er ausgezogen, um es sich etwas bequemer zu machen.

„Ich hörte zwei laute Explosionen und wußte sofort, was geschehen war, denn die Maschinen stoppten, und dann sah ich einen Wasserstrahl in den Maschinenraum eindringen. Zuerst neigte sich das Schiff unter der Wucht der Explosion steuerbord, dann richtete es sich wieder auf und bekam

Schlagseite nach backbord. Ich zog Schuhe und Jacke an und lief in den Gang hinaus."

Oben im Funkraum kämpfte Rudi Lange mit seinen Geräten. Die Sendeanlage des Schiffes war ausgefallen, und die Notaggregate funktionierten nicht richtig.

„Ich nahm ein Tornisterfunkgerät, das man für den Notfall an Bord hatte, und begann mit halb erfrorenen Händen SOS-Signale zu senden", erinnert sich Lange später. „*Wilhelm Gustloff* sinkt querab. Position Stolpmünde – 55° 07′ Nord; 17° 42′ Ost. Erbitten Hilfe."

Langes kleines Gerät hatte jedoch nur eine Reichweite von zweitausend Metern, und die Nachricht wurde an Land nicht empfangen. Die *Löwe*, die vor dem Dampfer fuhr, hatte bis jetzt noch nicht bemerkt, daß das Schiff, das sie geleitete, gestoppt hatte. Erst als ihr Funker Langes schwaches Notsignal auffing, wußte der Kapitän, daß ein Unglück geschehen war.

Während die *Löwe* beidrehte und zu dem beschädigten Dampfer zurücklief, gab ihr starker Sender das SOS-Signal weiter. Die Nachricht wurde jedoch nicht auf der für Kriegsschiffe reservierten Frequenz der 9. Sicherungs-Division gesendet, sondern auf der für den Konvoi der 2. U-Boot-Lehrdivision vereinbarten Notfrequenz. Daher war der Funker der *Hansa* der erste, der vom Drama an Bord der *Gustloff* erfuhr. Kostbare Zeit ging verloren – und dies zu einem Zeitpunkt, zu dem sich die *Gustloff* nur fünfundzwanzig Seemeilen unter der Küste befand, in nächster Nähe einer Reihe deutscher Schiffe.

Korvettenkapitän Heydel sagte den Autoren: „Der entscheidende Fehler war, daß wir in unserem Hauptquartier in Swinemünde erst von der *Wilhelm Gustloff* hörten, nachdem das Unglück bereits geschehen war. Aber sie befand sich in unserem Bereich."

Das Kriegstagebuch der benachbarten 10. Sicherungs-Division enthält die folgende Eintragung vom 30. 1. (Zitiert nach F. Brustat-Naval, Unternehmen Rettung):

„Um 23.00 Uhr einging folgender offener Funkspruch: Quadrat 9452 Schiff sinkt schnell – M 118 –

M 118 hier nicht bekannt. Daher zuerst noch nicht feststellbar, welches Schiff gemeint ist. Erst die gegen 23.30 Uhr eingehenden Funksprüche geben Klarheit darüber, daß *Wilhelm Gustloff* um 22.18 Uhr auf 55 Grad 7,5 Nord und 17 Grad 42 Ost gesunken ist. Ursachen vorläufig unbekannt.

Erst jetzt einläuft Fernschreiben FdU-Ausbildung G 93 vom 30. 1., daß *Wilhelm Gustloff* um 15.15 Uhr Hela Wachschiff auslaufend mit 4749 Personen an Bord unter Geleit T-Boot *Löwe* passiert hat. Es ist also bei der Sicherungsdivision der Untergang des Schiffes früher bekanntgeworden als seine Inmarschsetzung und sein Aufenthalt im eigenen Seegebiet . . .“ Leiter Chef 2. Sicherungs-Flottille

Gegenüber dem Funkraum lag die Kabine von Professor Bock. Nach einem angenehmen Diner, bestehend aus Roastbeef und einer Flasche Burgunder, das unter der Aufsicht des umsichtigen und allgegenwärtigen Max Bonnet serviert wurde, hatte er sich mit Baronin von Maydell hierher zurückgezogen. Günther von Maydell ging nach dem Essen in die Kabine auf dem Oberen Promenadendeck, die er mit seiner Mutter, einer anderen Dame und deren Tochter teilte. Professor Bock hatte eben eine Flasche Wein entkorkt, und Baronin von Maydell las aus einem romantischen Gedichtband vor, als der erste Torpedo expoldierte. Der erste Gedanke der Baronin galt ihrem Sohn im unteren Deck.

„Ich lief den Gang entlang, um ihn zu finden. Man hatte eine schwache Notbeleuchtung angedreht. Ich war unendlich erleichtert, als ich Günther heraufkommen sah; Professor Bock führte uns auf das Bootsdeck hinauf.“

Als der Torpedo traf, lag Günther in seiner Koje und las ein Buch von Karl May. Kabine 40 hatte noch die für einen Vergnügungsdampfer übliche bequeme Einrichtung. Die Regale waren voll Bücher, und auf dem Toilettentisch seiner Mutter standen Glasflakons. „Ich bin froh, daß wir endlich auf

See sind", hatte er zu seiner Mutter gesagt, bevor sie die Kabine verließ. Günther von Maydell erinnert sich noch daran, wie es war, als die Torpedos einschlugen. „Bum-bum-bum! So ähnlich klang es."

Für seine dreizehn Jahre war er ein erstaunlich besonnener Junge. Die Frau in seiner Kabine geriet in Panik. „Was sollen wir tun?" schrie sie. Günther riet ihr, Mantel und Schwimmweste anzuziehen, und sie stürzte fort, um ihre Tochter zu finden, die mit ein paar Freunden in eine andere Kabine gegangen war. Der Junge, der sich mit dem großen Schiff vertraut gemacht hatte, ging auf die Suche nach seiner Mutter.

„Sobald wir Günther gefunden hatten, lief ich mit ihm zu meiner Kabine, um die Mäntel zu holen und auch Hut und Handschuhe, denn es war bitter kalt", erzählt Professor Bock. „Ich erinnere mich, daß ich dachte, es sei unsinnig, meinen Pelzmantel zurückzulassen, wenn das Schiff sank. Dann führte ich sie alle auf die Steuerbordseite des Promenadendecks. Wir hatten bereits schwere Schlagseite, und ich wußte, daß es schwierig sein würde, die Boote klarzumachen."

Sie rannten über das mit Eis bedeckte, schräge Deck zu einem der Rettungsboote, wo sich die Matrosen mühten, die Winden in Gang zu setzen. Es war eine fast undurchführbare Aufgabe, denn die Seilzüge waren festgefroren, und niemand hatte die Mannschaft darauf gedrillt, unter solchen Bedingungen Rettungsboote auszusetzen.

Die privilegierten Passagiere, die eigene Kabinen hatten, waren – trotz Überfüllung – am besten dran, denn sie konnten von den oberen Decks ohne Schwierigkeiten ins Freie und zu den Booten gelangen. Für die Masse der Flüchtlinge, die sich in den unteren Decks zusammendrängte, war die Lage viel schlimmer. Die wenigstens von ihnen kannten sich auf dem Schiff aus, und kaum jemand hatte sich die Mühe gemacht, sich nach den Notausgängen umzusehen, die die Mannschaft vor dem Auslaufen sorgfältig gekennzeichnet hatte. Die Flüchtlinge waren zufrieden gewesen, einen Platz auf dem rettenden Schiff gefunden zu haben, und die vielen, die

Oben: Bilder aus friedlichen Tagen: *Wilhelm Gustloff* als KdF-Dampfer unterwegs (Photo: Privatbesitz)

Unten: Das Untere Promenadendeck (Photo: Privatbesitz)

Oben: Der Salon. Solche Souvenirpostkarten konnte man an Bord kaufen. (Photo: Privatbesitz)

Unten: Der Marinemaler Prof. Bock in seiner Kabine (Photo: Privatbesitz)

Oben: Wilhelm Gustloff im Krieg: als Lazarettschiff

Unten: und als U-Boot-Wohnschiff (Beide Photos: Bundesarchiv)

Oben links: Admiral Dönitz bei einer Inspektion des Atlantikwalls (Photo: Imperial War Museum)

Oben rechts: Paula Knust als Marinehelferin. Hunderte dieser Mädchen gingen mit der *Wilhelm Gustloff* unter. (Photo: Privatbesitz)

Unten: Erich Koch als Reichskommissar in der Ukraine (Photo: Historical Research Unit)

Die Männer von *S 13:* Alexander Marinesko *(oben links)* und Nikolai Redkoborodow *(oben rechts)* (Beide Photos: British Library)

Unten: Ein seltenes Bild: *S 13* wird im finnischen Hafen Hango aufmunitioniert. (Photo: British Library)

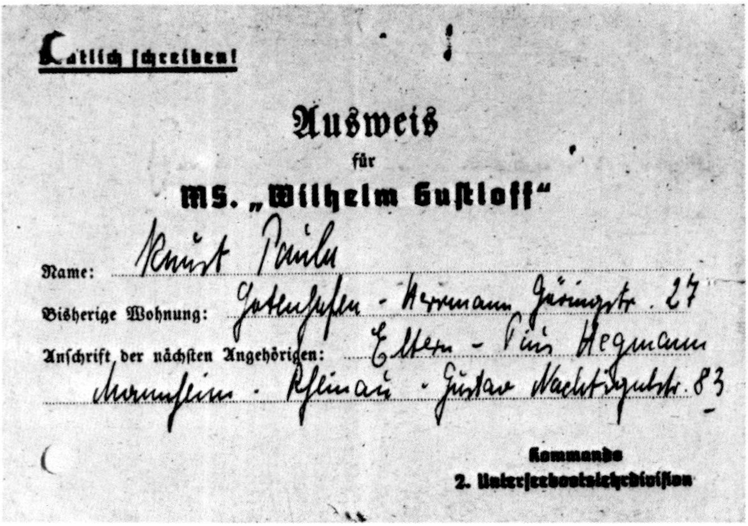
Deutlich schreiben!

Ausweis

für

MS. „Wilhelm Gustloff“

Name: Knust Paula

Bisherige Wohnung: Gotenhafen - Hermann Göringstr. 27

Anschrift der nächsten Angehörigen: Eltern - Paul Hegmann

Mannheim - Rheinau - Gustav Nachtigalstr. 83

Kommando

2. Unterseebootslehrdivision

Oben: Auch in außergewöhnlichen Situationen funktioniert die Bürokratie: Frau Knusts Passierschein

Unten: und ihre Bestätigung, die sie als Schiffbrüchige ausweist. (Beide Photos: Privatbesitz)

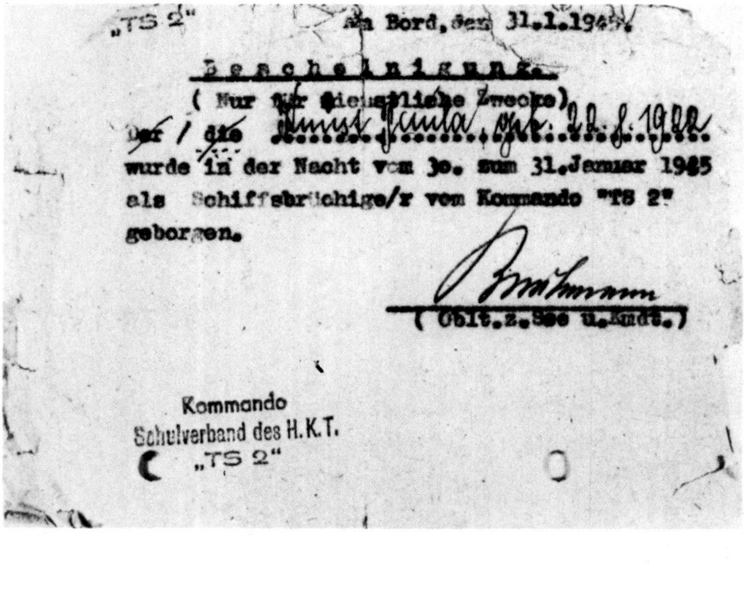
„TS 2“ An Bord, den 31.1.1945.

Bescheinigung.

(Nur für dienstliche Zwecke)

Der / die Knust Paula, geb. 22.8.1922

wurde in der Nacht vom 30. zum 31.Januar 1945

als Schiffsbrüchige/r vom Kommando "TS 2"

geborgen.

(Oblt.z.See u.Kmdt.)

Kommando

Schulverband des H.K.T.

„TS 2“

Das Bernsteinzimmer – sein Schicksal bleibt ungeklärt. (Photo: ZEITmagazin/Wolfgang Kunz)

Diese auf Grund der Baupläne der „Wilhelm Gustloff" angefertigte Schemazeichnung veranschaulicht den Hergang der Katastrophe. Die drei Torpedos (s. Flammenpunkte) trafen das Vorschiff, das Schwimmbad (6) und den Maschinenraum (5). Sogleich entstand ein Verzweiflungskampf um die Aufgänge (3). Der unterste Teil des einen Aufgangs vom Schwimmbad her war zerstört. Jedoch war der Notaufstieg im Maschinenschacht (4) noch benutzbar. Das Schiffsinnere war aufgeteilt in A-Deck, B-Deck, C-Deck, D-Deck, E-Deck. Über dem A-Deck befand sich das Untere Promenadendeck (UP), das nach außen hin mit panzerharten Scheiben verglast war. Das darüber gelegene Obere Promenadendeck (OP) war von offener Reling umgeben und trug in seiner vollen Länge lediglich Kabinen. Das oberste Deck schließlich war das Sonnendeck (S), welches die sog. Laube, die Turnhalle und einige Betriebsräume trug, im übrigen aber eine offene Fläche war. Erst von hier aus war ein Zugang zu den Rettungsbooten möglich. Über den Aufbauten des Sonnendecks erstreckten sich die Räume der Kommandobrücke, u. a. das Steuerhaus (1) mit den anschließenden Navigations- und Kapitänsräumen, und die Funkstation (2). Die letztere umfaßte mit ihren Anlagen fast die Hälfte der Brücke.

Diese Skizze entnehmen wir mit freundlicher Genehmigung von Herrn Heinz Schön seinem Buch „Der Untergang der *Wilhelm Gustloff*".

niemals vorher auf See gewesen waren, hatten keine Ahnung, wohin sie sich wenden sollten.

Auf dem E- und dem D-Deck wurden die Menschen von den Druckwellen zu Boden geworfen, die durch die Niedergänge kamen. Bis die Notlichter angingen, lag alles in tiefem Dunkel, und überall stank es nach den Explosionsgasen. Blind umhertaumelnd, waren die Flüchtlinge der Meinung, sie müßten den Platz finden, wo sie das Schiff betreten hatten. Es gab kaum Matrosen, die ihnen den Weg gewiesen hätten. Bald waren alle Gänge mit zu Tode verängstigten Frauen und Kindern verstopft.

Knust stürzte aus dem Maschinenraum in die Kabine seiner Frau. „Ich traf eine Unmenge seekranker Leute. Ich forderte sie auf, mir zu folgen, weil ich den Weg kannte, aber sie schienen nicht zu wollen. Ich kann nur hoffen, daß sie rasch gestorben sind.“

Der erste Torpedo traf die *Gustloff* am Bug, gerade unter dem Steuerhaus und tief unter der Wasserlinie. Auf der Brücke hatte man zu diesem Zeitpunkt noch keine genaue Information über das Ausmaß des Schadens; es war keinem Besatzungsmitglied gelungen, hinunterzugehen und das Ausmaß des Schadens festzustellen. Zwischen der Kommandobrücke und den Stationen unter Deck, wo die Schadenkontrolltrupps unterwegs sein sollten, gab es keine Kommunikation.

Kapitän Weller versuchte sich zu vergewissern, daß diese Trupps die wasserdichten Schotten schlossen, um den Teil um den geborstenen Schiffsrumpf abzuriegeln. Es gelang den Seeleuten der *Gustloff* auch, aus eigener Initiative einige Schotten zu schließen. Diesen Entschluß zu fassen und auszuführen war jedoch nicht leicht, denn das Schließen der Schotten bedeutete das Todesurteil für jene, die sich auf der falschen Seite befanden.

Der Torpedo hatte das Vorschiff knapp neben den Mannschaftsräumen getroffen, und beinahe alle Matrosen auf Freiwache starben in dem Regen umherfliegender Metallstücke und in den einströmenden Fluten. Die Überlebenden aber, betäubt von der Explosion und den Dämpfen, waren jetzt hinter den Schotten gefangen, deren Schließen ein rasches Sinken des Schiffes verhindern sollte. Die Seeleute, die in den vorderen Abteilungen ertranken, waren jene, die den Passagieren den Weg zu den oberen Decks hätten zeigen sollen, und auch jene, die für die Rettungsboote verantwortlich waren. Und es gab niemanden, der sie ersetzen konnte, denn selbst die Männer von der U-Bootschule waren dafür nicht entsprechend geschult.

Der zweite Torpedo explodierte knapp unter dem Schwimmbad des E-Decks, wo die Marinehelferinnen untergebracht waren. Jetzt gab es dort nur mehr Leichen, zertrümmerte Balken, glosende Metallstücke und Fragmente des „klassischen" Mosaiks, dem Schmuck des Beckens und der Wände.

Der dritte Torpedo schließlich traf mittschiffs den vorderen Teil des Maschinenraums, riß den Schiffsrumpf auf und zerstörte die Maschinen.

Ein paar Marinehelferinnen überlebten die Explosion. Man hatte sie in Kabinen zwischen dem Schwimmbad und dem Maschinenraum untergebracht, weil es in dem trockengelegten Bassin nicht genug Platz gab. Eine von ihnen war Gertrud Agnesons, ein siebzehnjähriges Mädchen, das mit fünf anderen Helferinnen in einer Kabine lag.

Die dumpfe Explosion weckte Gertrud in der kleinen stickigen Kabine. Sie war nicht imstande, sich in der Dunkelheit zurechtzufinden. Ihre Ohren dröhnten immer noch von dem Lärm, als sie eines der Mädchen hysterisch schreien hörte: „Fliegeralarm, Fliegeralarm."

Nach ein paar Sekunden sprang sie aus ihrer oberen Koje und versuchte Licht zu machen. Jemand sprang auf sie. „Ich habe den Schlüssel zum Schrank verloren. Meine Schwimmweste ist drinnen", kreischte ein drittes Mädchen.

Gertrud riß ein Streichholz an und verbrannte sich die Finger, während sie mit den anderen Mädchen in dem knöcheltiefen Wasser nach dem Schlüssel suchte. Sie zündeten ein zweites Streichholz an und versuchten, die Tür aufzubrechen, die sich verklemmt hatte.

Plötzlich kam von oben ein Wasserstrahl – „so dick wie ein Männerarm" – und löschte das Zündholz aus. Beim Schein eines weiteren Zündholzes sahen sie ein stöhnendes Mädchen in einer Koje liegen. Sie schien unfähig, sich zu bewegen. In der Hand hielt sie eine Taschenlampe, hatte aber offensichtlich nicht die Kraft, sie anzuknipsen. Sie sah aus, als habe sie den Verstand verloren. Gertrud nahm die Taschenlampe an sich.

Bei dem schwachen Licht der Lampe gelang es ihnen, die Tür zu öffnen und sich in den Gang zu zwängen. Gertrud kämpfte sich durch das Wasser, das ihr bis zu den Schenkeln reichte, und sah voller Entsetzen, wie die Leiche eines Mädchens an ihr vorüberschwamm. Auf der Wasseroberfläche schaukelten Reste von belegten Broten. Sie erinnerte sich vage, irgendwo einen Notausgang gesehen zu haben, und auf den steuerte sie zu. Niemand folgte ihr, denn die anderen suchten das Treppenhaus, und als Gertrud die Eisenleiter erreicht hatte, war sie allein.

Sie kletterte hinauf zum nächsten Deck und fand sich in einem leeren Gang. Alle Kabinentüren standen offen, aber niemand war zu sehen. Vollkommen verloren lief sie auf dem Deck umher. Da tauchte ein Matrose auf, und sie rief ihm zu: „Warten Sie! Hilfe! Ich kann nicht heraus."

Der halb betäubte Matrose schien sie nicht zu verstehen. „Haben Sie meine Freundin gesehen?" fragte er. „Sie war im Schwimmbad. Wo ist sie?"

Er kletterte die Eisenleiter hinunter. Verzweifelt brüllte Gertrud ihn an. „Hilfe! Wo ist der Ausgang?"

„Sie müssen blind sein", sagte der Matrose. „Dort drüben, rechts."

Gertrud Agnesons drängte sich durch eine Tür und fand sich inmitten einer stoßenden, schreienden, kämpfenden Menschenmenge auf der Treppe.

Die verzweifelte tausendköpfige Horde schien nur einen Gedanken zu haben: hinauf auf die oberen Decks, fort von den einströmenden Wassermassen. Während sie sich hinaufkämpften, stießen und drängten sie erbarmungslos. Wer niederfiel, wurde in der großen Panik zertrampelt. Kleine Kinder, die ihren Müttern entglitten, wurden zu Tode getreten.

Eine andere Marinehelferin, die neunzehnjährige Sigrid Bergfeld, zwängte sich durch den klaffenden Riß in der Kabinenwand. Bis zur Taille im Wasser, kämpfte sie sich den Niedergang hinauf, bis sie eine Eisenleiter fand, die zu der Haupttreppe und schließlich zum Bootsdeck führte.

Jene, die das Glück hatten, zu dem Platz zu gelangen, wo die Treppen zum Bootsdeck mündeten, fanden sich vor schmalen, verschlossenen Türen. Es gab furchtbare Szenen, als die verzweifelten Menschen versuchten, sich den Durchlaß zu erzwingen.

Auf dem Sonnendeck ließ Leutnant Dankel, einer der Schiffsoffiziere, auf der Steuerbordseite einen Trupp von zwei, drei Matrosen antreten, die versuchen sollten, etwas Ordnung in die herandrängenden Menschenmassen zu bringen, die jetzt bereits versuchten, die Boote zu stürmen.

Kaum jemand hörte auf seinen traditionellen Befehl: „Frauen und Kinder zuerst." Die Männer waren die Stärkeren, und sie stießen und drängten am meisten. Obwohl die Bordsprechanlage wieder in Ordnung war und von der Brücke beruhigende Worte kamen, brach innerhalb von zwanzig Minuten das Chaos aus. Leutnant Dankel und andere Offiziere, die den Menschenstrom zurückzuhalten versuchten, riefen vergebens, daß in den Rettungsbooten für alle Platz sei. Vielleicht hätte es gestimmt, wenn sich die Menschen diszipliniert verhalten hätten. Aber das taten die wenigsten.

In seiner Verzweiflung zog Dankel die Pistole und gab ein paar Warnschüsse ab. Er wurde noch wütender, als ihm einer der Matrosen meldete: „Herr Leutnant, ein paar Seeleute haben sich ein Rettungsboot organisiert."

Als das Boot, das Platz für fünfzig Menschen bot, mit einem Dutzend Matrosen zu Wasser gelassen wurde, eröffnete er nochmals das Feuer. „Schweine", brüllte er und schoß. Aber mehr konnte er nicht tun. Immer mehr Menschen strömten auf das Deck, und seine eigenen Leute schauten hilflos zu, als die Matrosen im Rettungsboot den Motor nicht anwerfen konnten, zu den Rudern griffen und sich vom Schiff entfernten.

Das Rettungsboot Nr. 4 war das erste, das ordnungsgemäß ablegte. Auch dort waren ein paar Matrosen an Bord, aber wenigstens versuchten sie auch Frauen und Kindern ins Boot zu helfen, bevor sie es wegfierten. Da jegliche Form von Disziplin zusammengebrochen war, starben Hunderte Menschen, die man hätte retten können, in dem hysterischen Überlebenskampf auf dem Bootsdeck.

Sigrid Bergfeld hatte sich entschlossen durchgeschlagen und eine der wenigen Rettungsbootstationen erreicht, wo so etwas wie Ordnung herrschte. Ein Matrose schob sie vor und befahl ihr, einzusteigen. Doch im selben Moment wurde sie von einer Frau mit Kind zur Seite geschoben und trat zurück. Die Frau stieg ein, und das Boot wurde hinuntergelassen. Sigrid schaute zu und sah das Boot kentern, als es auf den Wellen aufschlug; sämtliche Insassen wurden ins Meer geschleudert.

Sigrid drängte sich durch die Menge und erreichte ein anderes Rettungsboot. Dieses Boot wurde zu hastig und unsachgemäß zu Wasser gelassen. An der Vorleine hängend, kippte es die aufschreienden Passagiere in die Fluten. Einen Augenblick später riß das Tau, das schwere Boot krachte ins Meer und zerschmetterte jene, die noch im Wasser kämpften.

Niemand war da, um den allerärmsten Passagieren zu helfen – den schwangeren Frauen, den Schwerverwundeten und den Amputierten im Notlazarett in der „Laube", auf dem Vorschiff neben dem Brückenaufbau. Hier hatten die Passagiere in Friedenszeiten gemütlich ihre Drinks eingenommen und durch die großen Glasscheiben auf das sonnenbeschienene Meer geblickt.

Anfangs gelang es einem Arzt und einigen Sanitätern, ein paar jener hilflosen Männer und Frauen auf das Bootsdeck zu tragen. Aber diese waren weder imstande, sich einen Weg zu bahnen noch die Boote zu besteigen. Obermaat Schottes entdeckte einige Matrosen, die sich in einem Rettungsboot versteckt hatten, zwang sie auszusteigen und Verwundeten ins Boot zu helfen. Aber es gab nur wenige, die bereit waren, solche Hilfe zu leisten.

Zu diesem Zeitpunkt hatte sich das Schiff bereits stark nach Backbord übergeneigt, was das Aussetzen der Boote unerhört erschwerte. Auf der Steuerbordseite ragte die *Gustloff* immer steiler aus dem Wasser, wie Seitenfläche und die scharfe Kante einer metallenen Pyramide. Dort war die Lage noch schlimmer.

Von den grauenhaftesten Szenen gibt es keine Augenzeugenberichte, weil es keine Überlebenden gibt. Im Mannschaftsraum im Vorschiff, wo der erste Torpedo einschlug, wurde beinahe ein Viertel der Seeleute auf der falschen Seite der Schotten eingeschlossen. Diese wasserdichten Querwände mußten geschlossen werden, um zu verhindern, daß das Wasser durch das riesige Loch in den Rumpf eindrang und das ganze Schiff überschwemmte. Für die Gefangenen gab es keine Rettung; als das Wasser stieg, ertranken sie.

Auch in anderen Abteilungen des Schiffes wurden Passagiere auf die gleiche Weise abgeschnitten. Augenzeugen, denen es gelang, sich einen Weg zu den andern Decks zu erkämpfen, berichten, daß sie auf der andern Seite der wasserdichten Türe Schüsse hörten. Man darf durchaus annehmen, daß jeder, der sich in diesen Teilen des Schiffes befand und eine Schußwaffe besaß, es vorzog, sich und die Seinen zu erschießen, anstatt auf den langsameren und schrecklicheren Tod durch Ertrinken zu warten.

Heinz Schön, der in den fünfziger Jahren einige Überlebende befragte, berichtet von einem solchen Vorfall in einer Kabine der unteren Decks. Ein Matrose lief den Gang entlang und öffnete verklemmte Türen. In einer der Kabinen hörte er einen Schuß und schlug die Tür ein. Auf dem Boden lagen eine tote Frau und ein totes Kind. Mitten in der Kabine stand ein Marineoffizier, die noch rauchende Pistole in der Hand.

Ein entsetzter fünfjähriger Junge umklammerte die Beine des Vaters. „Hinaus!" befahl der Offizier und blickte den Matrosen mit leerem Blick an. Der Matrose wußte, daß er den gemeinsamen Selbstmord einer Familie gestört hatte.

Dieselbe Quelle berichtet von einem ähnlichen Vorfall, der einen hohen Parteifunktionär an Bord betraf. Auf dem eisigen Deck rief die Frau des Funktionärs ihrem Mann zu: „Mach rasch Schluß mit uns allen!" Drei Schüsse fielen, als der Mann seine Frau und die zwei Kinder tötete. Dann Stille. Die Waffe hatte eine Ladehemmung, als er versuchte, seinem eigenen Leben ein Ende zu machen. Er schrie nach einer Pistole, verlor dann aber das Gleichgewicht und stürzte in die See.

17

Während einige den Selbstmord wählten, klammerten sich Tausende an die Hoffnung, gerettet zu werden. Bewaffnete Matrosen hatten den fünfzig Meter langen verglasten Teil des Oberen Promenadedecks abgeriegelt. Sie drohten, jeden, der ausbrechen wollte, zu erschießen, und so gelang es ihnen, einige Hundert Passagiere zusammenzuhalten. Durch den Lautsprecher ertönte fortwährend die Aufforderung, Ruhe zu bewahren und auf die nahe Rettung zu warten. Trotzdem mußten die Matrosen von den Waffen Gebrauch machen, um jene in Schach zu halten, die diesen Versicherungen nicht glauben wollten.

Walter Knust gelang es, den Maschinenraum zu verlassen. Nach zwei Jahren auf der *Gustloff* kannte er jede Treppe, jeden Durchschlupf. Er lief zu seiner Kabine, schlug die Tür ein und holte seine Frau heraus. Der Gang war vollgepfercht mit schreienden Leuten, die zu den Hauptausgängen wollten.

„Ich hielt meine Frau an der Jacke fest, um sie nicht zu verlieren", erzählte Knust den Autoren. „Ich wußte genau, daß die Eisenleiter, die die Mannschaft benutzte, die einzige Chance bot, durch diese Menschenmassen auf das Bootsdeck zu gelangen. Ich rief den andern zu, mir zu folgen, aber niemand hörte auf mich. Als wir auf das Bootsdeck kamen, war es voller Menschen. Ich sah Leute über Bord springen. Einige zogen sogar die Kleider aus, bevor sie in die Fluten sprangen; die Kälte muß sie sofort getötet haben. Ich rief den Leuten zu, sie sollten warme Kleider anziehen, aber sie waren zu geschockt, um meinem Rat zu folgen."

Frau Knust, jetzt geschieden und wieder verheiratet, erinnert sich lebhaft an die Szene auf dem oberen Deck. „Wir kämpften uns durch die Menge zu einem der Boote. Als der Wind uns erfaßte, war es furchtbar kalt. Ich trug nur eine lange Hose, eine Bluse und eine Jacke. Das Schiff hatte schon schwere Schlagseite. Die Wellen waren sehr hoch, und Sie können sich nicht vorstellen, wie furchtbar es aussah.“

Als Schiffsoffizier führte Knust im Seenotfall das Kommando in einem der Boote. Es war kein reguläres Rettungsboot, sondern eine Motorpinasse, die man zur Zeit der Kreuzfahrten an Bord genommen hatte, um in den norwegischen Fjorden kleine Ausflüge zu machen.

„Meine Frau mußte sich an der Reling festhalten, während ich mich an den gefrorenen Halterungen zu schaffen machte“, sagte er. „Das war wirklich harte Arbeit, denn alles war von Schnee und Eis blockiert. Man weiß nicht, wozu man im Notfall imstande ist; es gelang mir, mit meinen bloßen Händen das Boot freizubekommen.

Ich arbeitete ganz allein an meinem Boot, und die stärker werdende Schlagseite nach Backbord machte die Sache nicht leichter. Ich hatte das Boot freibekommen, doch auch als ich die Vertäuung gelöst hatte, konnte ich es nicht ausschwingen.

Ich hielt inne und schob meine Frau ins Boot. Eine Frau mit einem dreiwöchigen Baby kam, und ich setzte auch sie hinein. Ein Mann namens Roger, ein Elektriker, kam herbei und schob und stieß mit mir gemeinsam. Während wir versuchten, das Bootsheck über die Seite zu schieben, sah die Mannschaft im benachbarten Boot, wie wir uns plagten, und forderte uns auf, in ihr Boot einzusteigen. Aber ich war für mein Boot verantwortlich, und ich blieb bei ihm. Der Mann, der gerufen hatte, rutschte auf dem eisigen Deck aus und fiel über Bord. Als er auf die Reling des unteren Decks aufprallte, brach er sich das Genick und war sofort tot.

Sobald wir das Boot außenbords hatten, kletterte ich an einem Seil hinein, und die elektrischen Winden ließen es hinab. Als wir die unteren Decks passierten, riefen uns die auf dem Promenadedeck gefangenen Frauen zu, wir sollten anhalten und sie aufnehmen. Wir konnten nichts für sie tun.

Meine Hauptsorge war, wie ich die Leinen ausklinken sollte; wir hatten ja keine Mannschaft. Aber wir hatten Glück; als wir aufs Wasser auftrafen, erfaßte uns eine Welle, und dadurch waren wir von den Leinen befreit. Ich erinnere mich, daß ich dachte: ‚Wir müssen vom Schiff fortkommen, sonst fällt es noch auf uns.' Mit dem Ruder stieß ich uns von der Schiffsseite ab."

Frau Knust erinnerte sich, daß auch sie Angst hatte, von dem sinkenden Dampfer mitgerissen zu werden. „Als wir auf das Wasser aufschlugen, konnte ich überall Menschen sehen, die über Bord sprangen. Ich dachte, daß jene, die nicht ertranken, erfrieren würden. Es war so bitter kalt."

Unter denen, die zu diesem Zeitpunkt über Bord sprangen, war (laut Schön) auch der Schiffsfriseur, der so sorgsam silberne 5-Mark-Münzen gesammelt hatte. Bevor er sich den Weg auf das Bootsdeck erkämpfte, hatte er seinen Rucksack mit den Münzen angefüllt und ihn umgehängt.

Als er über Bord sprang, hoffte er, in einem Boot zu landen, doch er verfehlte es und wurde von dem Gewicht der gehorteten Münzen unter Wasser gezogen. Niemand hat ihn jemals wiedergesehen.

Nach der ersten großen Panik über die Explosion und die schwere Schlagseite des Schiffes wurden die überlebenden Passagiere etwas ruhiger und begannen auf Rettung zu hoffen. Die Kapitäne Weller und Kohler auf der Kommandobrücke hatten Schadenfeststellungstrupps losgeschickt. Sie feuerten Notsignale ab. Das Schiff veränderte seine Lage nicht weiter, und eine Weile hoffte man, daß es so mit dem Heck auf Grund aufsetzen würde, daß das Vorschiff aus dem Wasser ragte, zumindest bis die Rettungsschiffe ankamen.

Von der Brücke kamen weitere tröstliche Mitteilungen: „Das Schiff wird nicht sinken" und „Rettungsschiffe sind unterwegs. Kolberg ist nur hundert Meilen entfernt." Diese Feststellungen basierten allerdings mehr auf einer vagen Hoffnung als auf genauen Informationen, aber sie beruhigten die Menschen ein wenig, und das war dringend nötig.

Als sie aufgeregt neben einem Rettungsboot warteten, spürten Professor Bock und seine Freunde, die Maydells, das Schiff schwanken. Bock sah auf die Uhr: es war 21.15. Baronin von Maydell stürzte auf das Rettungsboot zu, das man freizumachen versuchte. „Nein", rief Bock, „das ist ein Wahnsinn. Man wird es nicht losbekommen; ich weiß, wo ein anderes Boot ist."

In Gotenhafen hatte er bei den letzten Vorbereitungen vor der Abfahrt zugeschaut und wußte, daß die Marine Kräne herbeigeschafft hatte, um die Marinekutter auf das Sonnendeck hinter dem Schornstein der *Gustloff* hinaufzuhieven. Sie waren auf dem Deck nur festgelascht. Es war unmöglich, sie zu Wasser zu lassen, aber wenigstens bestand eine Chance, daß die Kutter aufschwimmen würden, sobald der Dampfer tiefer sank; die Wellen spülten bereits über Teile des Decks.

Das Deck hatte schwere Schräglage, und die Kombination von Eis und Wasser machte es so spiegelglatt, daß sie auf Händen und Füßen kriechen mußten. Sie brauchten beinahe fünfzehn Minuten, um einen der Kutter zu erreichen. Es waren kaum Menschen in der Nähe.

Es war jetzt etwa 21.30 Uhr, und Ebbi von Maydell sah, wie der Zahlmeister Gerhard Lutz, ein großer, kräftiger Mann, seine Schwimmweste auszog und einer Frau anlegte, die verlassen auf dem Deck stand und wartete. Er selbst sprang über Bord und wurde später von einem der Boote aufgefischt.

Während sie vorwärts krochen, klammerten sie sich an die jetzt schrägen Wände der Deckkabinen. Das Schiff rollte hin und her, und sie hatten alle Mühe, sich auf dem schlüpfrigen Deck zu halten.

„Während das Schiff hin- und herschwankte, sah ich Dutzende Menschen ins Wasser stürzen. Als wir das Boot erreichten, wälzten sich Wassermassen über das Deck", sagte Ebbi von Maydell. „Günther kletterte mit Professor Bock in den Kutter. Ein Matrose und er zogen mich ins Boot, denn allein konnte ich nicht hinein. Niemals in meinem Leben bin ich so grob angefaßt worden, ich dachte, sie würden mir das

Genick brechen. Aber ich war erleichtert, im Boot zu sein. Alles geschah in Sekundenschnelle. In diesem Moment hatte ich das Gefühl, daß sich das Schiff auf die Seite legte.“

18

Erschöpft von der Anstrengung, die Menschen in den Kutter zu ziehen, ließ Bock das Dollbord los und fiel ins Boot zurück. Er landete beinahe auf einem Mann, der auf dem Boden des Kutters kauerte, und zu seinem Erstaunen sah er im schwachen Mondlicht vier goldene Streifen auf dessen Uniform glänzen.

„Mein Gott, es ist unser Kapitän", rief er aus. Es war tatsächlich Kapitän Frederik Petersen, der Herr der *Wilhelm Gustloff*. Er und ein anderer Offizier hatten sich bereits während der ersten Minuten nach den Treffern in diesem günstig gelegenen VIP-Boot installiert.

Kaum waren die Maydells und Bock im Kutter, als eine hohe Welle das Boot erfaßte und in einer Woge über das Deck fegte. Sie trieben auf den Schornstein zu, und einen Augenblick lang glaubten alle, das Boot würde daran zerschellen. Dann drehte sich der Kutter und steuerte auf die Davits zu. Jetzt fürchteten sie, sich in den Halterungen zu verfangen, aber schließlich stürzte der Wellenberg über die Backbordseite des Schiffes in die See.

Leutnant Dankel, der sich an der eisernen Leiter am Schornstein anklammerte, konnte die Kutter auf dem Deck sehr genau sehen. Er hätte auch einsteigen können, aber von seiner höher gelegenen Position erkannte er die Gefahr, in der sich die Boote befanden. Er war überzeugt, daß sie alle zerschmettert werden würden. Als der erste Kutter vorbei und ins Meer getrieben wurde, war er überaus erstaunt. Einem zweiten Kutter gelang das gleiche, doch der dritte wurde gegen die Aufbauten geschleudert und zerschellte.

Ungefähr um diese Zeit wurde auch Eva Luck, das sechzehnjährige Mädchen, das mit ihrer Mutter und ihrer sechsjährigen Schwester an Bord gekommen war, vom Deck gespült. Zu ihrem Glück trug sie ihre Schwimmweste. Die Familie Luck war im Musikzimmer auf dem Unteren Promenadendeck gefangen gewesen und hatte kaum Hoffnung auf Rettung gehabt. „Dann neigte sich plötzlich das ganze Zimmer, und alle Leute schrien auf", schrieb Eva später in ihr Tagebuch. „Sie rutschten buchstäblich in einem Haufen das schiefe Deck entlang. Das große Klavier in der Ecke wurde wild und fuhr durch den überfüllten Raum, zermalmte Frauen und Kinder auf seinem Weg und ließ alle andern zur Seite taumeln. Mit einem schrillen Getöse, als würde eine riesige Hand gleichzeitig alle Tasten niederdrücken, krachte das Klavier schließlich in das Backbordschott."

Eva nahm ihren Koffer mit dem Familiensilber und ging weiter, ohne eine Ahnung zu haben, wohin. Ein Matrose packte sie am Arm und schrie: „Rasch, ihr müßt hier heraus", und führte die kleine Gruppe durch die Menschenmenge.

„Meine Mutter hatte vergessen, Schuhe anzuziehen, und ich ging mit meinen hohen Absätzen unbeholfen auf die Eisenleiter zu, die an der Schiffswand hinaufführte. Die Leute um mich herum fielen zu Boden, als das Schiff hin- und herrollte, aber ich erwischte eine Sprosse und zog meine kleine Schwester Dorrit hinter mir her. Meine Mutter folgte uns zum oberen Deck.

Als wir dort ankamen, war es ganz furchtbar. Mit Entsetzen sah ich, daß der Rauchfang parallel zum Wasser lag. Leute sprangen in die Fluten. Ich hörte die Schiffssirene und spürte das eisige Wasser um meine Beine. Ich griff nach meiner Schwester. Ich spürte nichts als das Wasser, das mich hinweg und über Bord spülte."

Das schreckliche letzte Aufbäumen der *Gustloff* kam, als die Schotten und die wasserdichten Türen unter dem Druck der Tausenden Tonnen Wasser, die sich in die unteren Decks ergossen, barsten. Es dauerte noch genau sechzig Sekunden, dann legte sich der Dampfer auf die Backbordseite; der Schornstein war jetzt in gleicher Höhe mit dem Wasser. Die Matrosen an den Pumpen waren gefangen und ertranken. Nur einem gelang es, durch ein Luftventil hinauszukriechen.

Auf dem Unteren Promenadendeck waren immer noch zweitausend Menschen gefangen. Manche waren von bewaffneten Matrosen, die versuchten, die Ordnung wieder herzustellen, hierhergeschickt worden. Andere hatten, von den optimistischen Sprüchen der Brücke in Sicherheit gewiegt, Kälte und Schrecken des offenen Decks verlassen und sich hierher zurückgezogen; sie hofften auf baldige Hilfe.

Als die *Gustloff* solche Schlagseite hatte, daß die Decks im rechten Winkel zur See standen, rutschten diese Passagiere hilflos auf die Fenster zu, die das Deck umgaben. Das Glas zerbrach, und sie stürzten ihrem Tod entgegen. Nur ein Mensch entkam in den letzten Minuten aus diesem Raum – es war Maria Kupfer, die auf die Schultern eines Mannes kletterte und sich durch ein gebrochenes Fenster auf der Steuerbordseite zwängte, das jetzt hoch oben war.

Heinz Schön hat furchtbare Erinnerungen an den Augenblick, als er über das gefrorene Deck kroch.

„Sie können sich einfach nicht vorstellen, wie das war", erzählte er den Autoren in seinem hübschen Haus in Bad Salzuflen, wo sich auch seine Bibliothek über die *Wilhelm Gustloff* befindet. „Noch Jahre später konnte ich nicht darüber sprechen.

Es war dunkel. Es war kalt. Als der erste Torpedo explodierte, saß ich in meiner Kabine auf dem B-Deck und trank Kognak. Nach Tagen härtester Arbeit fühlte ich mich elend und erschöpft. Deshalb trank ich. Die Explosion schleuderte mich gegen die Heizungsrohre; ich wußte, daß ich aufstehen und an Deck gehen mußte – und zwar rasch. Ich zog Uniform, Mantel und Stiefel an und ging. Aber ich kann es nicht recht erklären. Von diesem Moment an schien sich alles in meinem Unterbewußtsein abzuspielen. Ich war gefühllos und betäubt.

Ich kannte den Weg hinauf, aber ich wurde von der Menschenmenge so herumgestoßen, daß ich, als ich oben ankam, die meisten meiner warmen Kleider verloren hatte. Es war bitter kalt, als ich mich nach einem Fluchtweg umschaute. Ich sah einen Stoß rechteckiger Flöße und kletterte in das oberste Floß. Von Zeit zu Zeit rief ich zur Brücke hinauf, um zu erfahren, wie hoch das Wasser auf dem schrägen, auf- und niederrollenden Deck stehe. Ich erinnere mich, daß mir jemand antwortete ‚zehn Meter'. Ich wartete einfach und wußte, daß ich absolut nichts tun konnte. Nach einer Weile, die wie Stunden schien, schwamm das Floß über Bord und ins Meer. Es war ganz einfach, und ich hatte großes Glück."

Der einzige Ort, wo auch in den letzten Phasen der Katastrophe noch Ordnung herrschte, war die Kommandobrücke. Um 21.50 Uhr, fünfundvierzig Minuten nach dem ersten Torpedotreffer, als die Instrumente im Ruderhaus eine Schlagseite von fünfundzwanzig Grad anzeigten und die Wellen gegen die Brückenfenster schlugen, überwachte Korvettenkapitän Zahn die Vernichtung der Schiffspapiere und der Schlüsselmittel. Kurz darauf erschien Steward Max Bonnet, immer noch in weißer Jacke. Unter ungeheuren Schwierigkeiten gelang es ihm, ein Tablett zu jonglieren: „Ein letzter Kognak, meine Herren", sagte er. Alle tranken und warfen die Gläser weg. Einen Moment lang klarte die dicke Fensterscheibe auf, und wie in einem surrealistischen Film sahen sie ein paar Männer in ein Floß klettern. Innerhalb von Sekunden wurde das Floß von einer riesigen Welle erfaßt und gegen den Brückenaufbau geschleudert.

Zahn klammerte sich an die Reling und suchte sich einen Weg achtern auf der Steuerbordseite zu einem der verbleibenden Flöße. Als er die jetzt leeren Davits der Rettungsboote erreichte, sah er, daß ein Mann auf einen der Ausleger geklettert war und sich dort festhielt. Nicht weit von ihm entfernt stand eine Frau mit einem kleinen Kind im Arm. „Helft mir", schrie sie. Aber niemand konnte ihr helfen.

In letzter Verzweiflung warf die Frau das Kind zu dem Mann auf den Davits. Er griff mit einem Arm nach dem Kind und verfehlte es. Es stürzte aufs Deck und rollte ins Meer. Die schreiende Mutter sprang ihm nach.

Zahn kroch auf das einzige Floß zu, das er sehen konnte. Es wurde von zwei Seeleuten gehalten, die ihm zuriefen, ihnen zu helfen. Zahn lag auf dem Bauch und packte ein kurzes Seil. In diesem Moment schlug eine neue Welle über dem Schiff zusammen und schwemmte sie alle ins Meer.

Mit dem Gedanken, daß ihn das sinkende Schiff sicherlich unter sich begraben würde, ging Zahn unter. Seine Schwimmweste trieb ihn jedoch wieder an die Oberfläche, und während er um Atem rang, sah er in der Nähe ein Floß.

Er kletterte die kurze Strickleiter hinauf, und vom Floß aus konnte er Hunderte Köpfe sehen, die im hohen Seegang auf- und niederschaukelten. Er bemerkte auch mindestens zwanzig Flöße, die dicht nebeneinander schwammen; sie waren alle leer. In dem Bestreben, möglichst weit vom Wrack der *Gustloff* wegzukommen, sprang er von einem Floß in das andere, bis er im fünften oder sechsten erschöpft niedersank.

Hinter ihm versank die *Gustloff* in einem schäumenden und gurgelnden Strudel in den seichten Gewässern der Ostsee.

Alle Überlebenden beobachteten das Schauspiel mit blankem Entsetzen; irgendwie schien es in melodramatischer Form das Ende des Naziregimes vorwegzunehmen. Als die *Gustloff* unterging, explodierte der Kesselraum, und mit einem Schlag wurden Generatoren und Licht wieder aktiviert.

Ebbi von Maydell sah das seltsame Schauspiel von ihrem Rettungsboot aus: „Plötzlich schien es, als würden alle Lichter im Schiff aufflammen. Der ganze Dampfer war hell erleuchtet, und die Sirenen heulten über das Wasser."

Frau Knust erinnert sich, wie sie mit ihrem Mann halberfroren in einem Boot saß und zuschaute. „Niemals werde ich den klaren lauten Ton der Sirene vergessen, als die strahlend erleuchtete *Gustloff* in den Wellen versank. Ich konnte genau sehen, wie die Menschen, die noch an Bord des Dampfers waren, sich an die Reling klammerten. Rund um uns schwammen Menschen im Meer oder ließen sich einfach treiben. Ich sehe noch ihre Hände vor mir, die nach unserem Boot griffen.

Aber es war zu voll, es konnte niemanden mehr aufnehmen."

Auch Walter Knust sah, wie der Schlot des Schiffes auf die Meeresoberfläche schlug. Als er parallel zur Dünung lag, begann das Schiff zu brüllen. Es war gräßlich.

Die *Wilhelm Gustloff* hatte knapp siebzig Minuten gebraucht, um zu versinken. Jetzt war das Wasser über ihrem Grab voll von Menschen, die um ihr Leben kämpften. Nicht viele hielten aus. Die Kälte, die Wellen, die Dunkelheit und die Verzweiflung ließen nur wenige überleben, die zäh waren und Glück hatten.

19

S 13 lief während des ganzen Angriffs vorgeflutet, so daß auch während des Todeskampfs der *Wilhelm Gustloff* nur der Turm aus dem Wasser ragte. Da Marinesko einen Vergeltungsschlag der Geleitschiffe fürchtete, verließ er den Turm, sobald die Versenkung feststand und befahl, rasch auf Tiefe und in die zweifelhafte Sicherheit des seichten Wassers zu gehen. Angst verbreitete sich im U-Boot. Man erwartete jeden Augenblick die Detonation von Wasserbomben. Die Besatzung wußte, daß sie wenig Manövriermöglichkeiten hatte, und sie wußte auch, daß der Torpedo „Stalin" immer noch im Rohr 2 hing und bei der geringsten Erschütterung losgehen konnte. Während *S 13* tauchte, konnte Schnapzew in seinen Kopfhörern die Agonie der *Gustloff* miterleben; ächzend und stöhnend gaben die Schotten nach, als der Druck von Tausenden Tonnen Wasser sie auseinanderbrach.

Es waren jedoch nicht diese erschütternden Töne, an denen er interessiert war; er lauschte, ob er irgendwo das Geräusch sich nähernder Schiffsschrauben hören konnte.

Die Gefahr im Torpedorohr wurde von Bootsmann 1. Klasse Wladimir Kurockin, einem stämmigen, bärtigen Torpedomechaniker, entdeckt. Der Mann war berühmt wegen seiner Stärke und wegen seines unerschöpflichen Reservoirs an Flüchen. Er erzählte Germanow von seinem Erstaunen, als er merkte, daß nur drei Torpedos die Rohre verlassen hatten . . . „Also gab ich Nummer Zwei einen kräftigen Stoß. Schließlich sollte ich wissen, wie man diese Dinger zum Funktionieren bringt. Es geschah nichts, und da wurde mir klar, daß das Luder zündfertig war und sein Antriebsmotor lief. Natürlich war das Rohr geflutet: die Propeller begannen sich zu drehen, und ich begann zu schwitzen, denn ich wußte, daß die Zündung bei der kleinsten Erschütterung losgehen konnte. Zum Glück trat ein Fehler im Druckluftkessel auf, und der Motor fiel aus.“ So konnte er die äußeren Türen des Torpedorohres schließen und sichern.

S 13 hatte unglaubliches Glück. Da das einzige Geleitschiff, die *Löwe*, damit beschäftigt war, Überlebende aufzunehmen, dauerte es eine ganze Weile, bis die ersten Wasserbomben fielen, und zu diesem Zeitpunkt war „Stalin“ bereits entschärft.

20

Vier Stunden nach dem Auslaufen der *Wilhelm Gustloff* aus Gotenhafen lichtete die *Admiral Hipper* (10.000 BRT) Anker und nahm Kurs auf Kiel. Sie verließ das Operationsgebiet der östlichen Ostsee mit Kriegsmaterial, 1377 Flüchtlingen und 152 Hafenarbeitern an Bord.

Am späten Nachmittag traf sie auf See mit ihrer Eskorte, dem Torpedoboot *T 36* unter Kapitänleutnant Robert Hering, zusammen und folgte ihm mit voller Kraft. *T 36* hatte Maschinenteile, Versorgungsgüter und 250 Flüchtlinge an Bord.

Die beiden Kriegsschiffe fuhren kurz nach 20.00 Uhr um die nördliche Spitze von Pommern und nahmen Kurs nach Westen. Fünfundvierzig Minuten später meldete ein Ausguck auf *T 36* Notsignale eines Schiffes, und kurz darauf meldete der Funkoffizier dem Kapitän das SOS-Signal der *Gustloff*.

Kapitän z. S. Henigst von der *Hipper* befahl *T 36*, sofort volle Fahrt voraus zum Schauplatz des Unglücks zu laufen; er würde mit seinem langsameren Schiff folgen. Der Kapitän von *T 36* befahl alle Mann auf Gefechtsstation und bereitete das Aussetzen der Rettungsboote vor. Etwa eine Stunde später wurde die *Gustloff* gesichtet – mit schwerer Schlagseite und langsam absackend. Kapitänleutnant Hering versuchte vergeblich, mit der Brücke des Dampfers Kontakt aufzunehmen, bevor er die beste Möglichkeit suchte, um längsseits zu gehen.

Sehr bald zeigte es sich, daß ein solches Manöver die Überlebenden im Wasser zwischen den Schiffen zerquetschen würde, daher entschloß er sich, sein Schiff etwa hundert Meter hinter den Dampfer zu setzen. Eben hatte er diese Bewegung ausgeführt und die Maschinen gestoppt, als er das schreckliche

Aufheulen der Sirenen auf der *Gustloff* hörte, bevor sie sank.

Hering ließ Netze auslegen. Seeleute in Ölzeug hielten sie fest und versuchten, umhertreibende Überlebende aufzufischen und ihnen an Bord zu helfen. Auch die Rettungsboote wurden zu Wasser gelassen, um an der Rettungsaktion teilzunehmen.

Einige weitere Schiffe waren bereits zur Hilfeleistung unterwegs; wäre die *Gustloff* etwas später gesunken, so hätte man wesentlich mehr Passagiere retten können. Aber zum Zeitpunkt ihres Untergangs war die Überlebenschance auch für diejenigen, denen es gelungen war, auf Flößen und Booten einen Platz zu finden, nur gering. Für jene, die in dem mit Eisschollen übersäten Wasser umhertrieben, war sie gleich Null.

Viele starben sofort am Kälteschock. Andere wurden getötet, während sie um einen Platz in den Booten kämpften. Menschen waren bereit, andere zu erschlagen, um sich zu retten; bewaffnete Männer in den Booten eröffneten das Feuer auf Schwimmende, die die bereits überladenen Fahrzeuge bedrohten.

Das Floß, in das sich Zahn schließlich fallen ließ, hatte nur einen Matrosen an Bord, und dieser kämpfte um ein Menschenleben. In dem dichten Gewebe, das den Boden des Floßes bildete, stak der Kopf eines wimmernden Mädchens. Sie hatte sich an das Floß geklammert, als sie genau darunter auftauchen wollte, und ihr Kopf hatte sich im Boden verstrickt. Ihr Mund war knapp über dem Wasser, der Körper schwamm unter dem Floß.

Der Matrose konnte sie nicht befreien, und weder er noch Zahn besaßen ein Messer, um den Stoff durchzuschneiden. Trotz der Schreie des Mädchens taten sie das einzig Mögliche: sie drückten ihren Kopf unter Wasser und versuchten, ihren Körper unter dem Floß hervorzuziehen. Es gelang nicht. Das Mädchen verschwand.

Vor Kälte zitternd und total erschöpft, sah Zahn ein scheinbar leeres Boot vorbeitreiben. Er nahm seine letzten Kräfte zusammen, sprang ins Wasser und zog sich in das Boot, nur um festzustellen, daß es keinen Boden hatte. An dieses wenig befriedigende Fahrzeug klammerte er sich, bis er nach einer Weile ein anderes Boot in der Nähe sah.

Wieder sprang er ins Wasser und schwamm zu dem Boot, das bereits voll mit Flüchtlingen war. „Hilfe! Laßt mich an Bord!" rief er.

Als sich das Boot näherte, tauchte ein bekanntes Gesicht über dem Dollbord auf. Es war der Maschinist Herbert Schulz, der Zahn erkannte. „Es ist unser Kommandant", schrie er und half ihm ins Boot.

Das war der Kutter, in dem sich Kapitän Petersen schon so frühzeitig einen Platz gesichert hatte; dasselbe Boot, in das Professor Bock Baronin von Maydell und ihren Sohn gezogen hatte. Der junge Günther hatte tapfer gerudert, als die Reihe an ihm gewesen war, doch jetzt war er erschöpft.

Man hatte heftig gestritten, ob man noch mehr Überlebende aufnehmen sollte; viele Insassen wollten nicht das Risiko eingehen, weitere Leute an Bord zu hieven und damit das Boot vielleicht zum Kentern zu bringen. Zahn hatte Glück, daß ihn der Seemann erkannte. Nicht lange nachdem ihn eine Welle vom Deck der *Gustloff* gespült hatte, mußte Professor Bock eingreifen, um das Leben einer Frau zu retten.

„Wenn wir noch mehr Leute aufnehmen, werden wir alle sterben", protestierte Kapitän Petersen; ein anderer versuchte auf die Hände der Frau einzuschlagen, die sich am Boot anklammerte. Bock blieb fest. „Nein", schrie er. „Wir dürfen sie nicht ertrinken lassen." Er zog die Frau hinein.

„Dazu hatten Sie kein Recht", brüllte Petersen.

„Anfangs waren nur wenige Menschen im Boot", erinnerte sich Ebbi von Maydell. „Aber sobald wir etwas vom Schiff entfernt waren, inmitten der Schwimmenden, kamen mehr und mehr Menschen zu uns, bis wir ungefähr fünfzig waren. Wann immer jemand hineinkletterte, schwappte Wasser ins Boot. Der Schnee war bereits geschmolzen, und wir saßen bis zu den Knien in eisigem Wasser. Es schien, als würde das Boot voller und voller werden und kentern. Viele Gestalten trieben lautlos in ihren Schwimmwesten an uns vorüber. Vermutlich waren sie schon tot. Ich weiß, daß wir später einige Leichen an Bord hatten, Frauen und Kinder, die so erschöpft waren, daß sie einfach nach vorne sackten und im Boot ertranken.

Ich erinnere mich, daß Professor Bock, der eines der Ruder übernommen hatte und neben mir saß, etwas unter den Füßen spürte. Später sagte er mir, er habe erst nach einer Weile gemerkt, daß es die Leiche eines ertrunkenen Kindes war. Wir waren alle emotionell derart erschöpft, daß uns solche Schrekken im Moment gar nicht mehr erschüttern konnten.

Zu diesem Zeitpunkt wurde die Szene kurzzeitig vom fahlen Mond beleuchtet, der zwischen den treibenden Wolken auftauchte. Nachdem wir eine Stunde gerudert hatten, sahen wir in diesem unwirklichen Licht *T 36*. Das Schiff war bereits von Booten und Flößen umringt."

Erst als sie an Bord des Torpedobootes waren, merkten sie, wie kalt ihnen war. Professor Bock erinnert sich, daß seine Beine ganz gefühllos waren, obwohl das Rudern ihn verhältnismäßig warm gehalten hatte.

Zahn ging auf die Brücke und sprach mit Kapitänleutnant Hering. Der Offizier war in größter Sorge, weil er soeben vom Mann am Horchgerät Meldung über U-Boote in unmittelbarer Nähe erhalten hatte.

Innerhalb der nächsten Minuten würde er eine Entscheidung treffen müssen, von der die Sicherheit seines Schiffes und das Leben Dutzender Überlebender der *Gustloff* abhing.

T 36 lag jetzt bereits seit einer Stunde beigedreht, um Überlebende aufzunehmen. Das Boot befand sich in einer überaus exponierten Lage, falls die sowjetischen U-Boote ihre Angriffe wieder aufnehmen sollten. Die *Admiral Hipper*, die Hering gefolgt war, hatte nur kurz angehalten. Ihr Kapitän hatte entschieden, daß dieser schwerbeladene Dampfer, der bereits mit Flüchtlingen vollgepfercht war, keinem U-Boot-Angriff ausgesetzt werden dürfe. Überdies machten die hohen Seitenwände des Dampfers eine Beteiligung an den Rettungsarbeiten unmöglich. Die *Admiral Hipper* setzte ihre Fahrt westwärts mit voller Geschwindigkeit fort. Ihr Kapitän befahl *T 36*, alles nur Mögliche für die Schiffbrüchigen zu tun und zu bleiben, so lange es nur ging.

Bootsmann Schottes hatte das Kommando über einen der von der *Gustloff* wegschwimmenden Kutter übernommen. Als die Suchlichter das Wasser abtasteten, erblickte er die *Admiral Hipper*. Eine Anzahl von Schwimmenden und Leute auf Flößen befanden sich in nächster Nähe des Dampfers. Wenn er seinen Kutter an die Backbordseite der *Admiral Hipper* brächte, kämen die Leute im Wasser in Gefahr, zwischen ihm und den Stahlwänden des großen Schiffes zermalmt zu werden. Daher entschloß er sich, die Steuerbordseite anzusteuern; dann ordnete er an, nur so stark zu rudern, wie notwendig war, um das Boot am Ort zu halten, und wartete, daß die *Admiral Hipper* beidrehte.

Nach ein paar Minuten begann ihr Kielwasser wieder zu schäumen, und er wußte, daß das große Schiff nicht warten würde. Er erinnert sich an die schrecklichen Schreie, als die Menschen im Wasser in den Sog der Schiffsschrauben gerieten und genau in dem Augenblick, als sie die Rettung für gekommen hielten, in Stücke gerissen wurden. Kapitän z. S. Henigst trifft sicherlich keine Schuld. Im Augenblick, da man in der Nähe feindliche U-Boote geortet hatte, blieb ihm keine andere Wahl, als in erster Linie für die Sicherheit seines eigenen Schiffes zu sorgen.

Aber jenen Hunderten Menschen, die im Wasser umhertrieben, schien es der letzte große Verrat.

„Wegen der großen U-Boot-Gefahr mußte das Schiff ablaufen, ohne einen einzigen Überlebenden an Bord zu nehmen", meldete der Kapitän am nächsten Tag, als er Swinemünde erreichte. „Wäre die *Admiral Hipper* auf dem Schauplatz geblieben, hätte sie leicht das Opfer eines weiteren U-Boot-Angriffes werden können."

21

Kapitän Marinesko, der zu diesem Zeitpunkt einige Sorgen mit dem verklemmten Torpedorohr hatte, sah eine glänzende Gelegenheit vor sich, eines der größten Schiffe der deutschen Kriegsmarine anzugreifen. Da *T 36* noch immer Überlebende barg, bot die beinahe stillstehende *Admiral Hipper* dem U-Bootkommandanten ein verlockendes Ziel. Aber ohne Zweifel überschätzte der sowjetische U-Bootmann den Geleitschutz der *Hipper*.

Es besteht über dieses Intermezzo eine erstaunliche Diskrepanz zwischen den Berichten der Überlebenden der *Gustloff* und sowjetischen Quellen. Heinz Schön fand im Laufe seiner Untersuchungen über das Schicksal der Überlebenden eine Anzahl von Zeugen, die berichteten, daß sie, während sie kurz nach dem Untergang der *Gustloff* im Meer umhertrieben, den Turm eines U-Bootes gesehen und sogar gehört hätten, wie die Matrosen des Bootes miteinander russisch sprachen. Sowjetische Quellen erwähnen jedoch mit keinem Wort, daß *S 13* zu diesem Zeitpunkt aufgetaucht war, und auch das Logbuch des U-Bootes hält fest, daß Marinesko bereits getaucht war. Gab es noch ein anderes U-Boot auf dem Schauplatz der Katastrophe?

Auf jeden Fall hielten die deutschen Offiziere die *Hipper* für höchst gefährdet, und sie lief mit großer Geschwindigkeit ab. *T 36* und die *Löwe* waren jetzt die einzige Hoffnung der Überlebenden, die der davoneilenden *Hipper* ihre Flüche nachriefen.

Die See war immer noch von den auf- und abschaukelnden Köpfen der Männer und Frauen übersät, die von ihren Schwimmwesten über Wasser gehalten wurden. Als sich der Kutter mit Kapitän Petersen an Bord *T 36* näherte, bemerkte

Günther von Maydell, der vor Kälte und Angst nur mehr weinte, etwas, was er als „ganze Inseln von Flößen" beschreibt. „Sie waren so nahe beisammen, daß sie wie Inseln aussahen, und auf vielen waren Menschen."

Als der Kutter noch näher kam, rief jemand, er erinnert sich nicht mehr, wer es war: „Nicht zu nahe heran. Sie werden alle versuchen, in unser Boot zu klettern, und es wird kentern." Im Kampf ums Überleben wurde jetzt jeder jedem zum potentiellen Feind.

An Bord von *T 36* waren die Dinge kritisch; während seine Männer immer noch Schiffbrüchige an Bord zogen und sie mit Kaffee labten, erhielt Kapitänleutnant Hering weitere Meldungen über feindliche U-Boot-Aktivitäten. Die Seeleute konnten auch einige schwangere Frauen an Bord nehmen. In der auf die Rettung folgenden Nacht wurden auf dem Schiff drei Babys geboren; unter der sachkundigen Anleitung von Dr. Richter fungierten die Matrosen als Hebammen.

Korvettenkapitän Zahn, der neben Hering auf der Brücke stand, bot ihm seine Erfahrungen im U-Bootkrieg an. Das Torpedoboot trieb ohne Fahrt, und es wäre für jedes lauernde U-Boot ein leichtes Ziel gewesen. Das Horchgerät meldete die Position von *S 13;* es war tausendvierhundert Meter entfernt, und es kam näher.

„Im Augenblick, in dem es achthundert Meter entfernt ist, müssen Sie fort", warnte ihn Zahn.

Im Moment begnügte sich Hering damit, sein Schiff langsam zu schwojen, um den Bug parallel zum sich nähernden U-Boot zu halten; damit bot er die kleinstmögliche Angriffsfläche.

Als das Horchgerät eine Entfernung von weniger als tausend Meter meldete, entschloß sich Hering, Zahns Rat zu beherzigen. Aber bevor er befahl, Fahrt aufzunehmen, unternahm er einen letzten Versuch, die Menschen rund um sein Schiff zu warnen; wer zu nahe war, würde bei jeder raschen Aktion seines Bootes untergehen.

Er nahm ein Megaphon, ging zum Brückenrand und schrie

hinunter: „Ein U-Boot ist in der Nähe. Wir müssen weg, aber wir kommen zurück. Haltet aus!"

Wahrscheinlich konnten ihn nur wenige hören, aber er hatte zumindest versucht, sie zu warnen und zu trösten. Als das Schiff Fahrt aufnahm, wurden zwei Torpedos gesichtet. Einer passierte steuerbord, dem anderen entkam *T 36* durch einen raschen Kurswechsel. Der Mann am Peilgerät meldete ein U-Boot dicht unter dem Heck.

Hering lief so rasch ab, daß einige Leute seiner eigenen Besatzung an den Netzen und in den Rettungsbooten weggeschwemmt wurden und ertranken. Aber es war ihm gelungen, fünfhundertfünfzig Menschen zu retten.

Mit den zweihundertfünfzig Flüchtlingen, die Hering bereits an Bord gehabt hatte (unter denen sich übrigens seine eigene Mutter befunden hatte), war das Kriegsschiff jetzt voll beladen, und vermutlich hätte es gar keine weiteren Flüchtlinge aufnehmen können.

„Kapitänleutnant Hering und *T 36* haben Großartiges geleistet und verdienen besondere Anerkennung", berichtete Zahn später.

Als *T 36* sich entfernte, feuerte es – wieder auf Anraten von Zahn – einige Schreckwasserbomben. Man darf annehmen, daß das Boot nur wenige echte Wasserbomben an Bord hatte, und überdies war kaum jemand von der Besatzung mit den Schwierigkeiten der U-Bootabwehr vertraut. Aber selbst die schwachen Ladungen, die im Wasser detonierten, waren noch stark genug, um die in der Nähe schwimmenden Menschen zu töten.

Die Detonationen versetzen die von *T 36* Geretteten, darunter auch Ebbi von Maydell, neuerlich in Schrecken. „Ich war eben auf *T 36* ein wenig eingedöst, froh, überlebt zu haben und dankbar für die Wärme, als ich durch eine laute Explosion geweckt wurde. Kurz darauf folgten weitere Explosionen, und jedesmal schien das Schiff aus dem Wasser zu springen", berichtet sie. Ein Schiffsoffizier beruhigte sie und erklärte ihr, daß das Kriegsschiff ein U-Boot mit Wasserbomben angreife.

Die Baronin schloß ihre Erzählung: „Einige der Schiffbrüchigen, die man noch an Bord holen wollte, blieben ihrem Schicksal überlassen."

Das ist nur ein Teil der Wahrheit. Die plötzlichen Manöver des Torpedobootes töteten einige der Überlebenden, und das aufschäumende Kielwasser warf andere von den Flößen.

Nicht weit von dem Torpedoboot entfernt trieb Rudi Lange im Meer. „Ich erschrak zu Tode über das Getöse", sagte er später. „Bei jeder Explosion glaubte ich, mein Trommelfell würde platzen."

Lange war einer der letzten, die das Schiff verließen; er wollte so lang wie möglich SOS-Signale senden.

„Zum Schluß waren meine Hände so kalt, daß mir das tragbare Funkgerät immer wieder entglitt und auf die Brücke fiel. Ich dachte, meine letzte Stunde habe geschlagen. Ich kroch über das Deck, kletterte in ein Floß und wartete. Eine große Welle spülte mich samt Floß vom Deck, und dann erinnere ich mich, daß ich durch ein Meer von Leichen schwamm."

T 36 war bereits unterwegs, und auch die *Löwe* traf Vorbereitungen zur Abfahrt, als ihre Suchlichter Lange einfingen. Er rief laut um Hilfe, und kurz darauf zogen ihn die Seeleute an Bord. „Ich wurde ohnmächtig und wußte nichts, bis ich in einer Koje aufwachte. Matrosen schnitten meine Uniform auf, weil sie völlig steifgefroren war."

Lange war einer der letzten Überlebenden, den die *Löwe* aufnahm, bevor sie den Schauplatz der Katastrophe verließ. Dieses kleine Geleitfahrzeug hatte bereits 252 Menschen aufgenommen, darunter auch Gertrud Agreson, die Marinehelferin, die sich den Weg auf das Bootsdeck erkämpft hatte, und Maria Kupfer, die einzige Überlebende der Unglückseligen, die im Unteren Promenadendeck abgeschnitten wurden. Auch Louis Reese, der Erste Offizier, und Kapitän Hein Kohler waren an Bord. Die *Löwe* nahm Kurs auf Kolberg.

Nachdem *T 36* seine Rettungsoperation beendet hatte, kreiste es noch zwanzig Minuten und warf seine Wasserbomben. Dann verließ Korvettenkapitän Zahn, erschöpft von den Ereignissen dieser Nacht, die Brücke, um sich auszuruhen, und *T 36* lief mit siebzehn Knoten ab. Am 31. Januar um 04.30 Uhr erreichte es die *Admiral Hipper*, und um 14.00 Uhr legte *T 36* in Sassnitz auf der Insel Rügen an, wo das dänische Lazarettschiff *Prinz Olaf* bereitlag, um die Überlebenden der *Gustloff* an Bord zu nehmen.

Jene, die von *T 36* gerettet wurden, hatten Glück. Es gab Dutzende, deren Qualen wesentlich länger dauerten.

Als es Walter Knust endlich gelang, sein kleines Boot von der *Gustloff* abzustoßen, hatte er Schwierigkeiten, die Ruder zu verwenden – rings um ihn war die See mit Schiffbrüchigen übersät. In den ersten Minuten zogen sie so viele ins Boot, als ihnen nur möglich war. „Es war ein kleines Boot mit Platz für etwa achtzehn Menschen. Schließlich waren mindestens sechsunddreißig ins Boot gepfercht, und wir lagen so tief im Wasser, daß das Dollbord nur fünfzehn Zentimeter über dem Wasser lag", erzählte Knust. Der einzige Vorteil des Bootes war eine kleine Funkkabine, die ein wenig Schutz bot.

Doch als der Ingenieur-Offizier und Roger versuchten, das Boot in den Griff zu bekommen, erwartete sie eine weitere unangenehme Überraschung. Es gab keine Ruderklampen, und sie mußten sich notdürftig mit Stricken behelfen. So ausgerüstet, konnten sie sich endlich aus dem Umkreis der *Gustloff* lösen.

Knust war nicht sehr glücklich mit seinem Fahrzeug und fürchtete, daß es sinken könnte, weil es so überladen war. Als er in der Nähe ein anderes Boot sichtete, sagte er zu seiner Frau: „Wechseln wir das Boot." Doch bevor sie das tun konnten, rief ein Mann, den er kannte, aus dem andern Boot herüber: „Herr Knust, wir sinken."

„Was ist los?" erkundigte sich Knust und erhielt zur Antwort, daß die Spundzapfen auf dem Boden des Rettungsbootes fehlten. Das Boot lief voll, und Knust riet ihnen, die Löcher mit Taschentüchern und Stoffetzen zu stopfen. Später fragte er sich, ob die Entfernung der Zapfen nicht ein Sabotageakt, vielleicht von polnischen Hafenarbeitern, gewesen war.

„In unserem Boot gab es einen Kompaß“, sagte Knust, „also steuerte ich nach Süden, da ich wußte, daß in dieser Richtung Land sein mußte. Einer der Seeleute schlug vor, den Dieselmotor anzuwerfen, aber ich wollte ihn in Reserve halten, da wir nicht wußten, wann wir ihn noch brauchen würden.“

Paula Maria Knust erinnert sich, daß sie in einen Pullover eingehüllt im Boot kauerte, während ihr Mann und die andern versuchten, sich zurechtzufinden. Sie hatte keine Strümpfe an, sie war durchnäßt und halb erfroren.

„Als wir Zeit hatten, uns wieder um die anderen zu kümmern, stellten wir fest, daß einige Menschen im Boot bereits gestorben waren. Ein Seemann verlor den Verstand und sprang ins Meer. Eine Frau, die wir aufgefischt hatten, schrie laut, daß sie sterben wolle, und wir mußten sie zurückhalten, als sie über Bord wollte. Sie hatte ihre Kinder verloren und war halb wahnsinnig vor Kummer.“

Einige Mütter, die ihre Kinder sterben gesehen hatten, nahmen sich das Leben oder starben buchstäblich vor Gram. Eine von ihnen saß mit zwei Matrosen in einem kleinen Beiboot. Nach deren Bericht wurde das älteste Kind der Frau in der Kabine von einem schweren Koffer zermalmt, der nach der ersten Explosion herunterfiel. Ihr achtjähriger Junge wurde während des Ansturms auf das Treppenhaus zu Tode getrampelt. Das jüngste Kind riß ihr eine Welle aus den Armen, als sie das obere Deck erreicht hatte. Das war zuviel für sie; sie starb im Beiboot.

„Ich erinnere mich, daß ich damals überlegte, wie verschieden die Menschen auf die Schrecken dieser Nacht reagierten“, sagte Frau Knust. „Die meisten Leute hatten panische Angst und brüllten hysterisch. ‚Aber was hilft das?‘ fragte ich mich. Andere waren sehr tapfer. Einer der wenigen Männer in unserem Boot sprang in ein anderes Boot, in dem sich nur Frauen und Kinder befanden. Er nahm eines unserer Ruder mit, um das andere Boot zu steuern.“

Nachdem Knust sein Boot eine Weile nach Süden gesteuert hatte, sah er erleichtert die Positionslichter eines sich nähernden Schiffes. „Ich rief einem der Männer zu, seine Taschenlampfe in dieser Richtung zu schwenken, aber nichts geschah.

‚Ich habe eine Pistole, soll ich schießen?' fragte er.

‚Gut, aber nur einmal', erwiderte ich. ‚Man kann nie wissen, wann wir die Pistole noch brauchen werden.' Jedenfalls gab er einen Schuß ab, und jemand muß ihn gehört haben, denn fünf Minuten später sahen wir, wie sich die Lichter auf uns zubewegten."

Es war *TS 2*, ein Torpedoboot unter dem Kommando eines Marineoffiziers namens Brickmann, das ebenfalls zur Unglücksstelle gekommen war. Es war jetzt beinahe 03.00 Uhr am Morgen des 31. Januar; die Knusts und die anderen Schiffbrüchigen waren seit über fünf Stunden unterwegs.

„Es war ganz furchtbar, denn in einer Minute hoben uns die Wellen hoch hinauf, beinahe in Deckhöhe, und in der nächsten wurden wir wieder zurückgeworfen. Man mußte genau den richtigen Moment erwischen, um aufs Deck zu springen", erklärte Frau Knust. „Mein Mann rief den Leuten zu, wann sie es versuchen sollten, dann half er ihnen mit einem Stoß.

Ich war die Vorletzte, und schließlich sprang auch Walter. Er brachte mich in die Kabine des Kapitäns, wo man mir Kaffee und Kognak einflößte. Eine neuerliche Serie von Explosionen versetzte alle in Schrecken. Aber es war nur *TS 2*, das Wasserbomben warf, falls das U-Boot noch in der Nähe sein sollte. Wir nahmen Kurs auf Swinemünde."

Bevor er an Bord des Kriegsschiffes sprang, erfüllte Walter Knust noch eine Pflicht. Er meldete den Offizieren, daß sich drei Tote in dem kleinen Boot befanden.

„Laßt sie dort", erwiderte der Erste Offizier. „Die See wird ihr Grab sein."

Bei Schnaps und Zigaretten unterhielt sich Knust eine Weile mit dem Kapitän auf der Brücke. Dankbar erinnert er sich, daß ihm der Kapitän ein ganzes Paket Zigaretten schenkte. Ein Seemann von der *Gustloff*, der sich bereits an

Bord befand, gab Knust, der keine Socken anhatte, ein Paar schenkellange U-Boot-Socken. „Später trennte meine Frau sie auf und strickte mir aus der Wolle zwei Pullover“, erzählte Knust.

Selbst an Bord von *TS 2* waren die Sorgen für die Schiffbrüchigen noch nicht vorüber; im Morgengrauen liefen sie beinahe auf eine Mine, die einen kleinen Minensucher zerstörte, der zweihundert Meter vor ihnen lief. „Gott beschützte uns, denn niemand hatte dem Schiff befohlen, vorauszufahren“, sagte Knust.

Als Erinnerung an die Schreckensnacht hat Frau Knust ein zerknittertes Stück Papier aufgehoben, das sie erhielt, bevor sie in Swinemünde an Land ging. Der Text: „Bescheinigung: Knust Paula wurde in der Nacht vom 30. zum 31. Januar 1945 als Schiffsbrüchige vom Kommando ‚TS 2‘ geborgen.“ Es war von Oberleutnant zur See Brickmann unterschrieben und mit dem offiziellen Stempel von *TS 2* versehen.

Selbst in Katastrophensituationen halten sich Marineoffiziere an ihre Vorschriften.

Kurz nach Mitternacht, als die *Löwe* und *T 36* bereits westwärts gefahren waren, erschien ein Konvoi, bestehend aus dem Frachter *Gotenland* (5266 BRT) und seinem Geleit, dem Minensucher *M 387*. Die Schiffe kamen aus Libau und fuhren mit viertausend Flüchtlingen nach Swinemünde. Auf keinem der beiden hatte man die SOS-Signale aufgefangen; sie passierten die Stelle zufällig und nahmen Überlebende an Bord. Insgesamt retteten sie 106 Schiffbrüchige.

Durch Funkspruch benachrichtigt, erschienen eine Stunde später der Frachter *Göttingen* (6227 BRT) und das Geleitschiff *M 375*, das 54 Menschen rettete. Unter den 57 Schiffbrüchigen, die die *Göttingen* an Bord nahm, befand sich Eva Luck, das sechzehnjährige Mädchen, das im Musikzimmer mit dem wildgewordenen Klavier eingeschlossen gewesen war.

Sigrid Bergfeld, eine der wenigen Marinehelferinnen, die gerettet wurden, wurde nach vielen Stunden auf einem offenen Floß von dem kleinen Torpedofangboot *TF 19* aufgenommen.

Von den sieben Personen, die dieses Fahrzeug in den frühen Morgenstunden des 31. Januar auffischte, konnten nur zwei ohne Hilfe an Land gehen. *TF 19* kam von Gotenhafen, und sein Kapitän vermerkte im Logbuch: „31. Jan. Mittag – Ankunft in Gotenhafen. Ausschiffung der *Gustloff*-Schiffbrüchigen." Nach dem Grauen dieser Nacht, nachdem sie die furchtbarste Seekatastrophe der Geschichte überlebt hatten, kamen diese unglückseligen Menschen vierundzwanzig Stunden später genau wieder an den Ort, den auf dem „sicheren Schiff", der *Wilhelm Gustloff*, zu verlassen ihr sehnlichster Wunsch gewesen war.

Mit Erfrierungen an den Beinen wurden Sigrid Bergfeld und die andern in das Lazarett in Gotenhafen-Oxhöft eingeliefert.

Guy Sajer, der in dem Buch „Denn dieser Tage Qual war groß" einen bewegenden Bericht über seine Dienstzeit und seine Leiden an der Ostfront gibt, kam ungefähr zur gleichen Zeit in Gotenhafen an. Er war auf der Suche nach den Resten der Division Großdeutschland, zu der er gehörte. Er schreibt:

> „Ein Flüstern geht durch die Menge der Flüchtlinge. Man hört von einem großen Flüchtlingstransport, der vor wenigen Tagen in Richtung Westen abgegangen ist, mit Tausenden von Zivilisten an Bord, die, überglücklich, meinten, einem sicheren Ort entgegenzufahren. Der Transport wurde vermutlich von einem U-Boot torpediert. Man kann sich unschwer den Ablauf dieses fürchterlichen Dramas ausmalen, wie es sich in der schwarzen, eisigen Nacht abgespielt hat.
>
> Die Nachricht vom Untergang des Schiffes, den kein offizielles Kommuniqué meldet, ist dennoch auf irgendeinem Weg in die alarmierte Menge gedrungen. Sie versetzt diese Menschen, die ihre letzte Hoffnung auf den Schiffsweg setzten, in Angst und Schrecken. Die Nachricht, die man gerne unterdrückt hätte, geht von Mund zu Mund. Es dürfte sich um ein großes Schiff, um die *Wilhelm Gustloff*, gehandelt haben."

So erfuhren auch die Verwandten und Freunde der Passagiere durch Gerüchte und Geflüster vom Untergang der *Gustloff*. Offiziell wurde der Untergang von Admiral Dönitz anläßlich der Führerkonferenz über Marineangelegenheiten am 31. Januar um 16.00 Uhr in Berlin bekanntgegeben:

„Zum Verlust des Passagierschiffes Wilhelm Gustloff durch U-Bootstorpedos auf dem Außenweg nördlich der Stolpe-Bank führt der Ob. d. M. aus, daß bei den umfangreichen Transporten in der Ostsee Verluste von vorneherein in Rechnung gestellt wurden und daß man es, so schmerzlich der Verlust auch im einzelnen ist, als ein besonderes Glück ansehen muß, wenn bisher nicht mehr Verluste eingetreten sind. Trotzdem muß darauf hingewiesen werden, daß die russischen U-Boote in der Ostsee nur wegen des Fehlens deutscher U-Bootsjagd durch Flugzeuge so ungestört auftreten können. Wegen des Mangels an eigenen Sicherungsstreitkräften muß sich die Kriegsmarine auf die unmittelbare Sicherung der Geleite beschränken und kann flächenmäßige U-Bootsjagd nur in geringstem Umfange betreiben. Das hierfür allein geeignete Mittel ist das mit Ortungsgerät ausgerüstete Flugzeug, das ja auch auf der Seite unserer Gegner unseren U-Bootskrieg lahmgelegt hat . . . Der Führer unterstreicht die Ausführungen des Ob. d. M. und fordert Nachprüfung durch die Luftwaffe, wie hier geholfen werden kann."

In Dönitz' Feststellungen liegt eine gewisse Ironie. Er war es gewesen, der 1942 den berüchtigten „Laconia-Befehl" erlassen hatte.* Dieser Befehl besagte nicht nur, daß U-Boote ohne Warnung anzugreifen hatten, sonden auch, daß sie den

* Dönitz erließ diesen Befehl, nachdem U-Boote, die britische und italienische Kriegsgefangene von der torpedierten *Laconia* gerettet hatten, aus der Luft angegriffen wurden, obwohl sie das Rote Kreuz zeigten und Rettungsboote mit Überlebenden im Schlepptau hatten. Bei den Nürnberger Prozessen verteidigte sich Dönitz erfolgreich mit dem Argument, daß für ihn die Sicherheit seiner U-Boote und der Besatzungen vordringlich war. Damals galt sein Befehl jedoch als ein weiterer Beweis für die Unmenschlichkeit der Deutschen.

Besatzungen gesunkener Schiffe nicht helfen durften, gekenterte Rettungsboote nicht bergen und Schiffbrüchige nicht mit Lebensmitteln versorgen durften.

Jetzt hatten Deutschlands Feinde die Oberhand, und sie kämpften nach denselben Spielregeln. Kapitän Marinesko dachte bestimmt keinen Moment daran, die Besatzung und die Passagiere des von ihm torpedierten Dampfers zu retten. Soweit es ihn betraf, waren sie alle Faschisten und verdienten den Tod.

22

Die letzte erschütternde Rettungsaktion erfolgte am Morgen des 31. Januar, nachdem sich alle Schiffe mit Ausnahme eines einzigen entfernt hatten. Das alte Vorpostenboot *VP 1703* unter dem Kommando von Kapitänleutnant Hahnefeld bahnte sich vorsichtig zwischen den Eisschollen den Weg zu der Unglücksstelle. Niemand von der Besatzung glaubte, noch Überlebende zu finden, als sie auf ein Rettungsboot stießen, in dem regungslose Menschen lagen. Oberbootsmannsmaat Werner Fick sprang in das Boot und mußte feststellen, daß alle Insassen, Männer und Frauen, erfroren waren. Aber halb versteckt unter den Leichen fand er ein blaugefrorenes Baby, das noch nicht tot zu sein schien. Er nahm den kleinen Jungen an Bord, und seine Wiederbelebungsversuche in der warmen Kabine hatten Erfolg. Niemand wußte, wem das Kind gehörte, und der Maat adoptierte es.

Als *T 36* an einem klaren, klirrend kalten Morgen in Saßnitz einlief, mußten viele Überlebende auf Bahren an Land getragen werden. Die Behörden hatten bereits die Überstellung der Schiffbrüchigen auf die im Hafen liegende *Kronprinz Olaf* angeordnet. Traurig betrachtete Kapitän Hering von der Kommandobrücke das Geschehen, und als der letzte Passagier sein Schiff verließ, salutierte er.

Die meisten, die man der See entrissen hatte, waren zu betäubt, um sich zu erinnern, was sie durchgemacht hatten. Sie standen hilflos auf der Pier und fragten sich, was nun mit ihnen geschehen würde. Die meisten von ihnen kamen an Bord des Lazarettschiffes, das sie nach Swinemünde brachte. Dort wurden die zur Weiterreise Fähigen an Land gesetzt. Frau Knust erzählte uns, was weiter geschah:

„Mein Mann stammte aus Hamburg, und daher wollten wir, trotz der Bombenangriffe, nach Hamburg zurück. Am Bahnhof bestiegen wir einen Zug. In den Luftangriffen waren sämtliche Fenster zerbrochen. In unserem Abteil saßen noch eine Frau und acht Männer von der *Gustloff*, einschließlich des Leitenden Ingenieurs und einiger Stewards, die alle zur gleichen Zeit an Land gegangen waren. Wir trugen immer noch unsere Schwimmwesten, und ich hatte nur einen Tennisschuh an.

Zwei SA-Männer kamen in unser Abteil und verlangten unsere Ausweise. Wie ‚Goldfasane' sahen sie aus, braun und behäbig in ihren Uniformen. Natürlich hatten wir keine Identitätskarten. Wir hatten überhaupt nichts bei uns, und nach allem, was wir durchgemacht hatten, konnten wir einfach nicht fassen, daß diese Männer von uns Ausweise wollten.

Ich dachte, das ist wirklich grotesk: jetzt werden sie uns in ein KZ stecken, weil wir unsere Papiere auf einem torpedierten Schiff verloren haben. Aber sie taten es nicht. Sie sagten nur, der Zug sei für Frauen und Kinder reserviert und warfen uns hinaus."

Die Gruppe ging zum Hafen zurück und fand einen freundlichen Kapitän, der sie an Bord seines Schiffes nahm und erklärte, daß er bald nach Westen fahren würde. Dann teilte er ihnen mit, daß er von einem Militärlazarettzug gehört habe, der auf der Fahrt nach Hamburg durchkomme. Ein Sanitätsoffizier erlaubte ihnen mitzufahren, und nach einer dreitägigen Reise kamen die Knusts schließlich in Hamburg an. Es war Mitte Februar.

Swinemünde war bereits vor der Ankunft der Gustloff-Überlebenden mit Flüchtlingen aus Preußen und Pommern überfüllt. Am Tag nach dem Untergang des Dampfers informierte Admiral Dönitz das Führerhauptquartier, daß die Stadt von zwanzigtausend Flüchtlingen blockiert sei. Da sie die Truppentransporte aus Kurland gefährdeten, hielt er es für angezeigt, den immer größer werdenden Flüchtlingsstrom nochmals zu evakuieren. Hitler befahl Martin Bormann, die Flüchtlinge auf die umliegenden Dörfer zu verteilen und eine rasche Evakuierung einzuleiten.

An dieser überfüllten Küste gingen Ebbi von Maydell und ihr jüngerer Sohn Günther nach allen durchlittenen Schrecken schließlich an Land. Und hier ereignete sich, während sie durch die Stadt gingen und nach einer Unterkunft suchten, eines jener seltsamen Zusammentreffen, wie es sie nur im Krieg gibt. Sie liefen Bernhard, Günthers sechzehnjährigem Bruder, in die Arme, der sich geweigert hatte, mit Mutter und Bruder an Bord der *Gustloff* zu gehen. Er war über Land nach Swinemünde gekommen, wo er die ersten Gerüchte über den Untergang der *Gustloff* hörte. Er hatte Mutter und Bruder für tot gehalten und war überglücklich, sie wiederzufinden.

Die Reise der *Löwe* war kürzer als jene von *T 36*; sie setzte ihre 252 Überlebenden in Kolberg (Pommern) an Land, einem Hafen, der bald durch den russischen Vormarsch bedroht sein sollte. Sogar auf dieser kurzen Reise starben einige Menschen am Schock und an Erschöpfung. Während die Leute an Land gingen, versammelte sich eine Menschenmenge, unter ihnen zahlreiche Flüchtlinge, im Hafen und schaute dem Zug der Überlebenden zu, der langsam in die Stadt wanderte. Viele stapften nur mit Socken an den Füßen durch die schneebedeckten Straßen; sie hatten alles verloren, als die *Gustloff* sank, und es gab niemanden, der die Beistellung von Stiefeln oder Schuhen organisiert hätte.

Da auch das Marinepersonal Verluste erlitten hatte, mußte sich Korvettenkapitän Zahn als ranghöchster Marineoffizier an Bord der *Gustloff* vor einem Marine-Untersuchungsausschuß verantworten. Der Ausschuß sprach sich niemals eindeutig über das Maß seiner Verantwortung aus: der Krieg ging seinem Ende zu, und das Marinekommando hatte andere Sorgen. Aber Zahns Karriere in der Marine war beendet. Er verbrachte sein weiteres Leben als Kaufmann – verbittert, weil er überzeugt war, sein Bestes getan zu haben und dennoch zum Sündenbock gemacht wurde. Kapitän Petersen ging nie mehr auf See und starb bald nach dem Unglück.

Wie viele Menschen starben beim Untergang der *Gustloff*?

Niemand weiß es. Trotz aller Versuche, die Flüchtlinge zu erfassen und zu zählen, ist niemand imstande zu sagen, wie viele Menschen tatsächlich an Bord waren. Der Erste Offizier Reese meldete knapp vor dem Auslaufen 6050 Menschen, aber kurz darauf folgte die Einschiffung der Flüchtlinge aus den kleinen Booten. Rudi Lange schätzte ihre Zahl auf zweitausend, so daß vermutlich insgesamt über achttausend Personen an Bord waren. Man weiß, daß 964 Personen gerettet wurden, von denen einige später starben. Vermutlich kamen also mindestens siebentausend Menschen um.

Seitdem haben Rechtsanwälte über Recht und Unrecht der Versenkung dieses Dampfers gestritten. Viele Deutsche sagten den Autoren, wie niederträchtig es von den Russen gewesen sei, ein Schiff mit so vielen Frauen und Kindern an Bord zu versenken; und es besteht kein Zweifel, daß Tausende unschuldige Menschen bei der Katastrophe ums Leben kamen. Später wurde das Institut für Seerecht in Kiel, das für diese Fragen zuständig ist, nach seiner Meinung befragt. Es legte seinen Standpunkt in einem Brief an Heinz Schön, den Historiker der *Gustloff*, dar. Das Institut betrachtet die *Gustloff* als legitimes Ziel; die Tatsache, daß sie Hunderte U-Bootspezialisten an Bord hatte und mit Flak-Geschützen bestückt war, machte sie in gewissem Sinn zum Kriegsschiff. Obwohl die *Gustloff* Verwundete an Bord hatte, war sie kein anerkanntes Lazarettschiff.

Derartige Überlegungen schienen den Menschen, die das Grauen der Torpedierung überlebten, und auch den Küstenbewohnern, die noch Wochen nach dem 30. Januar Hunderte angeschwemmte Leichen erfrorener und ertrunkener Schiffbrüchiger fanden, eher akademisch.

Stabsführerin Wilhelmina Reitsch, die ihre Marinehelferinnen, die auf das „sichere" Schiff durften, so sorgfältig ausgesucht hatte, war immer noch in Gotenhafen. Ihr fiel die Aufgabe zu, mit ihren Untergebenen die Leichen zu identifizieren.

23

Während die ersten Rettungsversuche unternommen wurden, brachte Marinesko sein Boot aus der Gefahrenzone. Deutsche und russische Berichte weisen über das, was in den verwirrenden Stunden nach der Versenkung geschah, erhebliche Unterschiede auf. Nach der deutschen Version unternahm *S 13* oder ein anderes russisches U-Boot mindestens einen Angriff auf *T 36* und stellte für die *Hipper* eine solche Bedrohung dar, daß sie fliehen mußte. Die russischen Archive erwähnen hingegen keinen zweiten Angriff. Alle veröffentlichten Berichte sprechen nur vom Ablaufen von *S 13* unter starkem Beschuß mit Wasserbomben.

Nach dem Krieg schrieb Redkobodorow in einer Leningrader Tageszeitung: „Es war die schrecklichste Zeit, die die Mannschaft von *S 13* jemals durchmachte. Man jagte uns mehr als vier Stunden lang und warf 234 Wasserbomben, um den Verlust des Dampfers zu rächen. Unter solchen Umständen operieren wir am liebsten in einer Tiefe von vierzig Metern, aber einmal wurden wir in so seichtes Wasser gezwungen, daß unsere Tiefe bloß fünfzehn Meter betrug. Nur Marineskos Erfahrung, Intelligenz und Intuition ist es zu verdanken, daß wir mit heiler Haut davonkamen."

Andere Berichte erzählen, wie Schnapzew in der Ferne die ersten Wasserbomben hörte und sie Krylow meldete, der sie mit Bleistiftstrichen in Zehnergruppen auf einem Stück Papier markierte; wie die Peilgeräusche der Horchgeräte „den Rumpf der *S 13* wie Hagel trafen"; wie eine Explosion alle Mann an Bord durchrüttelte und mehrere Glühlampen sowie einige Instrumente im Kontrollraum bersten ließ.

Anderseits wissen wir, daß die Abhörgeräte der *Löwe*

eingefroren waren und *T 36* nur Schreckwasserbomben an Bord hatte. Außerdem war das Boot viel zu sehr mit Flüchtlingen überladen, um ins Gefecht gehen zu können.

Es scheint, daß beide Seiten die Gefahren übertrieben, und daß Marinesko die Gelegenheit, die *Hipper* zu versenken, versäumte. Anderseits waren die „Torpedos", die *T 36* veranlaßten, seine Rettungsoperation einzustellen, vermutlich eine optische Täuschung; eine Kombination von Mondlicht und Wellen schien Blasenbahnen vorgetäuscht zu haben.

Es ist jedoch anzunehmen, daß *T 36* mit seinem Sonargerät *S 13* aufspürte, denn Marinesko entschloß sich, nochmals die Unglücksstelle anzulaufen, um die feindlichen Schiffe, die ihn nach seiner Überzeugung jagten, zu verwirren.

Jedenfalls war Marinesko am 31. Januar um 04.00 Uhr überzeugt, die Deutschen abgeschüttelt zu haben. Man hörte keine Wasserbomben mehr, und Schnapzew konnte keine Schraubengeräusche mehr auffangen. *S 13* lief still von der Küste ab und erreichte das sichere offene Meer.

Marinesko tauchte auf Sehrohrtiefe auf und suchte den Horizont ab. Er konnte keine Verfolger sichten, hielt es aber trotzdem für zu gefährlich, aufzutauchen, um die Batterien zu laden und seinen Erfolg nach Kronstadt zu funken. Sein Entschluß bedeutete einen weiteren unangenehmen Tag für die Besatzung, und Kronstadt würde immer noch nicht wissen, wo er war und was er tat. Aber das Risiko des Auftauchens schien ihm zu groß.

Er wartete bis zum Einbruch der Nacht, dann gab er einen Spruch durch: „30. Januar. 55° 02′ 02″. 18° 11′ 05″. 2308. Aufgetaucht drei Torpedos abgefeuert. Mit Bestimmtheit Dampfer etwa 20.000 Tonnen versenkt. Vier Stunden lang Gegenangriffe von verschiedenen Schiffen. Kein Schaden. Bleibe im Einsatz."

Kapitän Kurnikow las die Meldung mit einiger Skepsis. Er erkundigte sich, ob geheime Nachrichten vorliegen, die die Versenkung eines großen Schiffes vor Hela bestätigten, und erfuhr, daß nichts Derartiges bekannt war. Daher nahm

Kurnikow an, daß Marinesko übertrieben hatte. Es gab keine einzige Meldung über einen 20.000-Tonnen-Dampfer auf See. Sie würden viel genauere Details über den Vorfall benötigen, bevor man Moskau benachrichtigte. Dann sollten die dortigen Funktionäre entscheiden, was man bekanntgeben wolle und was nicht. Selbst propagandistische Behauptungen mußten Spuren von Wahrheit enthalten. Daher ignorierte er Marineskos Spruch und sandte seinerseits einen an *S 13*. Er besagte, daß Leningrad am 27. Januar in einer Zeremonie im Kirow-Theater den Leninorden erhalten habe.

Marinesko setzte seine Patrouillenfahrt fort. Immer noch im Ungewissen über den Namen des Schiffes, das er versenkt und über die Größe der Katastrophe, die er ausgelöst hatte, ließ er *S 13* in die ruhigen Gewässer der tiefen Ostsee laufen, um sein mitgenommenes Boot in Ordnung zu bringen. Der Kompaß arbeitete nicht mehr, und er konnte erst wieder navigieren, als Maat Juri Iwanow ihn repariert hatte. Marinesko ließ auch die leeren Torpedorohre nachladen.

Das war eine schmutzige und mühsame Arbeit. Mit Hilfe von Flaschenzügen, Hebewerkzeug und Zugseilen schufteten die Torpedomechaniker wie eine Mannschaft im Tauziehbewerb, um in jedes Rohr anderthalb Tonnen Stahl und Sprengstoff zu bringen. Es dauerte eine Weile, und laut Bericht der Besatzung wurden sie die ganze Zeit von Marinesko zur Eile angetrieben; er wollte sich so rasch wie möglich wieder in den Kampf stürzen. Wir besitzen keine Schilderung seiner Gefühle, aber es fällt nicht schwer, sich seine Entschlossenheit vorzustellen, die Schatten von Turku wieder auszumerzen; obwohl er wußte, daß kein russisches U-Boot jemals ein größeres Schiff versenkt hatte als er, gelüstete es ihm nach neuen Erfolgen.

Sobald *S 13* wieder kampfbereit war, patrouillierte er bei Tag entlang der Konvoi-Routen und legte sich bei Nacht vor Stolpebank. Sein Plan war, jedes Schiff anzugreifen, das, wie die *Gustloff*, unklug genug war, ohne entsprechenden Geleitschutz zu fahren, und Konvois aufs Korn zu nehmen, die an der anderen Küstenseite entlang der Bank fuhren. Das Manöver war nicht ungefährlich. Am 6. Februar, als er, während Nebelschwaden über die ruhige See zogen, aufgetaucht am Leuchtfeuer von Hela vorbeilief, tauchte aus dem Nebel plötzlich ein deutsches U-Boot auf und passierte *S 13* in einem Abstand von fünf Metern. Im Turm starrte Jefremenkow ungläubig auf die deutschen Wachoffiziere, als das Boot vorbeifuhr und sie einander beinahe berührten. Er hörte, wie ein MG durchgeladen wurde, doch als sich die Bordschützen von ihrer Überraschung erholt hatten, konnten die beiden U-Boote einander nicht mehr sichten und verschwanden in dem alles umhüllenden Nebel.

24

Auf deutscher Seite gab es im Februar einiges zu tun. Eine halbe Million Menschen – Soldaten und fliehende Zivilisten – mußten über die See nach Westen geschafft werden. Das Wetter war klar und bitterkalt, beinahe wie in der Arktis. Eis blockierte die Häfen, und Eisbrecher mußten den Schiffen eine Fahrrinne freimachen.

Noch vor dem Auslaufen der *Gustloff* waren die Russen bis zur Küste vorgestoßen und bedrohten die Häfen von Danzig und Gotenhafen. Nach der Abfahrt der letzten U-Boot-Lehrdivisionen wurde das Hauptquartier der Konvoi-Begleitgruppen von der Marinebasis nach Hela verlegt. Fregattenkapitän Bartels und sein Vorgesetzter, Admiral Burchardi, errichteten ihr neues Hauptquartier in einem Bunker nahe dem Hafen. Ihre Aufgabe war es, die Flüchtlinge in kleinen Booten und Fischkuttern von der Südküste der Danziger Bucht abzuholen und sie dann auf größeren Schiffen von Hela westwärts zu transportieren.

Die Halbinsel Hela, früher von ein paar hundert Fischern bewohnt, war jetzt von Tausenden Flüchtlingen bevölkert; sie lag unter ständigem sowjetischem Artilleriebeschuß und wurde pausenlos aus der Luft bombardiert.

Das andere noch verbleibende Zentrum der Evakuierung war Pillau am östlichen Ende der Danziger Bucht, etwa zwanzig Kilometer von Königsberg entfernt. Obwohl die Stadt bereits seit einigen Wochen beinahe eingeschlossen war, gelang es verwundeten Soldaten und Flüchtlingen immer noch, entweder über die Landstraßen oder über das zugefrorene Frische Haff zu fliehen. Pillau war auch das Ziel eines großen Zustroms von versprengten Truppenteilen und erschöpften

Zivilisten, die in Booten aus Kurland kamen; dort gingen die erbitterten Kämpfe immer noch weiter.

Im Hafen bemühten sich Evakuierungstrupps der Marine, Ärzte und Krankenpflegerinnen, von dem nicht enden wollenden Strom der Flüchtlinge und Verwundeten beinahe überwältigt, Ordnung in das Chaos zu bringen. Gegen Kriegsende wurde Pillau täglich von der sowjetischen Luftwaffe angegriffen. Doch trotz aller dieser Schwierigkeiten, trotz russischem Artilleriefeuer und Bombenangriffen kamen immer noch Evakuierungsschiffe aus dem Westen an und ertrugen alles, was die Russen an Granaten und Bomben für sie bereithielten.

Drei Viertel jeder Schiffsfracht waren Zivilisten, der Rest verwundete Soldaten. Man hatte die Soldaten in zwei Kategorien eingeteilt; jene, die noch eine Chance hatten zu überleben und die, die keine mehr hatten. Erstere wurden eingeschifft, die andern mußte man ihrem Schicksal überlassen.

Für tausend Menschen, die an Bord genommen wurden, strömten weitere dreitausend in das Hafenareal. Sie erzählten Furchtbares über die Trecks und über auf dem Weg verlorene Familien. Wer noch bei Kräften war, machte sich über den gefrorenen Wasserstreifen auf den Weg nach Danzig; es war weiter von den Russen entfernt, und die Flüchtlinge glaubten, dort eine bessere Chance auf Rettung zu haben als in Pillau. Die übrigen warteten gottergeben auf ein Schiff. Sie bildeten lange Schlangen vor den zerstörten Gebäuden, wo die Behörden Suppe an die Flüchtlinge austeilten. Es gab auch Fleisch, denn manche hatten ihre Ziegen und ihr Vieh auf den Treck mitgenommen. Ein Soldat berichtete, daß der Anblick der Kinder, die ihre Eltern verloren hatten, das Allerschlimmste war. „Selbst ihre Tränen waren gefroren."

In dem furchtbaren Überlebensspiel, das in Pillau stattfand, wurden kleine Kinder tatsächlich zum Pfand. Zu Beginn der Evakuierung hatte man angeordnet, daß Männer und Frauen mit Kindern auf den Schiffen Vorrang haben sollten. Doch, wie schon erwähnt, die Menschen kämpften so verzweifelt um einen Platz, daß sie die bereits an Bord befindlichen Mütter überredeten, ihre kleinen Kinder den Verwandten auf der Pier zuzuwerfen, die sie ihrerseits als Bordkarte benutzten. Manchmal fielen die Babys zwischen Schiff und Kai ins Wasser; manchmal rissen Fremde die Kinder an sich, und in dem wilden Gedränge, die Kleinen aufzufangen, wurden viele von ihnen einfach zerquetscht.

Ein Armeegeistlicher namens Dorfmüller, der Mitte Januar im Hafen ankam, berichtet, daß er niemals vorher so Furchtbares gesehen habe. Kinder wurden von der Seite ihrer schlafenden Mütter gestohlen. Es gibt Erzählungen, daß sich Deserteure fremde Kinder aneigneten, um solcherart sich und ihrer „Familie" einen Platz auf den Schiffen zu verschaffen. Manche Männer verkleideten sich als Frauen, um den SS-Streifen zu entkommen.

Als Pastor Dorfmüller in Pillau ankam, schien ihm vorerst alles normal zu sein. Doch als er durch die Straßen wanderte und den Menschen, so gut er konnte, zu helfen suchte, war er entsetzt über die Veränderung, die in der Stadt vor sich ging, seit ab Mitte Januar die ersten Flüchtlingswellen ankamen. Ende des Monats war jedes Gebäude mit verschreckten Menschen vollgestopft, und die Angst, die ihre Erzählungen hervorriefen, verbreitete sich wie eine ansteckende Krankheit. Am 26. Januar explodierte in der Festung ein Munitionsdepot, und die Explosion war so verheerend, daß kein Gebäude in Pillau verschont blieb. Hunderte wurden sofort getötet, denn in der Nacht der Explosion waren achtundzwanzigtausend Flüchtlinge in der Stadt angekommen.

Zehn Tage danach erschienen die ersten russischen Bomber über der Stadt. Noch vor wenigen Monaten hätten deutsche Kampfflugzeuge sie rasch heruntergeholt, aber jetzt trafen sie auf keinerlei Widerstand. Treibstoffmangel hielt die Jagdflugzeuge vom Typ Messerschmitt 109 und Focke Wulf 190 auf dem Boden fest. Wie Regen fielen die russischen Bomben herab und legten die Stadt in Schutt und Asche. Überall war der Geruch von Feuer und Tod. Auch die aus Königsberg und über die Frische Nehrung kommenden Trecks wurden bombardiert und beschossen.

Aber nichts konnte den Flüchtlingsstrom aufhalten; die Angst vor den Russen war zu groß. Mit heroischem Mut und organisatorischem Genie machten sich die deutschen Seeleute an ihre Aufgabe. Aus großen Passagierdampfern und winzigen Kuttern, die schon längst hätten abgewrackt werden müssen, stellten sie eine Armada zusammen. Alles, was Geschütze hatte, wurde als Begleitschiff eingesetzt. So fuhren sie, von allen Seiten unter Beschuß genommen, die pommersche Küste auf und ab, um wieder und wieder Flüchtlinge abzuholen, um wieder und wieder angegriffen zu werden und Verluste zu verzeichnen. Man fuhr zumeist in der Nacht, um der russischen Luftwaffe zu entgehen: bei Tag war sie tödlich, aber sie besaß noch keine Radarausrüstung, die ein erfolgreiches Operieren in der Nacht erlaubt hätte. Das war eher die Stunde der russischen U-Boote. Doch trotz des dichten Verkehrs hatten diese relativ wenig Erfolge zu verbuchen.

Ein Schiff, das unter Beschuß geriet, war die *Cap Arkona*, und ihre Geschichte ist besonders seltsam und tragisch. Zweimal versuchte Konowalow, Kapitän von *L 3*, U-Boot-Minenleger, sie zu versenken. Zweimal war er erfolglos. Schließlich gelang es den mit Raketen bestückten Typhoon-Kampfbombern der RAF, die *Cap Arkona* am 3. Mai zu versenken. Der besonders tragische Aspekt ist, daß sie fünftausend Insassen von polnischen Konzentrationslagern an Bord hatte. Nach den unsäglichen Schrecken, die sie erlitten hatten, die Freiheit bereits in greifbarer Nähe, starben die meisten dieser KZ-Häftlinge auf dem Schiff, das sie vielleicht einem neuen Leben entgegengebracht hätte.

Die Bucht war immer noch mit Leichen übersät, als britische Kommandos kurz darauf Lübeck einnahmen. Die Briten waren so empört über das Aussehen der wenigen überlebenden Häftlinge, daß einer von ihnen Feldmarschall Erhard Milch, der sich in seiner Dienstuniform ergeben hatte, den Marschallstab aus der Hand riß und solange auf den Kopf schlug, bis der Stab zerbrach.

Von Ende Februar bis Anfang März operierte ein anderes sowjetisches U-Boot, das Hochsee-U-Boot *K 52* unter dem Kommando von Kapitän 3. Klasse Trawkin, ebenfalls unter der Küste vor Stolpebank. Trawkin meldete, in diesem Zeitraum sechs Angriffe unternommen und fünf Schiffe sowie ein Torpedoboot versenkt zu haben. In den deutschen Unterlagen läßt sich keine Bestätigung dafür finden.

Es war Marinesko, der das nächste große Schiff versenkte. Am 9. Februar, am dreizehnten Tag seiner Patrouille, schlug er wieder zu. Kurz vor Mitternacht fing Schnapzew das Geräusch von Schiffsschrauben auf. Er gab die Nachricht an Marinesko weiter, der sich mit dem Bordarzt, Leutnant Georgi Stepanenko, und dem Maat Georgi Zeljentsow im Turm befand. Mit Nachtgläsern suchten sie den Horizont ab, bis Zeljentsow einige merkwürdige Lichter knapp über der Wasseroberfläche entdeckte. Marinesko befahl die Besatzung auf Gefechtsstation und versuchte, sich an den Konvoi heranzupirschen, bevor er aufgetaucht angriff. Aber diesmal war es nicht so einfach. Plötzlich wendete eines der Begleitschiffe und lief mit Höchstgeschwindigkeit auf *S 13* zu. Das Boot tauchte und lief ab. Es dauerte eine Stunde, bis Marinesko die Jagd wieder aufnehmen konnte.

Nach dem Bericht des leitenden Ingenieurs Kowalenko, der ein Jahr später im *Roten Stern* erschien, wurde das Ziel bestimmt, als Marinesko bis auf viertausend Meter an den Konvoi herangekommen war. „Der Kommandant war überzeugt, daß wir auf einen Kreuzer vom Typ der *Emden* gestoßen seien, aber das Schiffshandbuch half ihm nicht, das Schiff zu identifizieren. Zu den andern auf dem Turm sagte er fortwährend, das Schiff müsse etwa 15.000 Tonnen haben; man würde es versenken und nach Hause fahren. Aber diesmal entschloß er sich, getaucht möglichst nahe an sein Opfer heranzukommen und es mit den Hecktorpedos zu versenken. Wenn die beiden Geleitschiffe ihn angriffen, würde er bereits tief getaucht sein und ablaufen."

Die zwei Torpedos in den Heckrohren wurden um 02.50

Uhr (russische Zeit) abgefeuert, und diesmal ging alles glatt. Durch das Sehrohr beobachtete Marinesko, wie sie an der Schiffseite explodierten. Das Schiff sank sofort, und dabei gab es noch eine dritte Explosion. Marinesko meinte, es müsse ein Dampfkessel oder ein Munitionsmagazin sein. Er wendete *S 13* und verschwand in der Ostsee.

Das Schiff, das er versenkt hatte, war kein Kreuzer, sondern die *General von Steuben*, ein 14.660-Tonnen-Luxusdampfer des Norddeutschen Lloyd. Sie war kein modernes Schiff, das verrieten ihre zwei hohen Schornsteine, und vermutlich waren sie es auch, die Marinesko verwirrten. Das Schiff war 1922 von Stettiner Vulkan gebaut und als *München* vom Stapel gelaufen. Nach einem Feuer an Bord änderte man den Namen in den dreißiger Jahren auf *General von Steuben*. Wie bei der *Wilhelm Gustloff* war der Name auch hier von Bedeutung. Die Reederei wollte den Dampfer auf der Nordatlantikroute nach New York einsetzen, und daher brauchte man einen Namen, der sowohl Deutschen wie Amerikanern ein Begriff war. Kein Name war besser geeignet als jener von Baron Friedrich von Steuben, einem preußischen General, der Hofmarschall beim Fürsten von Hohenzollern-Hechlingen war und 1777 von seinem Freund Saint-Germain, dem französischen Kriegsminister, überredet wurde, der amerikanischen Revolutionsarmee seine Dienste als Truppeninstruktor anzubieten. Diese Armee hatte damals einen taktischen und operativen Lehrmeister dringend nötig. Sein Angebot wurde angenommen, und er begann seine Arbeit mit Washingtons Truppen in Valley Forge. Eine seiner Pflichten war bitter; er war Mitglied jenes Kriegsgerichtes, das den britischen Spion Major John André zum Tod durch den Strang verurteilte. Dieser Mann vermochte solche Sympathie zu erwecken, daß selbst seine Feinde weinten, als er starb. General Steuben nahm, nachdem die Männer, die er ausgebildet hatte, die Unabhängigkeit erkämpft hatten, die amerikanische Staatsbürgerschaft an und verbrachte seine letzten Jahre in einer Stadt, die nach ihm benannt wurde: in Steubenville im Staat New York.

Der Dampfer, wie die *Gustloff* als „sicher" eingestuft, erfreute sich auf der Atlantikstrecke großer Beliebtheit, und seine kompakte Silhouette war in New York, wo die stolzen Schiffsriesen in beeindruckender Reihe an der Piers unter den Wolkenkratzern lagen, wohlbekannt. Wie aufregend diese Ankünfte und Abfahrten waren: flatternde Fahnen, Champagnerpartys in letzter Minute und die Rufe „Alle von Bord, die hierbleiben", während die Glocke ihr Auslaufsignal läutete. Aber der Krieg ändert alles. Die letzten vier Jahre hatte die *Steuben* in einem ganz anderen Hafen verbracht; sie diente, wie die *Gustloff*, als Wohnschiff für U-Boot-Leute Jetzt, zu diesem Zeitpunkt, wurde niemand mehr aufgefordert, von Bord zu gehen. Jedermann drängte sich auf das Schiff.

Die *Steuben* lief ein paar Tage nach dem Untergang der *Gustloff* aus und fuhr in drei Tagen von Pillau nach Swinemünde. Krankenschwester Hildegard Schneider, heute Sekretärin in Göttingen, eine der Glücklichen, die bei dieser Fahrt dabei war, erzählte den Autoren ihre Erlebnisse. Sie kam in Pillau mit einem Lazarettzug an, der Hunderte Verwundete brachte. Nahe den Docks mußten sie beinahe eine Woche warten, bis der Dampfer aus Gotenhafen kam und sie an Bord nahm. Fünfzehn Krankenschwestern taten unter furchtbaren Umständen ihr möglichstes für die Soldaten; es gab kaum etwas zu essen, die Ärzte hatten keine Medikamente mehr, man hatte nichts, um die Schmerzen der Verwundeten zu lindern, ja nicht einmal mehr Papierverbände, die zu diesem Zeitpunkt in Deutschland bereits das einzige waren, womit man die Wunden der Soldaten verbinden konnte.

„Nichts war vorbereitet", erzählte Schwester Schneider. „Bei den Kriegsschiffen im Hafen mußten wir um Essen betteln. Nur die Einschiffung der Verwundeten klappte reibungslos; sie wurde von der Armee in wenigen Stunden durchgeführt. Am selben Abend liefen wir aus."

Das Schiff fuhr in einem Geleitzug, aber die Begleitschiffe verließen die *Steuben*, als man die Gefahrenzone hinter sich hatte. Sie hatten anderes zu tun. Etliche Verwundete starben an Bord, aber davon abgesehen war die Fahrt so ereignislos, wie sie unter diesen schwierigen Umständen sein konnte. In Swinemünde wurden die Verwundeten rasch an Land gebracht, und die *Steuben* machte sich für die Rückfahrt nach Pillau bereit.

Auf der Rückfahrt geriet sie in den Nebel und wurde vierundzwanzig Stunden aufgehalten; am 8. Februar kam sie wieder in Pillau an. Sie hätte in keinem dramatischeren Augenblick einlaufen können, denn unter den Tausenden im Hafen hatte sich eben die Nachricht verbreitet, daß die Russen die Verteidigungsfront vor Königsberg durchbrochen hätten. Es blieb nur noch wenig Zeit. Die *Steuben* nahm sofort wieder Verwundete an Bord. Schrottreife Ambulanzen brachten sie direkt von der Front zu den Docks, während die zivilen Flüchtlinge in Panik gerieten und drohten, sich gewaltsam einen Platz auf dem Schiff zu erzwingen. Die Schwerverwundeten wurden mit ihren Bahren, Kopf an Fuß, auf die oberen Decks gelegt und bedeckten das ganze Promenadendeck. Die leichter Verletzten kamen nach unten zu den Flüchtlingen, die jede Ecke und jeden Winkel des Schiffes belegten.

Am Mittag des 9. Februar hatte die *Steuben* mindestens zweitausend Verwundete und tausend Flüchtlinge an Bord. Diese Zahlen sind Schätzungen, die man damals anstellte, denn es gab keine Möglichkeit, genaue Verzeichnisse anzulegen. Man weiß, daß die Besatzung vierhundertfünfzig Mann betrug, einschließlich dreißig Ärzten und dreihundertzwanzig Krankenschwestern, die für die Verwundeten sorgten. Somit verblieben nur hundert Mann seemännische Besatzung.

Den erschöpften Marineoffizieren, die die Evakuierung beaufsichtigten, war der Anblick bereits gut bekannt. Um 15.30 Uhr zogen und schoben die Schlepper den Dampfer aus dem Hafen, und die *Steuben* fuhr ihren Begleitschiffen entgegen. Nur zwei kleine Schiffe hatten sich für die Aufgabe gefunden: ein altes Torpedoboot, *T 196*, und das noch ältere Torpedofangboot *TF 10*. Auf dem Torpedoboot befanden sich zweihundert Flüchtlinge aus Königsberg. Man hatte sie in letzter Minute an Bord genommen, und sie brachten das Boot beinahe zum Sinken.

Die See war ruhig, doch am Himmel hingen schwere Schneewolken, als der Konvoi seine Fahrt begann. Plötzlich stürzten zwei russische Kampfflugzeuge aus den Wolken und nahmen *T 196* unter Beschuß. Das Torpedoboot erwiderte das Feuer und erlitt keinen nennenswerten Schaden. Doch zu diesem Zeitpunkt hatten die russischen Flugzeuge Kontakt mit den U-Booten aufgenommen, die vor der Stolpebank lauerten. Während die Flugzeuge in den Wolken verschwanden, funkten sie die Nachricht, daß ein weiterer Konvoi unterwegs war und daß es nur eine Route gab, die er nehmen konnte.

Der Kommandant des Geleitzuges war sich der Gefahr bewußt, und als sie aus der Danziger Bucht kamen, gingen alle drei Schiffe mit Höchstgeschwindigkeit auf Zick-Zack-Kurs – es war eines dieser Manöver, das Marinesko zu raschem Tauchen veranlaßt hatte. In dem Bemühen, mit der *Steuben* Schritt zu halten, spien die alten, mit Kohle betriebenen Maschinen von *TF 10* Ströme von Lichtfunken aus. Das waren die seltsamen Lichter, die George Zeljentsow vom Turm des *S 13* gesehen hatte und die Marinesko den Weg zu seinem zweiten Opfer wiesen. Am 10. Februar um 00.53 Uhr (deutsche Zeit) trafen seine Torpedos das Schiff steuerbords unter der Brücke und unter dem hinteren Schornstein.

T 196 wendete, um das U-Boot anzugreifen, aber als die ersten Wasserbomben fielen, hatte Marinesko sich bereits aus der Gefahrenzone entfernt. Oberleutnant zur See Hartig, Kapitän von *T 196*, gab die Jagd auf und wandte sich der *Steuben* zu. Im Licht seines Suchlichtes sah er, wie sie über Steuerbord zu sinken begann; ihr Bug verschwand rasch in der See, und die Verwundeten lagen hilflos auf ihren Bahren, während das Wasser über ihnen zusammenschlug.

Hartig feuerte Notraketen ab, aber sonst konnte er nicht viel anderes tun als zu versuchen, Überlebende aufzufischen. In sieben Minuten war alles vorüber. Es blieb keine Zeit, die

Passagiere – viele von ihnen waren zu schwer verwundet, um sich selbst zu helfen – irgendwie zu organisieren, und die Besatzung hatte keine Möglichkeit, die Rettungsboote auszusetzen.

Nur eine Handvoll von jenen, die sich im Vorschiff des Dampfers befanden, konnten die oberen Decks erreichen. Das war den meisten Soldaten klar, und viele erschossen sich, erschöpft vom Überlebenskampf, auf ihren Bahren. Wer auf den oberen Decks war, lief, falls er laufen konnte, als sich das Heck hoch aus dem Wasser hob, auf das Achterschiff. Die Leute hofften, daß sich der Bug in den Meeresboden bohren und das Heck über der Wasseroberfläche bleiben würde. Aber knapp bevor das Schiff sank, legte es sich zur Seite, und sie hatten keine Chance mehr. Viele von jenen, die vom Heck ins Meer sprangen, wurden von den noch immer rotierenden Schiffsschrauben in Stücke zerrissen. Man schätzt, daß in sieben Minuten dreitausend Menschen starben. Als die *General Steuben* unterging, gellte ein gewaltiger Schrei aus den Kehlen der an Bord gefangenen Menschen. Die Männer auf den Begleitschiffen konnten ihn niemals vergessen.

Der beste Bericht, wie es in diesen furchtbaren Minuten an Bord der Steuben zuging, stammt von Franz Huber, einem der wenigen Verwundeten, die überlebten. Er wurde später Direktor einer Versicherungsgesellschaft. Der Marinehistoriker Fritz Brustat-Naval gibt seine Erlebnisse in seinem Buch *Unternehmen Rettung* wieder (pp. 49 ff.).

Bei einem Granatangriff in der Nähe von Pillau hatte er Kopfwunden erlitten, und während eine Ambulanz ihn zum Hafen brachte, hatte er große Schmerzen. An Bord wurde er behandelt und auf eine der dicht nebeneinanderliegenden Matratzen inmitten von Dutzenden Kopfverletzten gebettet.

Um ihn herum starben die Menschen, während das Schiff auslief, und er zum ersten Mal seit einer Woche Schmutz und Blut der Schlacht von seinem Gesicht entfernte. Eine Explosion riß ihn aus einem unruhigen Schlaf.

„Der ganze Schiffskörper erbebte und zitterte . . . Alles schrie und brüllte in sämtlichen Räumen. Sanitäter und Krankenschwestern standen an den Türen, das Schiff schaukelte mächtig hin und her. Die Verwundeten, die aufstehen konnten, erhoben sich, flogen aber unmittelbar gegen die Wände. Die übrigen Verwundeten rutschten mit ihren Betten auseinander. Wir überschlugen uns und drückten uns gegenseitig und verletzten uns noch mehr, als wir ohnehin schon verletzt waren."

Huber gehörte zu den wenigen, die auf das obere Deck gelangten, wo er sah, wie Hunderte – Verwundete, Ärzte und Krankenschwestern, Frauen und Kinder – ins Meer sprangen.

„Ich saß lange dort im Dunkeln, alleine, und hörte die Schreie auf dem Schiff. Ich hörte sie das Vaterunser beten, mit einer Stimme, wie man sie selten gehört hatte und kaum jemals wieder hören wird." Er sah auch, daß das Schiff brannte und daß von allen Seiten Menschen ins Wasser sprangen.

Als das Heck der *Steuben* aus dem Wasser aufstieg, sprang auch Huber und schwamm gemeinsam mit einer Rotkreuz-Schwester und einem schwerverwundeten Soldaten auf ein Gummiboot zu. Ein Mann saß bereits im Boot, ein ekelhafter Hauptfeldwebel, der keinerlei Anstalten machte, ihnen zu helfen, auch nicht der Krankenschwester. Als sie auf dem Wasser Scheinwerferlicht sahen, war der Unteroffizier überzeugt, es käme von einem russischen U-Boot; sicher hatte es die Absicht, ihn gefangenzunehmen und nach Sibirien zu schicken.

Huber und seine Begleiter trieben fünf Stunden lang in der eisigen Nacht umher, bevor *T 196* das kleine Boot entdeckte und die Insassen mehr tot als lebendig an Bord nahm.

Die meisten, die ins Meer gesprungen waren, starben am Kälteschock oder an Erschöpfung. Nur dreihundert von jenen, die von den Kriegsschiffen an Bord genommen wurden, überlebten die Fahrt nach Kolberg, wo sie an Land gingen. Im Morgengrauen verließen die Kriegsschiffe den Schauplatz. Es war nichts mehr zu tun.

25

Kapitän Marinesko hatte also innerhalb von zehn Tagen zwei der größten deutschen Dampfer versenkt und damit mehr als zehntausend Menschen getötet. Es gibt keinen Hinweis, daß er das, was er getan hatte, bedauerte oder Mitleid empfand. Nach sowjetischer Auffassung waren diese zehntausend Menschen, obwohl unter ihnen Frauen, Kinder und Verwundete waren, nichts anderes als Faschisten. Und nach dem, was sie Rußland angetan hatten, konnte es kein Mitleid geben. Es war wahrhaftig ein Fall von „Blut um Blut". Marinesko hatte natürlich persönlichere Gründe, sich über seinen Erfolg zu freuen. Er war zu einem „Tonnage-König" der Roten Marine geworden, er hatte seine Theorien bestätigt und die Vorfälle in Turku ausgelöscht.

Drei Tage später erhielt er einen Funkspruch mit der Erlaubnis, zum Stützpunkt in Smolny zurückzukehren. Von seinen 110 Tonnen Treibstoff hatte er nicht mehr viel übrig, auch Torpedos hatte er nur mehr wenige, und nach einer fünfunddreißigtägigen Patrouille war die Besatzung müde und *S 13* reif zur Überholung. Marinesko lief heimwärts.

Zwei Tage später näherte er sich Turku, und als er die Maste eines gesunkenen holländischen Frachtdampfers am Hafeneingang sichtete, gab er zwei Schüsse ab, um seine beiden Erfolge zu signalisieren. Ein Eisbrecher öffnete für *S 13* eine Fahrrinne, und Marinesko brachte sein U-Boot in den Hafen.

Sobald *S 13* festgemacht hatte, kamen Marineskos Kameraden, erfahrene U-Boot-Leute, an Bord, um ihn zu begrüßen. Sie hatten von seinen Erfolgen gehört und glaubten ihm. Die Kommandanten der übrigen U-Boote des Stützpunktes küßten ihn auf beide Wangen, schüttelten seine Hand und klopften ihm auf die Schulter.

Die schwedische Zeitung *Stockholm Tidningen* berichtet, daß Kapitän Orjel Marinesko mitteilte, daß er die *Wilhelm Gustloff* versenkt habe. Es schien, daß er auch die *General Steuben* und nicht einen Kreuzer versenkt habe. *S 13*, so sagte Orjel, könne beide Erfolge für sich buchen.

Es war eine Tradition der baltischen U-Boot-Flotte, daß der Erfolg eines Kommandanten mit einem großen Diner gefeiert wurde. Jedes Mitglied der Besatzung durfte soviele Gäste mitbringen, wie das U-Boot Schiffe versenkt hatte. Der Höhepunkt des Festes war ein gebratenes Ferkel, das vom Koch auf einer Platte, die Füße in der Höhe, mit einem blauen Band zusammengebunden, hereingebracht wurde.

Es gab wohl ein Diner für Marinesko, aber kein Ferkel. Angeblich stand keines zur Verfügung. „Später", sagte man ihm, „wenn du ein ‚Held der Sowjetunion' wirst . . ."

26

Am Tag nach dem Untergang der *General Steuben* gab Admiral Dönitz bei der Lagebesprechung im Führerhauptquartier einen kurzen Bericht.

„Zum Verlust des Lazarettschiffes *Steuben* meldet der Ob. d. M., daß trotz der bedauerlichen Verluste auf die Benutzung der großen Schiffe zum Abtransport von Verwundeten aus dem Ostraum nicht verzichtet werden kann, da damit die Abtransportmöglichkeit von Verwundeten um etwa 40.000 im Monat sinken würde, während mit den zur Verfügung stehenden kleinen Schiffen insgesamt etwa 17.000 Verwundete im Monat befördert werden können. Es ist richtiger, alle verfügbaren Mittel zum Abtransport von Verwundeten einzusetzen und dabei hin und wieder Verluste in Kauf zu nehmen, als von vornherein auf den Abtransport einer großen Zahl von Verwundeten zu verzichten. Bisher seien immerhin insgesamt etwa 76.000 Verwundete aus dem Ostraum nach dem Westen auf dem Seewege transportiert worden, so daß der Verlust nur einen kleinen Prozentsatz darstelle.

Der Führer stimmt zu."

Es ist bezeichnend, daß er die Wichtigkeit der Verwundetentransporte so betonte. Ohne Zweifel wollte er Hitler beeindrucken, der auch in diesem letzten Stadium noch an den Fortgang des Krieges glaubte und hoffte, daß diese Männer nach ihrer Genesung weiterkämpfen würden. Dönitz selbst hatte keine Illusionen mehr. Er wußte, daß der Krieg vorüber war. Möglichst viele Menschen dem Zugriff der Russen zu entziehen, war jetzt sein einziges Ziel, und dafür war der

Rücktransport der Verwundeten nur ein Vorwand. Als er später Hitlers Nachfolge antrat, führte er den Krieg im Westen weiter und weigerte sich, eine bedingungslose Kapitulation zu unterzeichnen, weil sie allen Rettungsoperationen ein Ende gesetzt hätte. Er erzählte den Autoren, wie dankbar er Feldmarschall Montgomery gewesen sei, als dieser eine separate Kapitulationsvereinbarung unterzeichnete, die es erlaubte, die Evakuierung noch zwei weitere Tage, bis zur endgültigen Kapitulation am 9. Mai, fortzusetzen. Dönitz' Ruhm basiert auf seinem Eintreten für einen U-Boot-Krieg und auf der kurzen Zeitspanne als Hitlers Erbe. Seine größte Leistung lag aber auf einem andern Gebiet. Er war nichts weniger als der Architekt der größten amphibischen Evakuierung der Geschichte.

Im Vorfrühling zog er seinen gesamten Schiffsraum zusammen und verwendete für diese Aufgabe alle schwindenden Kohle- und Ölreserven. Mitte April hatten die Russen Gotenhafen und Danzig besetzt, andere sowjetische Armeen waren tief nach Pommern eingedrungen. Bereits Anfang des Monats hatten sie Königsberg erobert; dreißig Divisionen hatten die Stadt und das umliegende Gebiet überrannt; die Stadt selbst war völlig zerstört, als General Lasch – er wurde im Laufe der von ihm geleiteten Verteidigungsoperationen selbst verwundet – am 9. April kapitulierte, um der Zivilbevölkerung weitere Leiden zu ersparen. Hitler verurteilte ihn sofort zum Tod, und SS-Truppen nahmen seine Familie als Geisel gefangen. Inzwischen hatte Gauleiter Koch bereits erfolgreich Lasch' Stellung unterminiert, indem er Hitler fortwährend mit Nachrichten über seinen eigenen Kampf und über kapitulierende „Verräter“ überschwemmte. Eine Goebbels-Rede, die vom Sender Königsberg ausgestrahlt wurde, sollte die Zivilbevölkerung auch noch zu diesem Zeitpunkt zum Durchhalten motivieren. Die Deutschen, so sagte er, konnten jetzt wie die Römer sagen: „Hannibal ante portas.“ Aber man dürfe nicht vergessen, daß es nicht einen, sondern drei Punische Kriege gegeben habe und daß die Römer schließlich siegten. Vielleicht war es tatsächlich diese Überlegung, die der Evakuierungsaktion das Code-Wort „Hannibal“ gab. Deutschland hatte einen Rückschlag erlitten; der Feind stand vor der Tür. Aber letztlich würden die Deutschen triumphieren.

Den Bewohnern von Königsberg schien das nicht sehr wahrscheinlich, als die Russen die Stadt eroberten. Hans Graf von Lehndorff, ein tiefreligiöser Chirurg mit wenig Sympathien für die Nazis, hat in seinem „Ostpreußischen Tagebuch“ einen bewegenden Bericht über diese Zeit geschrieben. Er schildert, wie das Leben weiterging, wie die Männer ihre Felder bestellten, während in nächster Nähe gekämpft wurde, wie die Frauen die Treppen vor den Häusern fegten, während die Russen durch die Straßen vordrangen.

Und dann kamen sie an. Lehndorffs Bilder der Szenen, die sich in seinem Spital abspielten, erinnern an Dantes Inferno:

> „Nun balgt sich ein wilder, johlender Haufe um die schönsten Konserven, und Vorräte, von denen Hunderte ein ganzes Jahr hätten leben können, werden in wenigen Stunden vernichtet ... Im Hintergrund treten die Russen auf den verwundeten Soldaten herum, sie auf Uhren und brauchbare Stiefel untersuchend. Einer von ihnen, ein junges Kerlchen, bricht plötzlich in Tränen aus, weil er noch immer keine Uhr gefunden hat. Er hebt drei Finger in die Höhe: Drei Mann will er erschießen, wenn er nicht sofort eine Uhr bekommt ... Man hat ... herausbekommen, daß vor Ablauf von sechs bis acht Tagen mit irgendeiner Ordnung nicht zu rechnen sei. Die Stadt sei den Soldaten freigegeben worden. Ich mache mir klar, daß ihnen hier zum erstenmal auf ihrem Feldzug Frauen in größerer Zahl in die Hände gefallen sind, ein Gedanke, der mir schon ganz entglitten war und der mich nun in die nackte Wirklichkeit zurückruft.“

Nach dem Fall von Pillau hatten die deutschen Soldaten und der niemals endende Flüchtlingsstrom keinen sicheren

Hafen mehr. Es blieben ihnen nur mehr die Sanddünen von Hela und ein paar Igelstellungen entlang der Küste. Die Nachhuten verschanzten sich mit dem Rücken zur See, und die Flüchtlinge kauerten am Strand und warteten auf die kleinen Boote, die sie auf die großen, vor der Küste liegenden Schiffe bringen sollten.

Die Ähnlichkeit mit Dünkirchen war frappierend. Russische Jäger und Bombergeschwader strichen über die Dünen, russische Artillerie nahm die Strände unter Feuer. Jetzt war es an den Deutschen, in den Gräben zu liegen und zu warten, daß man sie fortholte.

27

Als der Angriff der 2. Weißrussischen Front sich ausweitete und die Vorhuten entlang der Ostseeküste nach Westen vorstießen, wurden Marineoperationen für die Deutschen immer gefährlicher. Ende Februar und Anfang März konzentrierte sich die 2. Kampfgruppe darauf, den deutschen Brükkenkopf gegenüber Wollin zu schützen. Dieser gemischte Kampfverband bestand aus den Panzerschiffen *Admiral Scheer* und *Lützow*, dem Schweren Kreuzer *Prinz Eugen*, Zerstörern und Torpedobooten, darunter *T 36*, das bei der Rettung von Überlebenden der *Gustloff* eine so bedeutende Rolle gespielt hatte.

Zwei Zerstörer und ein anderes Torpedoboot unterstützten die dreitausend Mann in Kolberg, die seit dem 7. März eingeschlossen waren. Ihre Operationen erlaubten es der Marine, fünfundsiebzigtausend abgeschnittene Flüchtlinge mit Landebooten und Fährprähmen fortzuschaffen und sie an Bord der größeren Kriegsschiffe zu bringen, die vor der Küste lagen. Diese Operation wurde in der Nacht des 17. März beendet.

In den vorangegangenen Kämpfen war die deutsche 2. Armee auf eine Linie südlich der See bei Rixhöft zurückgeworfen worden; hier gelang es ihr, mit der Unterstützung der schweren Marineartillerie, die Front kurzzeitig zu stabilisieren, so daß etwas Zeit für weitere Evakuierungen blieb. Anfang März bombadierten der Kreuzer *Prinz Eugen* und das alte Schlachtschiff *Schlesien* sowjetische Küstenstellungen; als der *Schlesien* die Munition ausging, mußte sie sich zurückziehen.

Um diese Operationen zu vereiteln, setzten die Russen ihre Luftwaffe gegen die deutschen Schiffe ein, vor allem Jagdbomber, Torpedoflieger und Bomber mit Minen. Diese Marinefliegereinheiten flogen nicht weniger als 2.023 Einsätze gegen Einschiffungsoperationen im Raum von Danzig-Gotenhafen und vor Hela. Die einzige Verteidigung gegen diese Flugzeuge war das Flak-Sperrfeuer der Kreuzer und kleineren Fahrzeuge der deutschen Flotte. Eine Reihe von Transportern wurde versenkt, doch konnten große Dampfer wie zum Beispiel die *Deutschland* immer noch mit bis zu elftausend Menschen an Bord nach Westen fahren.

Die Minen, die sowjetische U-Boote vor Hela legten, verursachten auch einige Verluste. *I 21* unter dem Kommando von Kapitän Mogilewski war für eine Minenoperation verantwortlich, bei der ein U-Boot und zwei Torpedoboote versenkt wurden. An Bord von *I 21* befand sich der Divisionskommandeur Kapitän Orjel, der Mann, der Marinesko in Turku gerettet hatte.

Vor der Stolpebank, für die Deutschen jetzt ein überaus gefährliches Gebiet, operierten *L 3*, *I 21* und *K 53* mit mehr oder minder großem Erfolg; während die Evakuierung ungeachtet des russischen Beschlusses vorangetrieben wurde, schossen sie da und dort Schiffe aus den Konvois heraus. Die Deutschen selbst taten nun, was die englische Marine und die englischen Luftstreitkräfte seit Beginn des Krieges versucht hatten: sie versenkten die *Gneisenau*. Knapp vor dem Fall von Gotenhafen und Danzig am 28. und 30. März wurde das schwer beschädigte und ausgeschlachtete Schlachtschiff als Sperre vor der Einfahrt zum Marinestützpunkt versenkt.

Anfang April begann „Operation Walpurgisnacht", um achttausend Mann des VII. Panzerkorps zu retten, die an der Oxhöfter Kampe abgeschnitten waren. Diese Operation wurde von mehr als sechzig Landungsbooten und anderen kleinen Fahrzeugen durchgeführt, die die Soldaten über die Bucht nach Hela brachten. Der gleichen Flottille gelang es in der Nacht vom 4. auf den 5. April, nicht weniger als dreißigtausend Flüchtlinge von der Oxhöfter Kampe nach Hela zu transportieren. Dort wurden sie auf Dampfer und Transportschiffe gebracht, die unter dem Schutz von *Lützow*, einigen

Zerstörern und Torpedobooten, einschließlich des allgegenwärtigen *T 36*, vor der Küste lagen.

Eine der letzten, die Hela an Bord eines Zerstörers verließen, war Wilhelmina Reitsch, Stabsführerin der Marinehelferinnen, die jene Mädchen ausgewählt hatte, die auf die *Wilhelm Gustloff* kommen durften. Oberst Graf zu Eulenberg, dessen Frau die gefährliche Reise bereits früher angetreten hatte, verließ Hela um Ostern. „Als wir nach Westen fuhren, war es, als führen wir durch einen Schiffsfriedhof", erinnert er sich. „Überall entlang der Küste konnte man die Wracks von Transport- und Kriegsschiffen sehen."

Jetzt zeitigte die erhöhte russische Fliegertätigkeit auch Erfolge; Anfang April wurden binnen einer einzigen Woche dreizehn deutsche Schiffe versenkt. Um den Offizieren, die die Evakuierung organisierten, das Leben noch weiter zu erschweren, begannen sowjetische Schnellboote von Neufahrwasser bei Gotenhafen aus zu operieren; sie stellten eine neue Bedrohung dar. Trotzdem wurden im April 264.887 Menschen aus dem Raum um die Danziger Bucht bis Hela evakuiert.

Deutsche Kriegsschiffe lagen vor Hela, um die Flüchtlingsschiffe durch das Sperrfeuer ihrer Flakgeschütze vor feindlichen Luftangriffen zu schützen.

Guy Sajer überlebte den Fall von Gotenhafen und wurde etwa um diese Zeit nach Hela evakuiert. Als sein Boot landete, wurde Fliegeralarm gegeben, und der alte kriegserfahrene Soldat konnte dem Polizisten, der ihm erklärte, er müsse keine Angst haben, denn die Flakgeschütze würden die Angreifer abhalten, einfach nicht glauben. Doch wenig später, als die Flieger kamen, traf die Flak einen, und die anderen brachen ihren Angriff ab.

Der Einsatz der Kriegsschiffe gegen Luftangriffe war allerdings nur kurze Zeit wirksam; zuerst mußten die *Lützow* und kurz darauf einige Zerstörer zurückgezogen werden, weil Treibstoff und Munition knapp wurden, während andere Schiffe durch die pausenlosen Luftangriffe beschädigt wurden. Am 15. April verließ ein weiterer großer Konvoi, bestehend aus vier Dampfern und Transportschiffen, mit 20.000 Flüchtlingen und Soldaten an Bord die Halbinsel Hela. In diesem Konvoi fuhr auch die *Pretoria*, und auf der Brücke kauerte Guy Sajer, hungrig, durstig, aber glücklich, daß er endlich die Ostfront hinter sich lassen konnte.

Das treue *T 36* begleitete den Konvoi, den es jedoch später verlassen mußte, um einen beschädigten Zerstörer nach Swinemünde zu geleiten.

28

Am folgenden Tag wurde ein anderer Konvoi in Hela für die Fahrt nach Westen zusammengestellt; jetzt wurde das VII. Panzerkorps evakuiert. Diese Soldaten hatten die Belagerung von Leningrad und den langen Rückzug aus dem Osten mitgemacht. Sie wurden dringend benötigt, da man die Absicht hatte, sie mit neuen Panzern ausgerüstet in die Schlacht um Berlin zu werfen. Unter diesen Soldaten befanden sich auch Hauptmann Küspert und 200 Überlebende vom 35. Panzerregiment, das vor seinem Abmarsch nach Hela an der Verteidigung des Weichselbrückenkopfes teilgenommen hatte. Als sie ausliefen, konnten sie Rauch und Flammen sehen, die aus der zerstörten Stadt Danzig aufstiegen.

Während eine Gruppe von Männern der 2. Armee unter Führung von Oberleutnant Brinkmann an Bord der Schiffe und Leichter ging, die sie zu den großen Konvoi-Schiffen bringen sollten, kreisten russische Flugzeuge über dem Hafengebiet. Es war der 16. April, 10 Uhr, und der Leichter, auf dem Brinkmann einen Platz gefunden hatte, fuhr auf das Motorschiff *Goya* (S 230 BRT) zu. Als er sich der *Goya* näherte, sah Brinkmann einen Prahm längsseits liegen, der etwa dreißig ältere Zivilpersonen, Männer und Frauen, an Bord hatte. Zwei Bomben trafen das kleine Boot. Niemand rührte sich, als es vom Schiff abtrieb, aber er sah kleine Blutbäche ins Wasser rinnen.

Kurz nach Sonnenaufgang war die *Goya* selbst getroffen worden. Eine Bombe riß das Deck auf und verwundete die Flak-Kanoniere. Kapitän Plünnecke, der Kommandant des Schiffes, schlief gerade in seiner Kabine; er erlitt eine Kopfwunde durch einen Bombensplitter. Doch unter den damaligen Umständen galten sowohl er als auch sein Schiff noch als seetüchtig, und man bereitete sich zum Auslaufen vor.

Obwohl ihn die Schrecken des Krieges abgehärtet hatten, war Oberleutnant Brinkmann entsetzt über die Szenen, die sich abspielten, als die *Goya* immer mehr Flüchtlinge aufnahm. Im Lauf des Tages hatte man etwa 7.000 Menschen an Bord genommen, aber es kamen immer noch Boote an, und als man Gepäck und Kriegsmaterial einlud, war die Pier immer noch voller verzweifelter Flüchtlinge. Schließlich erklärte Kapitän Plünnecke, daß er nur noch zwanzig Menschen aufnehmen könne. Unter diesen befand sich eine Gruppe von vier Personen, und Brinkmann hörte, wie ein junger Mann und seine Frau auf ein älteres Paar – es waren offenbar seine Eltern – einredeten.

Der junge einarmige Mann schrie die beiden an, sie hätten zurückzubleiben, denn sie seien alt und unbrauchbar, während er und seine Frau ein ganzes Leben vor sich hätten. Die beiden Alten starrten ihn fassungslos an, als er mit seiner Frau die Netze an der Seite der *Goya* hinaufkletterte und sich nicht ein einziges Mal nach jenen umdrehte, die er zurückließ.

Kurz nach 19.00 Uhr lichtete die *Goya* Anker und machte sich auf den Weg zu den fünf anderen Schiffen des Konvois und dem mageren Geleit von zwei Minenräumbooten für die lange Reise nach Kopenhagen. Zu diesem Zeitpunkt waren die westlichen Ostseehäfen bereits so überfüllt, daß man die Schiffe nach der besetzten dänischen Hauptstadt umleitete.

Die *Goya* war ein 1942 fertiggestelltes, modernes Schiff, das der Hamburg-Amerika-Linie gehört hatte, bevor es die deutsche Kriegsmarine übernahm. Sie war das größte und schnellste Schiff des Konvois, und nahm daher, als der Geleitzug Fahrt aufnahm, Position an der Seeseite. Während des Tages hatten Luftangriffe ein kleines Fahrzeug, *Boelcke*, nahe dem Hafen versenkt, und der Konvoi-Kommandant wußte sehr gut, daß die russischen Flugzeuge Details über die Zusammensetzung des Geleitzuges und die Zeit seines Auslaufens an die Schnellboote und die U-Boote weitergegeben hatten.

Maschinenschaden auf einem der Schiffe hielt den Konvoi auf. Als es schließlich weiterging, mußte die *Goya*, die viel höhere Geschwindigkeit hätte machen können, sich den neun Knoten anpassen, die das langsamste Schiff laufen konnte.

Als man sich dem kritischen Raum der Stolpebank näherte, war es bereits Nacht. Der Mond zeigte sich nicht, und kaum jemand war noch an Deck. Einer der wenigen war Oberleutnant Brinkmann, der von 22.00 Uhr bis Mitternacht Dienst hatte. Kurz vor Mitternacht ging er zur Wachablöse auf die Brücke. Zu dieser Zeit befand sich die *Goya* etwa 60 Meilen von der pommerschen Küste entfernt gegenüber dem Hafen von Stolpe.

In seinem alten Minenleger-U-Boot *L 3*, dem es nicht gelungen war, die *Cap Arkona* zu versenken, wartete Kapitän 3. Klasse Wladimir Konstantinowitsch Konowalow. Der große, ernste Mann galt als einer der brillantesten Navigateure der U-Boot-Streitkräfte. Bevor er im Oktober 1944 Kapitän wurde, war er drei Jahre lang Erster Offizier auf *L 3* gewesen. *L 3* war damals das erfolgreichste U-Boot der gesamten sowjetischen Flotte; auf seine Minen waren im Jahr 1941 vier Schiffe gelaufen, sechs Schiffe 1942 und drei Schiffe, einschließlich *U 416*, in den ersten Monaten des Jahres 1943. Konowalow war prädestiniert für den Erfolg. Er kannte Marinesko gut und bewunderte dessen Mut und Ausdauer, anderseits machte er aus seiner Mißbilligung der Eskapaden des Mannes aus Odessa keinen Hehl. Bevor er zwanzig Jahre nach Kriegsende an Herzschlag starb, wurde er zum Konteradmiral befördert, und seine beiden Söhne, Jewgeni und Mark, wurden Kommandanten auf Atom-U-Booten – diese Schiffe trennen Welten von dem mangelhaft konstruierten *L 3*, in dem ihr Vater vor der Stolpebank auf der Lauer lag.

Als Leutnant Brinkmann auf die Brücke kletterte, sichtete Konowalow bei seinem Periskoprundblick die Umrisse des sich nähernden Schiffes. Um 23.56 Uhr feuerte er zwei Torpedos ab, die die *Goya* mitschiffs und achtern trafen.

Die Offiziere der *Goya* und Brinkmann hörten nur zwei

ohrenbetäubende Explosionen. Dann wurde das Signal gegeben, das Schiff zu verlassen, und von allen Seiten strömten Soldaten und Flüchtlinge an Deck. Aber unmittelbar darauf brach das Schiff entzwei, und seine Maste krachten auf die sich drängenden Menschenmassen. Vier Minuten später war die *Goya* gesunken. Sie verschwand, und Konowalow, der von *L 3* zuschaute, schien es, als habe es sie niemals gegeben.

Doch die Menschen auf der *Goya* hatten vor ihrem Ende noch Zeit, Sekunden der Todesangst zu erleben, und einigen gelang es sogar, sich zu retten. Eine Welle spülte Brinkmann ins Meer. Während er sich an ein Rettungsboot anklammerte, sah er einen Flammenstrahl aus den Wellen schlagen. Die Druckkessel waren explodiert. Dann war Stille. Während der Rest des Konvois in der Nacht verschwand, konnten die Überlebenden nur ein paar Schreie und gelegentliche Schüsse hören. Brinkmann zog seine Pistole, doch dann besiegte er seinen ersten Impuls, sich das Leben zu nehmen, und warf sie fort. Nachdem er einige Soldaten abgewehrt hatte, die ihn aus dem Boot drängen wollten, wurde er schließlich von einem Rettungsboot aus dem Wasser gefischt und nach Kopenhagen gebracht.

Er war einer der ganz wenigen, die Glück gehabt hatten. Von den schätzungsweise 7.000 Männern und Frauen an Bord wurden nur 183 gerettet. Kaum jemals sind so viele Menschen so rasch gestorben. Unter jenen, die starben, war auch Hauptmann Küspert; von seinen Leuten erreichten nur sieben das Land. Das 35. Panzerregiment existierte nicht mehr.

Laut sowjetischen Berichten über die Aktion wurde Kapitän Konowalows U-Boot „mit Wasserbomben bombardiert, aber die feigen Soldaten ertranken unter dem Gewicht ihrer Waffen". Es fällt schwer, an eine wirksame Bombardierung zu glauben, denn das kleine Begleitfahrzeug konnte gegen das U-Boot sicherlich nicht sehr viel ausrichten.

Am folgenden Tag operierte Konowalow wieder im selben Gebiet. Sowjetische Flugzeuge beschädigten ein kleines Kanonenboot, die *Robert Müller 6*, und *L 3* versetzte ihm den

Todesstoß.

Die Versenkung der *Goya* fand damals nur wenig Beachtung. Deutschland hatte sich an Katastrophen gewöhnt. Der Untergang wurde jedoch bei der Lagebesprechung im Führerhauptquartier am 18. April getreulich gemeldet. Es ist dies die letzte Konferenz, über die es in den deutschen Archiven Unterlagen gibt, denn Hitler hatte nur mehr zwölf Tage zu leben.

> „Der Verlust von mehreren 100* Menschen beim Untergang des Dampfers *Goya* veranlaßt den Ob. d. M. zu einem Hinweis auf den außerordentlich geringen Prozentsatz von nur 0,49% Personalverlusten bei den bisherigen Transporten im Ostraum. Während die schmerzlichen Verluste beim Untergang des einzelnen Schiffes stark in Erscheinung treten, würde leicht vergessen, daß zu gleicher Zeit eine große Zahl von Schiffen mit zahlreichen Verwundeten und Flüchtlingen an Bord den Ausschiffungshafen sicher erreichen."

Das stimmte. Zwischen dem 1. und dem 8. Mai brachten kleine Fahrzeuge 150.000 Überlebende von den Stränden nach Hela. Dort begannen Transport- und Kriegsschiffe ihre gefährliche Fahrt an der Stolpebank vorbei. Am 3. Mai verließen zwei Transporte, begleitet von zwei Torpedobooten, Hela. Eines von ihnen war *T 36*. Es war seine letzte Fahrt. Am folgenden Tag wurde es vor Swinemünde von Bomben getroffen, dann lief es auf eine Mine und sank. Das Schiff und sein Kapitän, Kapitänleutnant Robert Hering, hatten einen kurzen, aber harten Krieg mitgemacht. Als die *Gustloff* sank, hatten sie sich durch außerordentliche Tapferkeit ausgezeichnet. Sie hatten Konowalow und *L 3* überlistet. Und sie waren ab dem 25. Januar, als die Evakuierung begann, pausenlos als Begleitschiff im Einsatz gestanden.

Während dieser Zeit hatte die deutsche Kriegs- und Han-

* bei „100" handelt es sich um einen Schreibfehler; es muß „1000" heißen.

delsmarine, indem sie vom Luxusdampfer bis zum Fischkutter alles einsetzte, 1,420.000 Flüchtlinge in den Westen geschafft.

Der letzte Konvoi lief am 8. Mai, am Tag der deutschen Kapitulation, von Libau aus, dem östlichsten jener belagerten Häfen, die den deutschen Divisionen, die bis zum Ende in Kurland kämpften, so lange gedient hatten. Der Konvoi bestand aus 65 kleinen Fahrzeugen in vier Gruppen. Er hatte beinahe 15.000 Mann an Bord.

Am nächsten Tag holten sowjetische Schiffe das langsamste Fahrzeug ein und nahmen 300 Mann gefangen. Dieses Ereignis markiert den Beginn einer neuen Ära. Die Männer, die entkamen, gingen nach Hause und halfen mit, Westdeutschland zur stärksten Wirtschaftsmacht Europas zu machen, während jene, die gefangen wurden, in Arbeitslager kamen und beim Wiederaufbau der Sowjetunion halfen.

29

Am 20. April 1945 veröffentlichte das Hauptquartier der Baltischen Rotbannerflotte eine Liste von Orden und Medaillen, die den Angehörigen der Flotte für Tapferkeit im Einsatz während der ersten drei Monate des Jahres verliehen wurden.

S 13, nach seiner langen Patrouille immer noch im Hafen von Turku, erhielt eine kollektive Auszeichnung und wurde ein „Rote-Flagge"-Boot. Das war eine beachtliche Ehrung; *S 13* war das zweite U-Boot der Division, dessen Verdienste solcherart anerkannt wurden.

Marinesko aber war enttäuscht. Nach seiner Meinung hätte man *S 13* zur Elite erheben und zum „Garde-Unterseeboot" machen müssen, eine Auszeichnung, die im Lauf des ganzen Krieges nur sechzehn U-Boote errungen hatten.

Jedes Besatzungsmitglied erhielt den Orden des Vaterländischen Krieges. Während des Krieges wurden Millionen dieser Orden verteilt. Marinesko aber fand, er habe es verdient, ein „Held der Sowjetunion" zu werden. Doch der fünfstrahlige goldene Stern mit dem roten Band, der über allen andern Auszeichnungen getragen wurde, blieb ihm vorenthalten. Er erhielt nicht einmal einen zweiten Leninorden, sondern mußte sich mit einem weiteren Orden der Roten Fahne begnügen. Diese mit einem roten Stern, Hammer und Sichel geschmückte Medaille mit der Aufschrift „Proletarier aller Länder, vereinigt Euch!" wurde während des Krieges zweihundertfünfzigtausendmal verliehen.

„Held der Sowjetunion" zu werden war etwas ganz anderes. Das war eine Ehre, die nur 11.600 Menschen zuteil wurde.

Eine Auslassung in den Berichten ärgerte Marinesko ganz besonders: Nirgends fand sich ein Hinweis auf die Versenkung der *Wilhelm Gustloff* oder der *General von Steuben.* Das war ein klares Zeichen, daß seine Vorgesetzten deren Versenkung durch *S 13* nicht ganz akzeptierten.

Marinesko wurde nicht müde zu erklären, daß er Faschistenschiffe mit insgesamt 52.144 Tonnen versenkt habe. Das sei ein Rekord. Und er habe mindestens 10 000 Faschisten – das entsprach einer ganzen Division – auf den Meeresboden befördert. Das sei ebenfalls ein Rekord.

Aber man hörte nicht auf ihn, und sein Zorn kannte keine Grenzen, als er erfuhr, daß Kapitän Wladimir Konowalow für die Versenkung der *Goya* zum „Held der Sowjetunion" ernannt worden war.

Konowalow war einer von nur sechs U-Boot-Leuten und 600 Seeleuten, die diese Auszeichnung erhielten. Er hatte sie bestimmt verdient. Man billigte ihm die Versenkung von zehn feindlichen Schiffen zu, mehr als irgendein Kommandant versenkt hatte. Auch wenn die Tonnage von vier Schiffen nicht feststeht – es könnten auch kleine Fischerkutter gewesen sein – und die *Goya* nur 5600 BRT groß war, seit 1941 war er pausenlos im Einsatz gestanden. Ruhig und verläßlich, hatte er mehr Kriegspatrouillen unternommen als sein unsteter Rivale.

Der Krieg ging seinem Ende zu, und Marinesko hatte jetzt wenig zu tun. Im Laufe von sechs Wochen hatte man sein Boot überholt und wieder seetüchtig gemacht. Doch das U-Boot-Hauptquartier in Kronstadt schien es nicht eilig zu haben, ihn wieder auf See zu schicken. Marinesko brütete vor sich hin, trank und legte sich mit jedem an, der etwas gegen sein U-Boot sagte. Er verbrachte auch viel Zeit mit einem langen Bericht über seine letzte Patrouille, der auf seinem Logbuch basierte. Später sandte Kapitän Orjel diesen Bericht nach Kronstadt. Marinesko begann auch an einem größeren Projekt zu arbeiten, an einer Abhandlung mit dem Titel „Analyse der Torpedoangriffe von *S 13.*" Sie sollte zum Standard-Handbuch über den U-Boot-Krieg für die sowjetische Flotte werden, so hoffte er.

Marinesko kannte keine falsche Bescheidenheit. Nach seiner

Ansicht berechtigten ihn seine Erfahrung und seine Erfolge, Ratschläge zu erteilen, wie man einen Angriff durchzuführen hat. Auch fand er, daß er sich mehr Verdienste erworben hatte als jeder andere sowjetische U-Bootkommandant, und sobald das Hauptquartier seine Erfolge offiziell bestätigt hätte, würde das die ganze Marine wissen. Er war das As. Er war davon überzeugt, daß er etwas zu sagen hatte, das wert war, gehört zu werden.

Er schrieb sein Buch mühsam mit der Hand und schilderte seine Angriffsmethoden in allen Details. Er ging auf die Stärken und Schwächen der S-Klasse der U-Boote ein und kritisierte die technischen Unzulänglichkeiten und die taktische Rückständigkeit der russischen U-Boot-Streitkräfte.

Es gab auch einiges zu kritisieren. Unabhängige Marineexperten haben auf die unzulänglichen Torpedos, die schlechten Horchgeräte und die lauten Maschinen hingewiesen. Die russischen U-Boot-Männer haben tatsächlich mit einer schlechten Ausrüstung tapfer und hartnäckig gekämpft. Die Kommandostruktur und die taktischen Regeln waren ebenfalls schwerfällig und überholt. Marinesko kritisierte besonders die Luftwaffe, die nicht imstande war, ihre Aufklärungstechnik zu perfektionieren und die U-Boote an ihre Ziele heranzuführen. Er griff auch die veraltete Methode an, einzelne U-Boote für Operationen in genau definierten Planquadraten einzusetzen, weil diese Methode die U-Boote behinderte; sie konnten nur auf Lauer liegen und nicht Jagd machen. Marinesko forderte mehr Freiheit für die Jagd, insbesondere in Zusammenarbeit mit der Luftwaffe und andern U-Booten.

Das klingt nach einem vernünftigen Exposé über moderne Kriegsführung. Bevor er Kapitän Orjel seine Arbeit unterbreitete, zeigte Marinesko das Elaborat seinen Kameraden. Diese warnten ihn zu Recht, daß er damit vermutlich seinen Feinden in die Hände spiele. Sie erklärten ihm, daß die Stabsführung seine Bemerkungen über Ausrüstung, Taktik und Kommandostruktur nur ungern zur Kenntnis nehmen und er sich wieder einmal bei den höchsten Stellen unbeliebt machen würde. Das Exposé könnte unangenehme Auswirkungen haben, da Marinesko sowohl die Marine als auch die Rote Luftwaffe kritisiere.

Durchschnittliche Kapitäne ohne höheren Rang hätten es sich nach diesen freundschaftlichen Warnungen auch im Dienst weniger empfindlicher Streitkräfte als jener der UdSSR vermutlich überlegt, ein solches Exposé vorzulegen – insbesondere, da Verhaftungen und Hinrichtungen zur Tagesordnung gehörten.

Jetzt, da die Sowjetunion nicht mehr auf den patriotischen Mut aller jener angewiesen war, die so tapfer gegen die Deutschen gekämpft hatten, waren Stalin und seine Geheimpolizei wieder eifrig damit beschäftigt, jeden, der im Geruch eines Dissidenten stand, aufzuspüren.

Doch Marinesko ignorierte alle Warnungen; wie seine Freunde es befürchtet hatten, bot sein Exposé jenen, die ihm seine Erfolge neideten, willkommene Munition – besonders der geduldig wartenden Geheimpolizei, die keineswegs bereit war zu vergessen, daß Marinesko ihr nach dem verlorenen Wochenende in Turku entkommen war.

Das Exposé wurde niemals veröffentlicht, und niemand weiß, was damit geschah. Die einzige Spur, die wir finden konnten, war in der U-Boot-Lehrschule in Kronstadt, wo professionelle U-Boot-Leute Teile des Entwurfs in ihren Vorträgen verwendeten.

Marinesko fuhr noch ein letztes Mal mit *S 13* auf Patrouille. Anfang Mai 1945 wurde er auf See kommandiert. Aber am 8. Mai brach Hitlers einst so mächtige Kriegsmaschine zusammen, und am 9. Mai grüßte Moskau die sowjetischen Streitkräfte mit 30 Salven aus 1000 Gewehren. Es war der Tag des Sieges.

Sascha Marinesko und seine Besatzung hörten vom Kriegsende, als sie vor der Insel Bornholm auftauchten, um die Batterien aufzuladen. Das Eis war geschmolzen und der Abend angenehm warm; der sanfte Inselwind brachte ein Vorgefühl des nahenden Sommers. *S 13* feierte das Ende des Krieges mit

Wodka und geräucherten Würsten.

Von nun an würde es kein angstvolles Schleichen durch Minenfelder mehr geben, kein Stilliegen auf dem zu seichten Meeresboden der Ostsee, während rundherum die Wasserbomben explodierten; kein Spießrutenlaufen vor der deutschen Artillerie entlang dem Finnischen Meeresbusen; keine Angriffsmanöver und kein Warten auf das Explodieren der Torpedos an der Flanke eines deutschen Schiffes. Das alles war jetzt vorbei.

Aber Marinesko blieb auf See, bis er seine Patrouille beendet hatte – denn Stalin mißtraute den Absichten seiner Verbündeten und beließ seine Streitkräfte in Alarmbereitschaft. *S 13* kehrte am 24. Mai nach Kronstadt zurück, am Abend des großen Banketts im Kreml, als der erste Toast auf das Wohl der russischen Kämpfer ausgebracht wurde.

Einen Monat später wurde in Moskau eine gigantische zweistündige Siegesparade abgehalten. Die *T 34*, die die Panzer der deutschen Wehrmacht besiegt hatten, rollten über den Roten Platz, gefolgt von riesigen Kontingenten der Armee und der Marine, während Hunderte Kampfflieger unter der Führung von Stalins Sohn, einem beinahe analphabetischen Alkoholiker, über die Köpfe hinwegdonnerten.

Kein Besatzungsmitglied von *S 13* wurde nach Moskau eingeladen, um an der Parade teilzunehmen. Und niemand war besonders traurig darüber. Sie hatten alle genug, und sie wünschten sich nur noch eines: nach Hause gehen.

Alle, außer Marinesko. Er war von einer Idee besessen: Er mußte die sowjetische Marine zwingen, die Versenkung der *Wilhelm Gustloff* und der *General Steuben* durch *S 13* anzuerkennen und zuzugeben, daß diese Tat der Besatzung, der Division und der ganzen Ostseeflotte einmaligen Ruhm gebracht habe. Er beklagte sich bei seinen Freunden, daß dies der schwerste Kampf seines Lebens sei.

Er brauchte fünfzehn Jahre, um zu gewinnen. Er machte sich Feinde und verlor Freunde. Er belästigte die Stabsoffiziere, die Auszeichnungen des 20. April zu revidieren, er langweilte seine Umgebung mit bitteren Klagen über die Ungerechtigkeit.

„Der Krieg ist zu Ende, Sascha", sagten seine Kameraden. Zuerst zeigten sie Mitgefühl, dann verloren sie die Geduld. „Vergiß die *Wilhelm Gustloff*", baten sie ihn. Aber Marinesko war besessen.

23 Jahre später schilderte Admiral Nikolai Kusnezow den Vorfall aus seiner damaligen Perspektive. In einem Artikel in einer Leningrader Literaturzeitung lobte er die Leistungen von *S 13*. Aber er beharrte darauf, daß er, obwohl er damals Kommissar der Marine war, bis Anfang März nichts vom Untergang der *Gustloff* gewußt habe. Auf der Konferenz von Jalta Anfang Februar, als Stalin von Churchill bedrängt wurde, so rasch wie möglich die Häfen von Danzig zu besetzen, um der Bedrohung durch deutsche U-Boote ein Ende zu machen, sei der Tod der deutschen U-Boot-Leute auf der *Gustloff* mit keinem Wort erwähnt worden.

Kusnezow meinte, daß die Versenkung in diesem Zusammenhang bestimmt zur Sprache gekommen wäre, hätte Stalin oder sonst jemand im Stawka (Staatsverteidigungskomitee) davon gewußt. Nach seiner Ansicht war niemand darüber informiert. Kusnezow schrieb:

„Man muß sich darüber klar sein, daß unsere Streitkräfte Sieg auf Sieg errangen. Es ging kaum ein Tag vorbei, an dem nicht Salutschüsse abgegeben wurden – zu Ehren der Befreiung einer Hauptstadt oder einer Stadt, um den Sieg über eine große Feindgruppe zu feiern oder die Überquerung eines wichtigen Flusses oder die Eroberung einer Straße oder eines Eisenbahnknotenpunktes. Das Donnern der Geschütze und das Krachen der vielfarbigen Raketen, die jede Salve begleiteten – manchmal bis zu 24 – übertönten die Torpedos von *S 13*, die faschistische Schiffe versenkten."

Auch behauptet Admiral Kusnezow, daß die Nachricht in *Stockholm Tidningen* die einzige „Bestätigung" der Versenkung gewesen sei; man habe sie in Moskau erst nach dem Krieg zu Gesicht bekommen. Er weist darauf hin, daß die sowjetische

Luftwaffe zur gleichen Zeit in der Danziger Bucht operierte wie Marinesko und daher die Möglichkeit bestand, daß die Luftwaffe den Dampfer versenkt habe – so mag es zumindest einigen Offizieren erschienen sein.

Er erwähnt, daß der Generalstab Anfang April eine Empfehlung erwogen habe, Marinesko den begehrten Titel eines „Helden der Sowjetunion“ zu verleihen, daß die Idee jedoch fallengelassen wurde. „Es gab Leute, die auf Marineskos Schwächen und Unzulänglichkeiten hinwiesen und sich erinnerten, daß er an einem Tag heroische Taten vollbringen, am folgenden Tag aber zu spät auf sein Schiff zurückkehren oder auf andere Weise die militärische Disziplin verletzen konnte.“

Es gab noch andere Stimmen, die gegen Marinesko laut wurden. Eifersüchtig auf seine Popularität, behaupteten einige seiner Kameraden, daß er nur „Glück“ gehabt habe und daß sich die beiden Schiffe einfach als bequemes Ziel angeboten hätten. Sie behaupteten, daß jeder U-Bootkommandant mit durchschnittlichem Können und durchschnittlichem Mut die beiden Schiffe ebenso erledigt hätte und im Schutz der Dunkelheit verschwunden wäre.

Kusnezow weist diese Argumentation so diplomatisch wie möglich zurück. Er gibt zu, daß jeder russische Kommandant in dieser Situation das gleiche getan hätte, fügt jedoch hinzu, daß Marinesko den Feind gesucht und *S 13* brillant manövriert habe, um in Angriffsposition zu kommen. Außerdem habe er, als er gejagt und von Wasserbomben verfolgt wurde, die richtige Entscheidung getroffen, um sein U-Boot und die Besatzung in Sicherheit zu bringen.

Auch der Admiral sollte in seiner Karriere einen Rückschlag erleben. Nach dem Krieg wurde er sowohl von seinem Posten als Erster Stellvertreter des Verteidigungsministers als auch als Oberbefehlshaber der Marine abgesetzt. Schließlich bekleidete er mit dem Rang eines Vize-Admirals eine untergeordnete Stellung im Rahmen des Verteidigungsministeriums.

Chruschtschow schreibt in seinen Memoiren über Kusnezows Fall und schildert, wie dessen Pläne, eine kostspielige, aber schlagkräftige Marine aufzubauen, vom Präsidium abgelehnt wurden. „Ich konnte sehen, daß Kusnezow vor Wut kochte. Von diesem Tag an lehnte er sich offen nicht nur gegen unsere Entscheidung, sondern auch gegen unsere Führung auf. Er begann mit uns zu streiten, und seine Starrköpfigkeit und Arroganz traten offen zutage . . ."

Diese Worte treffen ebenso auf Alexander Marinesko zu, der im Sommer 1945 mit seinen Vorgesetzten in Streit geriet.

Das „Angriffsas" wurde im September 1945 seines Kommandos von *S 13* enthoben; man bot ihm ein Kommando auf einem Minenräumboot an. Wütend und betrunken, weigerte er sich, das Schiff zu übernehmen, und wurde daraufhin sofort zum Oberleutnant degradiert. Seine Feinde fielen über den „Gassenjungen aus Odessa" her, und das NKWD-Dossier machte die Runde. Im Oktober wurde er wegen „gleichgültiger und nachlässiger Einstellung gegenüber dem Dienst" aus der sowjetischen Marine entlassen.

Durch diesen Schlag erschüttert, aber nicht entmutigt, versuchte Marinesko sich zur Wehr zu setzen. Er bewarb sich um eine Stellung in der Handelsmarine, die einen Teil der Kriegsmarine bildet. Er nahm an, daß man dort seine Erfahrung zu schätzen wissen werde. Statt dessen stellte man jetzt fest, daß er auf einem Auge etwas kurzsichtig war. Unter normalen Umständen wäre das kein Hindernis gewesen, in die Marine einzutreten und sogar ein Kriegsschiff zu kommandieren. Sicherlich hatte es ihn nicht gehindert, die *Gustloff* zu versenken. Aber wieder wurde das NKWD-Dossier aus der Schublade genommen. Marinesko war unverläßlich. Vielleicht war es unklug, ihm eine Stellung zu geben, in der er fremde Häfen anlaufen konnte.

Im Januar 1946 ging der dreiunddreißigjährige ehemalige U-Bootkommandant Alexander Marinesko, Inhaber des Leninordens und zweier Orden der Roten Fahne, mit verschiedenen Sieges- und Kampfmedaillen ausgezeichnet, an Land und fand in Leningrad Arbeit als Lagerhalter einer Organisation, die Baumaterial verkaufte.

30

Wladimir Dmitrijew, der Autor von *Submarines Attack* schreibt: „Marinesko verließ kurz nach dem Krieg die Marine und kehrte zu seinem Beruf aus Friedenszeiten zurück. Das war die Handelsmarine. Als Kapitän der sowjetischen Dampfer *Jalta* und *Sever* fuhr er über viele Meere. Doch der Krieg forderte seinen Zoll. Das rechte Auge des Kapitäns wurde schlechter, und 1950 entschloß sich Marinesko, an Land zu gehen. Der ehemalige U-Boot-Mann der Ostsee wurde im Kollektiv einer Leningrader Fabrik herzlich willkommen geheißen." Das ist nicht wahr. Marinesko wurde nicht wieder in die Handelsmarine aufgenommen. Er war weder Kapitän der *Jalta* noch der *Sever*. 1950 war er bereits in Sibirien.

Leningrad wurde 900 Tage lange von den Deutschen belagert, die bis auf sieben Kilometer an das Stadtzentrum herankamen. Durch Bomben, Artilleriefeuer, Krankheit und Hunger starben während der Blockade 600.000 Menschen. Die Überlebenden formten auf dem Boden der Bäckereien Laibe aus Sägemehl, und vereinzelt kam es sogar zu Fällen von Kannibalismus. Die Stadt lag in Trümmern. Nach dem Krieg war das Leben grau und hart. Es gab verzweifelt wenig Lebensmittel und kaum Waren. Auf dem schwarzen Markt wurde mit allem und jedem gehandelt. Bestechung und Korruption wurden ein Teil des Lebens; dort, wo es beinahe Kannibalismus gegeben hatte, schienen „Überlebensverbrechen" unbedeutend.

Der Junge aus Odessa, der seine Kindheit mit Gaunern aller Art verbracht hatte, hätte in seinem Element sein können. Er war verbittert und verletzt durch seine Entlassung aus der Marine, er hatte keine Arbeit mehr auf See gefunden und er trank. Beinahe hätte man ihm verzeihen können, wenn er sich den korrupten Beamten und Spekulanten angeschlossen hätte. Aber er tat es nicht.

Marinesko brauchte nicht lang, um festzustellen, daß er in einem Staatsbetrieb arbeitete, wo der Direktor und viele Arbeiter für Materiallieferungen an Parteifunktionäre, die sich vor den Toren Leningrads Privatvillen bauten, Bestechungsgelder annahmen. Marinesko hätte schweigen können. Statt dessen ließ er verlauten, daß er das, was er sah, mißbilligte – „Dafür haben wir die Faschisten nicht besiegt" – und nichts damit zu tun haben wollte. Der Direktor wartete, bis Marinesko ein Fehler unterlaufen würde.

Viel von dem, was nachher geschah, liegt im Dunkel, und die Behörden in Leningrad öffnen nicht gern die Akten über etwas, was sie verächtlich „einen unbedeutenden Fall" nennen. Und mit den damaligen Maßstäben gemessen war es tatsächlich ein unbedeutender Fall. Aber er kostete Marinesko einen guten Teil seines Lebens.

Es war seine Großzügigkeit, die ihn in die Falle gehen ließ. Als er im Hof des Unternehmens einige Tonnen beschädigtes Baumaterial entdeckte, schlug er dem Direktor vor, es als Neujahrsgeschenk an die Arbeiter zu verteilen, anstatt es wegzuwerfen. Marinesko überwachte selbst die Verteilung des Baumaterials und weigerte sich, Geld dafür zu nehmen.

Aber Informanten und Spitzel sind ein Teil des russischen Alltags, und schon nach einigen Wochen benachrichtigte einer von ihnen die Polizei. Nachforschungen führten zu der Baufirma und zu Marinesko. Der Direktor erklärte, der Schutt sei ohne seine Einwilligung aus dem Hof geschafft worden. Marinesko wurde verhaftet und angeklagt, Staatseigentum gestohlen zu haben. Der Diebstahl von Baumaterial war damals weitverbreitet und schwer zu kontrollieren; Beamte und Polizei drückten zumeist ein Auge zu. Es sah daher eine Weile so aus, als würde Marinesko einer Bestrafung entgehen und nur aus der kommunistischen Partei ausgeschlossen werden.

Doch schließlich kam er vor das Volksgericht in Leningrad. Der Ankläger, ein ehemaliger Marineoffizier, stellte fest, daß Marinesko kein Verbrechen begangen habe und sein Fall nicht vor Gericht hätte kommen sollen. Er verlangte einen Freispruch – ein für ein russisches Gericht höchst ungewöhnliches Ereignis. Die Beisitzenden des Richters schlossen sich seiner Meinung an, nicht aber der Richter. Er befahl, daß Marinesko weiterhin inhaftiert bleiben und nochmals vor Gericht kommen solle.

Von diesem Augenblick an hatte der ehemalige Kommandant von *S 13* keine Chance mehr. Sein Fall kam vor ein Sondergericht, das aus drei NKGB-Offizieren bestand und als Troika bekannt war; es konzentrierte sich auf „politische" Verbrechen und war darauf spezialisiert, die Angeklagten in Arbeitslager zu schicken. Marineskos Urteil lautete auf drei Jahre – an und für sich ein geringes Strafausmaß. Das Furchtbare war der Ort, an dem er die Strafe verbüssen mußte. Er sollte nach Kolyma kommen. Nur eine Insel in Solschenizyns „Archipel Gulag", war das Gebiet von Kolyma das berüchtigtste der großen Arbeitslager.

In seinem Buch „Kolyma, The Arctic Death Camps" schreibt Robert Conquest:

> „Im Grund basierte der Schrecken von Kolyma nicht auf den geographischen oder klimatischen Gegebenheiten, sondern auf den in Moskau bewußt getroffenen Entscheidungen. Vor 1937 war das Lager gut verwaltet und die Todesrate gering. Obwohl die Gegend bitterkalt ist, ist das Klima für wohlgenährte und gut gekleidete Männer erstaunlich gesund. In dieser früheren Phase ging es der Verwaltung hauptsächlich darum, die Goldproduktion zu heben. Später blieb das Gold zwar auch noch wichtig, aber wesentlicher wurde es, die Gefangenen zu erledigen (wie ein Kommandant ganz offen zugab). In der ersten Periode der Arbeitslager waren die Inseln im Weißen Meer ein Symbol für das ganze System – sie forderten die meisten Todesopfer. In den

dreißiger Jahren traten die Lager am Weißen-Meer-Kanal ihre Nachfolge an. Als das System seine größte Ausdehnung erreichte, wurde Kolyma zum Schreckenslager und blieb es während der folgenden fünfzehn Jahre – als der ‚Pol der Kälte und Grausamkeit' des Arbeitslagersystems, wie es Solschenizyn nannte."

Marinesko hörte vermutlich bereits im Leningrader Kresty-Gefängnis von Kolyma und wußte, daß seine Chancen, nach drei Jahren entlassen zu werden, gering waren. Der Gulag gibt seine Opfer nicht so leicht frei. Er konnte nur hoffen, die endlose Reise in den Fernen Osten der Sowjetunion zu überleben, darauf zu bestehen, als „unpolitisch" behandelt zu werden und eine erträgliche Arbeit zugeteilt zu bekommen. Vielleicht dachte er, während er sich vorbereitete, an das Lied, das die Sträflinge in seiner Jugend sangen: „Leb wohl, Odessa, süße Quarantäne. Morgen fahren wir nach Sachalin . . ." (Die Quarantäne war die medizinische Station im Hafen von Odessa, die sie passierten.)

Es ist nicht bekannt, welche Rolle Marineskos Dossier bei der Geheimpolizei bei seiner Verurteilung spielte, aber bestimmt lag es den Richtern vor, als sie beschlossen, ihn nach Sibirien zu schicken – ein Schicksal, das auch den Tapfersten zerbrechen kann.

Die Waggons, in denen die Gefangenen nach Sibirien transportiert wurden, waren nach Stolypin benannt, einem Beamten des Zaren, der die Revolution von 1905 niedergeschlagen und damals die nach Osten rollenden Züge mit Sträflingen gefüllt hatte. Der „Stolypin"-Wagen ist ein gewöhnlicher Eisenbahnwaggon mit Abteilen, aber ohne Fenster, so daß er wie ein Gepäckwagen aussieht. In fünf der neun Abteile sind die Gefangenen untergebracht, in den restlichen sitzen die Wächter. Die Abteile sind gegen den Gang offen, aber vergittert. In einer unvergeßlichen Schilderung schreibt Solschenizyn: „Vom Gang her gesehen, gemahnt das Ganze auffallend an eine Menagerie: Auf dem Boden und auf den Hängebrettern krümmen sich jämmerliche menschenähnliche Geschöpfe, stieren flehentlich durchs Gitter, betteln um Wasser und Nahrung. Aber niemals werden in einem Tiergarten so viele Tiere in *einen* Käfig gestopft."

Er beschreibt, wie ein Mann drei Wochen in einem Abteil verbringt, das anfangs 36 Menschen beherbergt. „Einige Tage lang hing er zwischen den Menschen, ohne den Boden mit den Zehen zu berühren. Dann begannen welche wegzusterben, man zog sie den übrigen unter den Füßen hervor . . . da wurde es etwas bequemer." Das war im Herbst 1946.

Marineskos über 9000 Kilometer lange Reise von Leningrad nach Sibirien begann 1947 und dauerte einige Monate. Abgesehen von den Härten der Reise, die von den Behörden verschuldet wurden, gab es auch noch andere Gefahren: Abgebrühte Verbrecher und Mörder quälten und bestahlen jene, die sie als verletzlich ansahen – die „Politischen", wegen antisowjetischer Aktivitäten nach Artikel 18 verurteilt.

Die „Blatnye", die Gemeinde der Diebe, die die Politischen einschüchterten und beraubten, blühte im Gulag, und sie konnten auf die Unterstützung der Wächter zählen. Auch in Marineskos Waggon gab es eine solche Gruppe; ihr Anführer war ein Gauner, der 25 Jahre abzusitzen hatte, weil er einem deutschen Strafkommando geholfen hatte, Zivilisten einzufangen. Er wurde von den Wärtern zum Aufseher des Waggons bestimmt und erhielt auch die angenehme Aufgabe, die Essensrationen zu verteilen.

Marinesko erzählte später, daß dieser Mann und eine kleine Gruppe harter Kerle „die andern zu terrorisieren begannen". Er berichtete auch, was er dagegen unternommen hatte. „Dieses Schwein und seine Kumpane nahmen sich zwei Teller Suppe und gaben allen andern nur einen, und den nur halb voll. Ich merkte bald, daß ich niemals den Pazifik sehen würde, wenn es so weiterginge. Ich mußte etwas unternehmen.

Wir waren acht Seeleute in dem Vagsek (Gefangenenwagen), und es war nicht schwer, sie zu organisieren. Als die

Suppe ausgeteilt wurde, gab ich das Signal, und wir stürzten uns auf die Kerle. Der Faschistenfreund erhielt solche Prügel, daß er beinahe umkam. Auf jeden Fall hielt er den Mund. Dann bestimmte ich einen Aufseher, einen Jungen, der fünf Jahre bekommen hatte, weil er beim Entladen eines Schiffes eine Fleischdose gestohlen hatte. Der Leiter des Zuges sah, daß wir nicht die Absicht hatten zu fliehen und ignorierte die Vorfälle. So erreichten wir Wladiwostok."

Es war noch nicht das Ende der Reise. Von Nachodka und Wanino nahe Chabarowsk fuhr das Gefangenenschiff nordwärts zu dem schönen Hafen von Nagajewo, dem Hafen von Kolyma und dem Tor zu den Todeslagern.

Zehntausende verhungerte und kranke Männer und Frauen wurden in Gruppen zu den schwimmenden Kerkern getrieben. Dort lagen sie in den überfüllten Räumen oft übereinander, wie Roy Medwedew in *Die Wahrheit ist unsere Stärke* schreibt.

„Brot wurde durch die Luken zu ihnen hinunter geworfen, als wären sie wilde Tiere. Wer auf der Überfahrt starb – und das waren nicht wenige – wurde einfach über Bord geworfen. Aufruhr oder organisierter Protest wurde mit eisigem Wasser beantwortet, das man aus dem Ochozkischen Meer in die Laderäume schöpfte. Nach solcher Durchfeuchtung starben Tausende Gefangene oder sie kamen mit schweren Erfrierungen in die Lazarette von Magadan."

Vergewaltigung war ein anderes Merkmal dieser Reise. Die weiblichen Gefangenen wurden sowohl von den Wärtern wie von den Kriminellen mißbraucht, und die Frauen, die ihren Männern in die Lager folgten, mußten sich prostituieren, um zu überleben.

In Nagajevo angekommen, wurden die Gefangenen auf die 125 Lager verteilt, die viele von ihnen niemals mehr verließen.

Es dauerte nur zwanzig bis dreißig Tage, um einen gesunden Mann in ein Wrack zu verwandeln. V. T. Schalamow, ein

Veteran der Kolymalager, schreibt: „Sechzehn Stunden Arbeit im Schacht ohne Ruhetag, systematische Aushungerung, zerfetzte Kleidung, Schlaf in durchlöcherten Zelten bei 60 Grad unter Null bewirkten das. Schläge vom Vorarbeiter, von den Rädelsführern der Diebe, von den Wärtern, beschleunigten den Prozeß noch."

Medwedew berichtet, daß jedes Lagertor in Kolyma eine in den Lagerstatuten festgelegte Aufschrift trug: „Arbeit ist eine Sache der Ehre, der Tapferkeit und des Heldenmutes."

Das war der Ort, den Marinesko, das U-Boot-As der Baltischen Rotbannerflotte, erreicht hatte. Aber seine Klugheit half ihm. Die Sklavenschiffe, von denen drei vor dem Krieg auf Teesside gebaut worden waren, hatten auch die Verpflegung für die Bergwerke und die Lager an Bord; sie mußten entladen und für die Rückreise nach Wladiwostok mit den Produkten des Gulags wieder beladen werden.

Marinesko verstand etwas vom Stauen auf Schiffen. Er war in guter körperlicher Verfassung und kein „Politischer". Warum sollte er nicht ein privilegierter Sträfling werden? Warum sollte er in den Minen sterben wie drei Millionen andere? Er überzeugte die Behörden, daß er und die acht Seeleute eine ausgezeichnete Brigade von Dockarbeitern bilden würden.

Es ging hier um genau das gleiche wie in der Ostsee; ums Überleben.

1955, zwei Jahre nach Stalins Tod, öffneten sich die Tore der Arbeitslager. Millionen Gefangene kehrten nach Hause zurück und nahmen ihr altes Leben wieder auf. Einige der Toten wurden nachträglich „rehabilitiert". Für einige der Überlebenden gab es Entschuldigungen wegen „Irrtümern in Verbindung mit Stalins Persönlichkeitskult".

Marinesko hatte überlebt und trat die lange Rückreise nach Leningrad an, wo er in einer Fabrik Arbeit fand (über die Dmitrijew schrieb). Er wurde auch wieder Mitglied der kommunistischen Partei. Das war ein Zeichen, daß man ihm, was immer der Anlaß zu seiner Verbannung nach Kolyma gewesen sein mochte, vergeben hatte.

Man hatte ihn auch nicht vergessen. Selbst in den dunkelsten Nachkriegsjahren hatten seine Freunde in der Marine einen stillen Kampf um seine Entlassung und Rehabilitierung geführt. Langsam hatten sie Erfolg. Der Durchbruch kam 1960, als das sowjetische Fernsehen einen Bericht über den Untergang der *Gustloff* brachte und Marinesko als den Mann nannte, dem die Versenkung gelungen war.

Kurz darauf erhielt er wieder den Rang eines Kapitäns 3. Klasse im Ruhestand und die entsprechende Pension. Auch das Zentrale Marinemuseum in Leningrad würdigte seine Leistungen.

Dieses Museum, einst die Börse von Petersburg, beherbergt 200.000 Exponate, und in Halle 8, die dem „Sieg über den Faschismus in Ostpreußen 1945“ gewidmet ist, befindet sich in einer Vitrine ein Photo von Alexander Iwanowitsch Marinesko mit seinen sechs Medaillen, dem Leninorden, zwei Orden der Roten Fahne, zwei Orden des Vaterländischen Krieges in beiden Klassen und der Leningrad-Siegesmedaille.

Besucher erfahren, daß A. I. Marinesko zwischen 1943 und 1945 *S 13* kommandierte; daß das U-Boot drei feindliche Transportschiffe versenkte; daß *S 13* am 30. Januar 1945 den deutschen faschistischen Dampfer *Wilhelm Gustloff* mit mehr als 25.000 Tonnen angegriffen hat. Drei Torpedos, so fährt der Museumsbericht fort, trafen das Ziel, und das feindliche Schiff sank. An Bord des Dampfers, den die Nazis zur Evakuierung von Danzig benutzten, befanden sich einige tausend Soldaten, Seeleute und Offiziere sowie eine Anzahl von U-Boot-Leuten.

Ein photokopierter Ausschnitt aus einer schwedischen Zeitung dient als Bestätigung des Berichtes. Weder der Name der Zeitung (*Stockholm Tidningen*) noch das Datum der Publikation sind erwähnt. Der schwedische Bericht wurde ins Russische übersetzt und lautet:

„Laut einer Meldung in den Morgenzeitungen wurde das deutsche Schiff *Wilhelm Gustloff*, 20.000 Tonnen, am Donnerstag, kurz nachdem es Danzig verlassen hatte, torpediert und versenkt. Von den 8000 Menschen an Bord wurden nur 988 gerettet. Auf dem Schiff befanden sich 3700 U-Boot-Spezialisten, die am Krieg teilgenommen hätten, und 3000 Flüchtlinge aus dem Osten. Der Dampfer begann zehn Minuten, nachdem er getroffen wurde, zu sinken und ging innerhalb von fünf Minuten unter."

Diese Anerkennung kam sehr spät. Zwar befand sich Marinesko jetzt in illustrer Gesellschaft, und an der Wand hingen links und rechts von seinem Bild die Porträts anderer U-Boot-Helden, doch er war fünfzehn Jahre lang – bis zum Sommer 1960 – eine „Unperson" gewesen. Weder sein Name noch seine Leistungen waren in der sowjetischen Presse erwähnt worden. Das Museum war auch nicht viel informativer gewesen. Besucher mußten damals glauben, daß Marinesko nicht existierte und die zwei deutschen Schiffe niemals versenkt wurden. Der einzige spärliche Hinweis auf das U-Boot war ein Ölbild, das ohne Erklärung hoch oben an einer Wand hing. Es zeigte *S 13* in schwerer See, mit einem deutschen Schiff im Hintergrund. Nur wenn man darauf bestand, waren die Museumsbeamten bereit, die Erfolge des U-Bootes und den Namen seines Kommandanten zu nennen.

Es ist den Bemühungen und dem Mut von zwei Schriftstellern, Alexander Kron und Sergei Smirnow, sowie der Unterstützung von zwei Admiralen, Iwan Isakow und Nikolai Kusnezow, zu verdanken, daß der ehemalige Kriegsheld rehabilitiert wurde, seinen Rang und seine Pension wiedererhielt und einen Platz an der Museumswand fand.

Schließlich vollzogen seine Freunde im Oktober 1963 anläßlich der jährlichen Zusammenkunft der Ostsee-U-Bootleute in Kronstadt ihm zu Ehren die Zeremonie des gebratenen Ferkels. Alle standen auf und applaudierten Marinesko. Endlich war er gerechtfertigt.

Aber es geschah achtzehn Jahre zu spät. Drei Wochen später starb Marinesko an Krebs.

31

Der Krieg im Westen war am 8. Mai um Mitternacht beendet. In den letzten Tagen war der Ostseeraum – jenes Gebiet, wo alles begonnen hatte, als die deutsche Wehrmacht 1939 in Polen einfiel – wieder zum Mittelpunkt des Geschehens geworden.

Die Evakuierung über die Ostsee war die letzte große Operation des Dritten Reiches. Es liegt immer etwas Tragisches über der letzten Schlacht eines großen Krieges, über dem Tod von Männern und Frauen am Vorabend des Friedens. Und es drängt sich die Frage auf: Warum mußten so viele Tausende an Bord der *Wilhelm Gustloff* und anderer Schiffe in den kalten nördlichen Meeren in einem Augenblick sterben, wo der Friede bereits in greifbarer Nähe war? Wurde durch die letzten Operationen zu Land und zur See, die so viel Leid und Elend mit sich brachten, irgend etwas erreicht?

Um eine Antwort zu finden, muß man sich ins Gedächtnis rufen, was in Europa nach Kriegsende geschah; man muß vor allem den Wiederaufbau der deutschen Bundesrepublik und ihre Integrierung in das neue Europa in Betracht ziehen – in ein Europa, das in den Nachkriegsjahren unter dem bedrohlichen Druck der Sowjetunion zusammengeschmiedet wurde. Ebenso aufschlußreich ist es, die Ansichten der überlebenden Staatsmänner aus dieser Zeit zu hören, die heute in Ruhe zurückblicken können.

Es ist eine stolze Behauptung von Großadmiral Karl Dönitz, daß seine damaligen Operationen von unschätzbarem Wert gewesen seien. Er ist überzeugt, damit einen wichtigen Grundstein Nachkriegsdeutschlands gelegt zu haben. In seinen Memoiren schreibt er:

„Im Ostseeraum hing der Rückzug der Soldaten und Flüchtlinge ganz von den Seetransporten der Kriegsmarine ab. Der Landweg war ihnen durch die Russen bereits versperrt. In der Zeit vom 23. Januar bis 8. Mai 1945 waren es 2,022.602 Menschen, die aus Kurland, Ost- und Westpreußen, später auch aus Pommern und teilweise aus Mecklenburg über See in den rettenden Westen gebracht wurden. Diese Fahrten wurden unter fortwährenden Kämpfen gegen angloamerikanische und russische Flugzeuge, gegen russische U-Boote und Schnellboote, vielfach auf verminten Seewegen, durchgeführt. Schrecklich waren dabei die Untergänge der Transportschiffe *Wilhelm Gustloff* mit 4000 und *Goya* mit 7000, sowie des Lazarettschiffs *Steuben* mit 3000 Menschen. Aber so schmerzlich solche Verluste auch waren – sie machten doch nur 1% der verschifften Menschen aus, 99% von ihnen glückte es, sicher in die Seehäfen der westlichen Ostsee zu gelangen. Dagegen war der Prozentsatz der Verluste der Flüchtlingszüge auf dem Landwege erheblich höher."

Als einer der Autoren Admiral Dönitz im Juni 1978 besuchte, ließ dieser bemerkenswerte Mann, noch mit 87 Jahren in voller geistiger Frische, keinen Zweifel daran, daß er seinen Erfolg bei den Friedensverhandlungen für die größte Leistung seiner Karriere hält.

Steif und gebrechlich, achtete Großadmiral Dönitz peinlichst genau auf das Protokoll. Er empfing Ronald Payne in seiner Villa in Aumühle, einem komfortablen Landsitz nahe Hamburg, nicht weit von der Elbe entfernt, und verbrachte einige Minuten mit der Festlegung der Sitzordnung für die Personen, die in seinem mit Büchern ausgekleideten Wohnzimmer anwesend waren.

Er selbst setzte sich auf ein Sofa vor einem langen, niedrigen Kaffeetisch. Ihm gegenüber mußten in formeller Reihe folgende Personen Platz nehmen: Kapitän Reitsch, ein pensionierter Marineoffizier, sein Adjutant; Frau Reitsch, die, wie wir wissen, die Marinehelferinnen in Gotenhafen kommandierte; und Christian Wieg, ein junger Dolmetscher. Paynes Stuhl befand sich am Ende des Tisches, zur Rechten des Admirals und zur Linken von Reitsch.

„Sind Sie Engländer oder Deutscher?" fragte der Admiral den Dolmetscher, als er die Sitzordnung bestimmt hatte.

„Deutscher."

„Welche Nationalität?" fragte der schwerhörige Admiral nochmals, der mit ihm unbekannten Stimmen Schwierigkeiten hat.

„Deutscher Abiturient", bellte Kapitän Reitsch in seiner besten Kommandostimme.

Erst dann setzte sich der Admiral. Aufrecht im dunkelgrauen Anzug mit weißem Hemd und gestreifter Krawatte, sah er sehr distinguiert aus. Die Haushälterin hatte bereits ein silbernes Tablett vor ihn gestellt. Darauf standen eine Flasche Mineralwasser, guter englischer Sherry und eine Reihe von Silberkelchen. Der alte Herr bestand darauf, die Verteilung der Gläser zu übernehmen, dann trank er ein wenig Mineralwasser.

„Ich möchte englisch mit Herrn Payne sprechen", sagte er. „Ich habe seit zwanzig Jahren nicht mehr englisch gesprochen, aber ich möchte ihm helfen."

Er sprach langsam und korrekt und mit sorgfältiger Betonung. Seine Stimme war hoch und dünn, aber fest, als er bedächtig von den 33 Jahre zurückliegenden, folgenschweren Ereignissen erzählte, an denen er so prominent beteiligt gewesen war. Als er seine Versuche, mit den Engländern und Amerikanern einen Separatfrieden zu schließen, erwähnte, zögerte er merklich und schien die Worte „deutsche Kapitulation" nur widerwillig auszusprechen, doch schließlich ermunterte ihn das Ehepaar Reitsch dazu.

Der Admiral nahm verschiedene Dokumente aus einer dicken Mappe, und um seiner Erinnerung nachzuhelfen, zog er einige Bogen mit maschingeschriebenen Statistiken hervor. Ein Punkt lag ihm sichtbar besonders am Herzen: Es war die Bedeutung seiner Erfolge bei der Rettung so vieler seiner

Landsleute vor dem Zugriff der Russen, und zwar zu einem Zeitpunkt, zu dem die deutsche Niederlage bereits offensichtlich war und das Land dem Chaos entgegentrieb.

„Das ist überaus wichtig", erklärte er. „Im Dezember 1944 wurde mir klar, daß der U-Boot-Krieg nicht mehr die Hauptaufgabe der deutschen Marine war. Dazu blieb keine Zeit mehr. Alle Marinestreitkräfte hatten sich an der Aufgabe zu beteiligen, die Menschen aus dem Osten nach dem Westen zu bringen.

Deshalb ersuchte ich die Regierung, mit andern Worten Hitler, mir jedes deutsche Handelsschiff zur Verfügung zu stellen – alles, was schwimmen konnte. Ich wollte die Menschen im Osten retten. Ich hatte in ganz Norddeutschland volle Befehlsgewalt, und ich entschied, was mit den Treibstoffvorräten zu geschehen hatte. Ich requirierte Öl und Treibstoff für den Transport."

Es ist verständlich, daß Admiral Dönitz von dem Schicksal der Menschen im Osten, die von der Roten Armee überrannt wurden, so betroffen war und genau wußte, daß das Land diese Menschen brauchte. Er wurde in Berlin als Nachkomme einer alten preußischen Familie geboren, die durch Generationen dem Staat als Offiziere oder Pastoren gedient hatte. Der kleine, stämmige Mann war weit von dem so gern karikierten Bild des preußischen Offiziers entfernt. Doch auch er war in der preußischen Tradition des Gehorsams und der Selbstaufopferung erzogen worden.

1910 trat er als Neunzehnjähriger in die Marine ein – ein Junge mit hohen Backenknochen und einer großen Stupsnase. Bevor er in die neugegründete U-Boot-Waffe eintrat, diente er auf Kreuzern der kaiserlichen Flotte.

1915 tauchte sein beschädigtes U-Boot *U 68* im Mittelmeer vor Sizilien zwischen britischen Zerstörern auf, und Dönitz wurde Kriegsgefangener. Er überlebte die restlichen Kriegsjahre ohne weitere Abenteuer und trat 1919 in die kleine neue Marine ein. Nach 1933 unterstützte er Hitler und wurde rasch befördert.

In Nürnberg sagte er, daß er die Autorität von Adolf Hitler anerkannt hatte, dem es gelungen war, die nationalen und sozialen Ziele ohne Blutvergießen zu erreichen.

Im Laufe des Zweiten Weltkrieges wurde die Bindung zwischen Hitler und Dönitz immer enger, und Dönitz wurde Befehlshaber der U-Boot-Streitkräfte. Obwohl er alles in seinen Kräften Stehende tat, um seine U-Boote im Einsatz zu halten, erkannte er Anfang 1945, daß Hitlers Kriegsmaschinerie zusammengebrochen war. Die einzige lebenswichtige Aufgabe, die er zu erfüllen hatte, war die Evakuierung der Deutschen über die Ostsee.

Sein Entschluß wurde durch eine Kopie von „Eclipse", einem britischen Operationsbefehl, besiegelt, die den Deutschen im Januar 1945 in die Hände fiel. Dieses Dokument enthielt Pläne und Maßnahmen, die nach der bedingungslosen Kapitulation und der Besetzung Deutschlands durch die Alliierten durchgeführt werden sollten. Eine beigefügte Landkarte zeigte die vorgesehenen Besatzungszonen der Amerikaner, Briten und Russen. Sie würden, so schrieb er später, „unserer Existenz als nationale Einheit ein Ende machen".

Die Entdeckung dieses Planes festigte den Widerstand der deutschen Führung gegen eine Beendigung des Krieges durch Verhandlungen. Wenn die Alliierten auf den harten Bedingungen einer bedingungslosen Kapitulation beharrten, dann würde das Dritte Reich kämpfend untergehen.

Dönitz war klar, daß eine Kapitulation das sofortige Ende aller deutschen Truppenbewegungen bedeuten mußte. Die Truppen würden gezwungen sein, die Waffen zu strecken und sich gefangennehmen zu lassen, wo immer sie sich befanden. „Hätten wir während der Wintermonate 1944–1945 kapituliert, wären dreieinhalb Millionen Soldaten an der Ostfront – sie war damals noch weit von der englisch-amerikanischen Front im Westen entfernt – in die Hände der Russen gefallen." Es war daher sein Ziel, Truppen und Zivilisten in jene Gebiete zu schaffen, die von Amerikanern und Engländern besetzt werden würden.

Eine Zone der Sicherheit schien ihm wichtiger als ein sinnloser Widerstand. Als er nach Hitlers Tod dessen Nachfolger wurde, versuchte er mit England und Amerika einen Separatfrieden zu schließen.

Sein wichtigstes Anliegen war es, für die vor Rokossowskis 2. Weißrussischer Front fliehenden Truppen und Zivilisten so lang wie möglich einen Landweg entlang der Ostseeküste nach Westen freizuhalten. Doch am 2. Mai stieß die 21. Armeegruppe von Feldmarschall Montgomery über die Elbe vor und eroberte Lübeck. Damit war der Fluchtweg nach dem Westen abgeschnitten. Jetzt, da Schleswig-Holstein in englischen Händen war, hielt Dönitz eine Fortsetzung des Kampfes für sinnlos, und er schickte sofort Admiral von Friedeburg in Montgomerys Hauptquartier, um die Kapitulation von Nordwestdeutschland anzubieten.

Montgomery empfing den Emissär zwar kühl, erkannte jedoch sofort, wie vorteilhaft es für einen britischen General war, eine solche Kapitulation anzunehmen. Er fügte auch hinzu, daß der Deutsche „kein Ungeheuer" sei. Ohne Rücksprache mit General Eisenhower zu halten, willigte Montgomery nach einem zweiten Besuch Friedeburgs ein, die Kapitulation aller deutschen Kräfte in seinem Gebiet unter Dönitz' Kontrolle zu akzeptieren. „Über eine Million Kerle werden sich ergeben. Nicht so schlecht, eine Million Kerle. Ein guter Fischzug!" rief er mit typischer Monty-Munterkeit aus.

Admiral Dönitz ist überzeugt, daß dieses Übereinkommen für seinen Plan, möglichst viele Deutsche vor der russischen Versklavung zu retten, von einmaliger Bedeutung war.

In seinem Interview mit Payne im Juni 1978 sagte er: „Am Schluß versuchte ich, mit England und den Vereinigten Staaten Frieden zu schließen, aber nur Montgomery willigte ein. Damit hatte ich im Osten zwei Tage gewonnen, um die Russen aufzuhalten, bevor die Amerikaner unterschrieben; das bedeutete, daß 1,850.000 Soldaten zurückkehrten, viele auf dem Landweg. Eisenhower hatte ‚nein' gesagt. Es war gut, daß Montgomery sofort mit mir Frieden schloß. Es hat diese

Menschen vor den Russen gerettet.

Ich war überrascht, daß Montgomery mir sagte, ‚Ja, ich mache es.' Churchill war der einzige, der begriff, daß sich die Lage verändert hatte, und der einsah, daß man ein stärkeres Deutschland brauchte, damit die Russen nicht Europa einsteckten. Churchill schrieb eine der besten Darstellungen des Krieges. Ich habe sie hier."

Später las er einen Befehl vor, den er in dem Zeitraum zwischen der Kapitulation vor Montgomery und jener vor Eisenhower und den Russen erlassen hatte. Er betraf den Einsatz bis eine Minute vor Mitternacht „von jedem Schiff, jedem Kreuzer, Zerstörer, Torpedoboot, Handelsschiff, Fischkutter und Ruderboot", um die Menschen über das Wasser in den Westen zu schaffen. So wurden im letzten Moment noch Tausende vor der Rache der Russen gerettet.

Die Rettungsoperation vom Mai 1945 hatte sowohl für Deutschland wie auch für Westeuropa weitreichende Folgen. Ohne sie hätte das deutsche Wirtschaftswunder vielleicht niemals stattgefunden. Denn der Aufbau von Westdeutschland benötigte Arbeitskräfte ebenso notwendig wie den Marshallplan und die Ermunterung der Alliierten. Es entbehrt nicht der Ironie, daß Admiral Dönitz anfangs sehr besorgt war, ob Westdeutschland die Flüchtlinge versorgen und unterbringen können würde. Das Land hatte Millionen Menschen aufgenommen, und obwohl es übervölkert und verarmt schien, konnte es die Neuankömmlinge ohne Schwierigkeiten absorbieren. Sie halfen mit, den neuen demokratischen Staat zu schaffen, der heute eine Säule der NATO und der EG ist.

Doch trotz der erfolgreichen Bemühungen von Admiral Dönitz und der deutschen Flotte blieben viele Deutsche im Osten zurück; sie wollten das Land, das ihre Familien seit Generationen bestellt hatten, nicht verlassen. Andere wurden durch den russischen Vormarsch abgeschnitten und hatten keine Fluchtmöglichkeit; die Techniker unter ihnen waren für die Zukunft am wichtigsten. Denn in den Marinewerften der Ostsee war eine Elitegruppe von Wissenschaftlern und Facharbeitern

beitern mit der Entwicklung der neuen deutschen U-Boote beschäftigt. Viele von ihnen fielen genau zu dem Zeitpunkt in russische Hände, als die Amerikaner im Westen Wernher von Brauns Raketenspezialisten schnappten.

Über die neuen, revolutionären U-Boote schrieb Churchill mit großer Voraussicht: „Daß diese Waffe in russische Hände fiel, gehört zu den Gefahren der Zukunft." Jedenfalls hatte sie der Admiralität während der letzten Kriegsmonate große Sorgen gemacht. Als die Russen die Ostseehäfen eroberten, fielen ihnen vier komplette Boote vom Typ XXI und ein fertiggestelltes U-Boot vom noch verbesserten Typ XXIII in die Hände, sowie eine Anzahl von vorfabrizierten Teilen. In der Schichauwerft in Danzig waren nicht weniger als acht U-Boote Typ XXI in Bau. Die deutschen kriegsgefangenen Experten mußten sich sofort an die Arbeit machen, und binnen kurzer Zeit stand den Russen eine moderne Flotte zur Verfügung, die wesentlich schlagkräftiger war als alles, was sie bisher besessen hatten.

Mit neuen Motoren, neuen Schnorcheln und neuen Torpedos konnten diese U-Boote rascher, tiefer und länger operieren als sämtliche U-Boote, die die Alliierten bei Kriegsende besaßen. Aus diesen deutschen U-Booten entwickelten die Russen die Z-, Qu- und W-Klassen, die auf dem Höhepunkt des Kalten Krieges zum Rückgrat der sowjetischen Flotte wurden. Im weiteren waren sie die Grundlage der mit Raketen bestückten Atom-U-Boot-Waffe, die heute die Grundlage der russischen Marine bildet.

Stalin hatte bereits vor dem Zweiten Weltkrieg auf der Schaffung der „mächtigsten Marine der Welt" bestanden. Denn es war sein Wunsch, daß die Wiege des Kommunismus den kapitalistischen Ländern zu Land und zu Wasser überlegen sei. Insbesondere seine Marine sollte größer und besser sein als die Royal Navy.

Bis zum Kriegsende blieb die Wirklichkeit hinter seinem Traum zurück. Die Sowjetunion besaß weder die Mittel noch das Können, jene mächtigen Schiffe zu bauen, die Stalin verlangte, und Orlow, Miklewitsch und Ludri, die Befehlshaber der Roten Marine, konzentrierten sich auf leichte Küstenfahrzeuge und eine defensive U-Boot-Flotte. Stalin vermutete, daß seine Befehlshaber sich bewußt seinen Wünschen widersetzten, und sie alle starben in den dreißiger Jahren während der Säuberung des Marineoffizierskorps. Ihre sachlichen Argumente wurden als Sabotage und als „Verbrechen gegen die Partei" bezeichnet.

Der Krieg zeigte, daß sie recht gehabt hatten. Veraltet, unterbewaffnet, ungenügend armiert und nur schwach motorisiert, leisteten die Schiffe, die der russische Diktator gefordert hatte, praktisch nichts. Ihre Besatzungen wurden zur Infanterie versetzt. Es gelang keinem russischen Kriegsschiff, das größer war als ein Schnellboot, während des Krieges ein feindliches Schiff durch Geschützfeuer zu versenken.

Es war ein Glück für die russische Marine, daß Admiral Lew Galler, der die Nachfolge seiner hingerichteten Kameraden antrat, ein Kommandant der alten Schule war. Er hatte noch in der zaristischen Marine gedient und bestand darauf, daß die U-Boote als wichtigste Angriffswaffe gegen die feindliche Schiffahrt eingesetzt werden müßten. 1947 wurde er auf Grund einer erlogenen Anklage – angeblich hatte er Geheimnisse über einen Fallschirmtorpedo weitergegeben – verhaftet und starb drei Jahre später im Gefängnis.

Selbst die U-Boote der Roten Flotte haben sich im Krieg nicht sonderlich ausgezeichnet, obwohl die Kommandanten und Besatzungen großen Mut zeigten. Ihre Ausrüstung und ihre Taktik erwiesen sich als veraltet. Bei einem Verlust von 108 U-Booten wurden nur 108 Handels- und 28 kleine Kriegsschiffe versenkt. In der Ostsee, wo sie von Minenfeldern und Stahlnetzen über dem Finnischen Meeresbusen eingeengt waren, gelang ihnen nur die Versenkung von 45 Schiffen, wobei die gleiche Anzahl von U-Booten verlorenging. Aber drei dieser Schiffe waren die *Wilhelm Gustloff*, die *Steuben* und die *Goya*.

Es besteht kein Zweifel, daß die Versenkung dieser Giganten und der Untergang so vieler „faschistischer Speichellecker" durch Marinesko und andere Stalin von der Notwendigkeit einer großen Hochsee-U-Boot-Flotte überzeugten. Kaum war der Krieg zu Ende, konzentrierte sich sein Ehrgeiz wieder darauf, mit den mächtigsten Seestreitkräften der kapitalistischen Länder gleichzuziehen. Jetzt war es allerdings die amerikanische Marine, die sein Vorbild wurde. Mit ihren kriegsbewährten Flugzeugträgern, Schlachtschiffen und U-Booten hatte sie die britische Royal Navy überflügelt. Jetzt war Amerika Herr der Meere.

Aber nicht lange. Heute bildet die sowjetische Marine mit ihren raketenbestückten Atom-U-Booten auf allen Ozeanen eine Herausforderung für Amerika.

Die beiden Söhne von Kapitän Konowalow, dem mit seinem alten Boot die Versenkung der *Goya* gelang, sind heute Kapitäne von Atom-U-Booten – ein Zeichen, mit welchem Tempo die russische Marine umstrukturiert wurde. So halten die Söhne den Ruhm ihres Vaters lebendig. Aber abgesehen von einigen Freunden, die für seine Rehabilitierung kämpften, erinnern sich heute nur wenige Russen an Marinesko und seine Erfolge. Seine Karriere ist immer noch eine „politische" Angelegenheit, und wer sich nach seinem Werdegang erkundigt, erhält nur spärliche Informationen.

Trotzdem glauben wir, daß Marinesko und Konowalow, die drei riesige Schiffe versenkten, und Admiral Dönitz, der beinahe zwei Millionen seiner Landsleute über das Meer brachte, nicht vergessen werden sollten, denn ihre Taten trugen dazu bei, unsere Welt von heute zu formen.

Das Bernsteinzimmer

Gauleiter Erich Koch war eine der übelsten Gestalten des Zweiten Weltkriegs. Als er zum Reichskommissar für die Ukraine ernannt wurde, forderte er als erste Maßnahme Himmlers berüchtigte Einsatzkommandos an. Die von Koch in Polen und der Ukraine umgebrachten Menschen gehen in die Hunderttausende. Um sein Reich in Ostpreußen zu verteidigen, schickte er bartlose Jünglinge und Greise in den Tod. Auch daß General Lasch wegen der Kapitulation von Königsberg zum Tod verurteilt wurde, während Koch selbst bereits aus der Stadt geflohen war, geht auf sein Konto.

Am 23. April beschloß dieser elende Feigling, sich in Sicherheit zu bringen. Berlin war eingeschlossen und das Führerhauptquartier nicht mehr Herr der Lage. Offenbar konnten auch die viel zitierten Wunderwaffen Deutschland nicht mehr retten. Also entschied Koch, daß es an der Zeit sei, sich zu verdrücken.

Aber er mußte vorsichtig vorgehen. Schließlich wäre es peinlich, wenn der Führer doch überlebte und erfuhr, daß der Mann, der konsequent jede Kapitulation abgelehnt hatte, jetzt davonlief.

Also ging er erst in dem Augenblick in Hela an Bord seines requirierten Eisbrechers *Ostpreußen*, als das Schicksal der Stadt besiegelt war und die Kapitulation stündlich bevorstand. Als sein Schiff auslief, funkte er immer noch großartige Nachrichten über den Kampf, den er angeblich fortführte. Zu diesem Zweck hatte er einen starken Sender installiert, der von seinen persönlichen Funkern bedient wurde. Auch für die Flak-Geschütze auf dem Eisbrecher hatte er seine eigenen Bedienungsmannschaften.

Eine Art von Passagieren fehlte allerdings auf der *Ostpreußen*. Als er befahl, um 19.00 Uhr auszulaufen – sein Mercedes, seine Hunde und reichliche Vorräte an Lebensmittel und Spirituosen waren bereits an Bord geschafft worden – erklärte er dem Kapitän, daß dieser unter keinen Umständen Flüchtlinge oder verwundete Soldaten an Bord nehmen dürfe.

Pillau stand in Flammen und wurde pausenlos von russischer Artillerie und aus der Luft angegriffen. Während die erschöpften Soldaten der Wehrmacht die letzten Stellungen hielten, um den Zivilisten noch etwas Zeit zu verschaffen, drängten sich die Flüchtlinge auf jedes Fahrzeug, das irgendwie schwimmen konnte. Kochs Unmenschlichkeit ging so weit, daß die Offiziere seines Stabes unter seinen letzten Anordnungen für das Auslaufen des Schiffes einen Befehl vorfanden, die Frau und die Familie des leitenden Ingenieurs wieder an Land zu schaffen. Als Koch ankam, bestätigte er den Befehl. Erst als die Schiffsoffiziere sich weigerten, ohne die Familie auszulaufen, gab der Gauleiter nach. Unter andern Umständen hätte er vermutlich alle erschießen lassen; aber jetzt brauchte er die Offiziere, um sich aus dem Staub zu machen.

Die überfüllte Halbinsel wurde immer wieder von Fliegern angegriffen. Koch ging zum Hafenkommandanten, der sich verzweifelt bemühte, die Flüchtlinge fortzuschaffen, und verlangte einen speziellen Geleitschutz der Marine; er behauptete, für den Führer eine wichtige Mission ausführen zu müssen. Er stieß auf taube Ohren. Die Marineleute wiesen ihn an, sich einem Konvoi anzuschließen, und meinten, daß die *Ostpreußen* sicherlich Platz für einige Flüchtlinge haben würde. Sie hatten recht. Das Schiff hätte vierhundert Menschen Zuflucht bieten können.

Koch kehrte wütend auf sein Schiff zurück und weigerte sich sogar, Überlebende seines eigenen Volkssturms an Bord zu nehmen. Die *Ostpreußen* werde für besondere militärische Aufgaben gebraucht, behauptete er. Die *Pregel* mußte ihren ganzen Kohlenvorrat abgeben, und die *Ostpreußen* fuhr allein weiter.

Während sie westwärts lief, fuhr Koch fort, Hitler Meldungen über seinen angeblichen Kampf zu senden. Er hörte erst auf, als er im Radio hörte, daß die Schlacht um Berlin praktisch verloren sei, Göring und Himmler versucht hätten, mit den westlichen Alliierten Verhandlungen aufzunehmen und Hitler beide sofort ihrer Funktionen enthoben habe.

Die *Ostpreußen* hätte für Marinesko oder Konowalow ein ideales Ziel abgegeben, als sie die pommersche Küste entlangfuhr. Und es gab Männer an Bord, die den schrecklichen Tod verdient hätten, den die verwundeten Soldaten und Flüchtlinge auf der *Gustloff*, der *Steuben* und der *Goya* gestorben waren. Aber so ist es nun einmal im Krieg. Die Unschuldigen mußten sterben, während Koch und seine Kumpane unbehelligt nach Westen fuhren; zuerst nach Saßnitz auf der Insel Rügen, wo man ihnen die Einfahrt in den Hafen verweigerte, weil dieser für einen letzten Verzweiflungskampf befestigt wurde; hierauf, um den von der RAF geworfenen Minen auszuweichen, zur Insel Bornholm und schließlich entlang der schwedischen Küste nach Kopenhagen.

Am 30. April beging Hitler Selbstmord, und auf der *Ostpreußen* begriff man, daß das Ende gekommen war. Man machte sich daran, die Alkoholvorräte zu leeren, die Koch irgendwo requiriert und an Bord gebracht hatte. Aber während dieser Gelage trafen die Nazis auch ihre Vorbereitungen, um der drohenden Vergeltung zu entgehen. Parteiuniformen wurden über Bord geworfen und aus den Koffern Zivilkleidung geholt. Ein paar SS-Offiziere und Parteibonzen nahmen die Identität von gewöhnlichen Soldaten an.

In Kopenhagen blieb man nicht lang, denn dort zeigten sich dänische Widerstandsgruppen. Die *Ostpreußen* kam am 7. Mai in Flensburg an. Dort war jetzt der Regierungssitz des zusammenbrechenden Deutschen Reiches. Dönitz hatte Hitlers Nachfolge angetreten und sein Hauptquartier im Hafen aufgeschlagen, der Hoheitsgebiet der Marine war. Albert Speer schreibt in seinen *Erinnerungen*, daß der Admiral sich strikt weigerte, zu fliehen oder seinen Sitz nach Prag zu verlegen, wie Himmler vorgeschlagen hatte. Er wollte seine Tätigkeit keinesfalls außerhalb der deutschen Grenzen weiterführen.

Dönitz' Weigerung, sich unter die Kontrolle der SS zu begeben, paßte Koch ganz und gar nicht. In Flensburg angekommen, ging er sofort zu Dönitz und verlangte ein U-Boot, das ihn nach Südamerika bringen sollte. Der Großadmiral lehnte ab, und Koch verschwand. Er nahm die Identität des Majors a. D. Rolf Berger an und tauchte erst 1949 wieder auf. Zu diesem Zeitpunkt wurde er von einem britischen Offizier erkannt und auf einem Bauernhof in der Nähe von Hamburg, wo er auf dem Feld arbeitete, festgenommen. In seiner Tasche fand man eine Zyankalikapsel. Diese Kapseln wurden gegen Kriegsende an führende Nazis ausgegeben, und einige Leute der Parteispitze, unter ihnen Himmler und Göring, machten auch von ihnen Gebrauch. Koch schluckte seine Kapsel nicht.

Russen und Polen forderten die Auslieferung von Koch. Die Russen wollten ihn wegen einer Reihe von Massakern, die während seiner Schreckensherrschaft in der Ukraine stattgefunden hatten. Zwischen September 1941, als Koch Kommissar für die Ukraine wurde, und Mai 1943, als er vor der vordringenden russischen Armee floh, wurden allein in Kiew 195.000 Menschen liquidiert. Koch deportierte Tausende Russen als Zwangsarbeiter in die Provinz von Rowno, wo er sein Hauptquartier hatte. 102.000 Menschen, darunter viele Juden – Koch war ein wilder Antisemit – wurden in Gaswagen getötet.

Die Russen erklärten ihn zum „Kriegsverbrecher Nummer Eins in der Ukraine", und als Koch im November 1949 vor einem britischen Auslieferungstribunal erschien, stellte sich heraus, daß sogar hohe Parteifunktionäre gegen seine Grausamkeit protestiert hatten.

Die Anklage legte einen Brief von Alfred Rosenberg, dem Reichsminister für die besetzten Ostgebiete, an Himmler vor. In diesem Brief beklagt sich Rosenberg über Kochs Aktivitäten in der Ukraine und beschuldigt ihn, mehr als 200 kleine

Grundbesitzer getötet zu haben, um sich ein schönes Jagdrevier zu verschaffen.

Unter anderem waren es solche Dinge, die Deutschland den Krieg im Osten verlieren ließen. Denn zu Beginn des Vormarsches wurden die deutschen Truppen in der Ukraine als Befreier von einem verhaßten Regime mit Blumen empfangen. Hätten die Deutschen diese Sympathien genutzt, die Ukrainer großzügig behandelt und sich ihre Kooperation gesichert, wäre das Resultat vielleicht der Zusammenbruch der Sowjetunion gewesen. Koch und seine Genossen erwiesen sich jedoch als barbarischer als die Kommunisten, und so entglitt diese Möglichkeit ihren blutbefleckten Händen – sehr zum Ärger von weitsichtigeren Männern wie Generalmajor Reinhard Gehlen, Chef der „Abteilung Fremde Heere Ost", der versuchte, das russische Volk vom Kommunismus abzubringen.

Weil die Auslieferung von Kriegsverbrechern an die Sowjetunion zeitlich limitiert war, wurde Koch den Polen übergeben, die ihn aus ungeklärten Gründen erst acht Jahre später vor Gericht stellten. Er wurde angeklagt, 72.000 Polen, darunter 10.000 Kinder, und mehr als 200.000 Juden umgebracht zu haben. Als sein Prozeß im Jahr 1958 begann, war er offensichtlich krank. Ein Sonderberichterstatter des *Daily Telegraph* beschrieb die Szene:

„Der frühere Gauleiter, der, hätte er sich nicht dreieinhalb Jahre versteckt, mit den andern Naziführern in Nürnberg vor Gericht gestanden wäre, bot tatsächlich einen kläglichen Anblick, als er von zwei Angehörigen der Miliz in den Gerichtssaal halb geschleift, halb getragen wurde. Während des ganzen Verhörs saß er in sich zusammengesunken auf seinem Stuhl. Eine Krankenschwester und zwei Ärzte betreuten ihn."

Obwohl krank, hatte Koch doch keineswegs den Willen verloren, zu überleben.

Er verteidigte sich selbst, wann immer sich eine Gelegenheit dazu bot und widersprach sogar dem Ankläger in einigen Details. Er verlangte eine Vertagung des Prozesses, damit man seinen schlechten Gesundheitszustand untersuchen könne, den er auf Mißhandlungen zurückführte. Die Vermutung, daß er vielleicht simuliere, wies er energisch zurück. Er erklärte, daß sein Leben seit seiner Überstellung vom Gefängnisspital in das Mokotow-Gefängnis in Warschau von seinen Mitgefangenen, zumeist unbedeutende Kriminellen, zur Hölle auf Erden gemacht werde; bereits zweimal sei er vergewaltigt worden. „Befreit mich aus der Hölle, in der ich lebe, schickt mich in ein Krankenhaus, wo ich wieder gesund genug werde, um mich für das zu verantworten, dessen mich das polnische Volk anklagt, denn ich habe das polnische Volk ehren und verehren gelernt", rief er pathetisch aus.

Staatsanwalt Smolenske machte kurzen Prozeß und erklärte, die Art der Behandlung, über die sich Koch beklagte, werde von den Behörden weder gebilligt noch gefördert, aber offenbar könnten ihn die Kriminellen ebensowenig leiden wie alle andern. Er mutmaße, daß Kochs Verlangen nur ein Trick sei, um das Verfahren endlos in die Länge zu ziehen.

Der Prozeß nahm seinen Fortgang, und Koch hatte die Kühnheit zu behaupten: „Erst heute erfahre ich aus der Anklageschrift von den schrecklichen Dingen, die in Polen geschehen sind. Als Deutscher möchte ich meinem tiefsten Bedauern und meinem Abscheu vor solchen Vorkommnissen Ausdruck geben. Ich bin über das, was hier vorgelesen wurde, tief erschüttert. Ich stehe hier vor diesem Gericht und vor der polnischen Nation als einer, der die Taten büßt, die andere begangen haben. Ich bin unschuldig. Die Schuld liegt bei jenen, die heute frei sind; ich wurde hierher geschickt, weil ich ihnen gefährlich werden könnte."

Er behauptete, immer schon Sozialist gewesen zu sein und eine führende Rolle beim Zustandekommen des Stalin-Hitler-Paktes von 1939 gespielt zu haben. In der Partei sei er als „Rote Fahne" bekannt gewesen. Hitler habe zu ihm gesagt, „Sie waren niemals mein Freund, aber ich glaube, daß Sie Ihrem Schwur treu bleiben werden. Man hält Sie für einen radikalen Sozialisten." Weiters erklärte er, die Engländer hätten ihn „als Racheakt eines kapitalistischen Konzerns" an die Polen ausgeliefert, weil er, als er vor dem Krieg die ostpreußische Wirtschaft reformierte, Unilevers Margarinemonopol in Deutschland gebrochen habe.

Seine Erklärungen, die so offensichtlich darauf abzielten, seinen marxistischen Richtern zu gefallen, wurden vom Gericht mit ungläubigem Schmunzeln aufgenommen. Koch sprach von seiner ärmlichen Herkunft, von seiner Verbindung mit „Papa Schmitz", einem von ihm verehrten sozialdemokratischen Grubenarbeiter, der ihm, wie er sagte, die Augen über die Bedeutung von Marx, Engels, Lassalle und Bebel geöffnet habe. Alle diese Namen sprach er mit tiefer Ehrfurcht aus. Damit behauptete er, im Grund ein Kommunist zu sein und erklärte dem Gericht, man solle ihn nicht nur freisprechen, sondern auch anerkennen, daß er sein möglichstes getan habe, die schlimmsten deutschen Exzesse in den ihm unterstellten polnischen Provinzen zu vermeiden. Koch hatte die Stirn, sich „als den einzigen" zu beschreiben, der gegen Himmlers Umsiedlungs- und Vernichtungspolitik in diesem Teil Europas angekämpft hatte.

Es darf nicht verwundern, daß Kochs Behauptungen weder das erdrückende Beweismaterial noch die Aussagen der Zeugen entkräften konnten, die einer nach dem andern aufmarschierten, eine ergreifende Prozession, und von seinen Brutalitäten erzählten. Zehn Jahre nach seiner Verhaftung und nach einer Prozeßdauer von fast fünf Monaten wurde Koch am 9. März 1959 zum Tod verurteilt. Der Urteilsspruch wurde mit großem Beifall aufgenommen.

Aber jetzt beginnt das Rästel. Ein Jahr später wurde bekannt, daß Koch nach Artikel 407 des polnischen Strafgesetzes, der die Hinrichtung von Schwerkranken verbietet, begnadigt worden sei.

Ein Sprecher der dem Justizministerium unterstellten Kommission für Kriegsverbrechen sagte den Autoren, daß die Verzögerung – zwischen der Verkündung des Todesurteils und dessen Aufhebung lag ein Jahr – „auf die Notwendigkeit langwieriger Untersuchungen" zurückzuführen sei. Aber was wollten diese Untersuchungen aufdecken? Welche Geheimnisse hatte Koch anzubieten?

Zu unserer Überraschung stellten wir fest, daß Koch, heute dreiundachtzig Jahre alt, immer noch lebt: in einer abgeschiedenen und bewachten Abteilung des Gefängnisspitals in der Rakowiecka-Straße in Warschau. Als letzter der großen Schlächter des Völkermords, als Verkörperung der Schrecken des Nationalsozialismus, sieht er vielleicht auf die Szenen im brennenden Hafen von Pillau und auf sein Überleben seit 1945 mit einem gewissen Triumphgefühl zurück. Das heißt, wenn er ohne Gewissen leben kann.

Es gibt ein zweites Geheimnis um Koch – ein Geheimnis, das vielleicht in Verbindung mit der *Wilhelm Gustloff* steht. Es ist bekannt, daß sich Koch in den letzten Tagen vor seiner Flucht mit einem Unternehmen beschäftigte, das im Einklang mit seinem verbrecherischen Charakter steht; dieses Unternehmen betrifft einen einzigartigen und unschätzbaren Bernstein-Schatz. Um diesen Schatz zu erklären, muß man zweieinhalb Jahrhunderte zurückgreifen.

Bernstein, ein Gemenge fossiler Harze von Nadelbäumen des Tertiärs, wird hauptsächlich an der deutschen Ostseeküste, in Litauen und Lettland gefunden. Eine der wichtigsten Fundorte ist Palmnicken in der heutigen DDR. Bereits in der Bronzezeit wurde Bernstein zu Schmuck verarbeitet, und Griechen und Römer verwendeten ihn häufig für Einlagen und Verzierungen von kleineren Schmuckstücken.

Friedrich I. von Preußen gab sich nicht mit Kleinigkeiten ab. Er ließ ein ganzes Zimmer mit Bernstein auskleiden. Von Architekt Schlütter und dem Juwelier Gottfried Tusso 1709 fertiggestellt, bestand die Dekoration aus fünfundfünzig Quadratmetern einer herrlich geschnittenen und intarsierten Verkleidung. Die Platten waren als poliertes Mosaik gesetzt und mit Landschaften, Wappen, Muscheln, Monogrammen und Girlanden geschmückt. Dazwischen befanden sich kleinere Bernsteinplatten, die Miniaturen von außerordentlichem Detailreichtum aufwiesen und so klein waren, daß man ein Vergrößerungsglas benötigte, um sie zu studieren. Silberfolien auf der Rückseite der durchsichtigen Platten erhöhten den Lichteffekt.

Es war eine herrliche Arbeit, deren Kosten den preußischen Staatshaushalt beinahe ruinierten, und Friedrich I. zeigte das Zimmer mit großem Stolz seinen Besuchern. Sein Sohn, Friedrich Wilhelm I., der Soldatenkönig, war jedoch mehr an zwei Meter großen Soldaten interessiert. Als Zar Peter der Große ihn 1716 in seinem Palast in Potsdam besuchte und das Bernsteinzimmer bewunderte, machte der preußische König ein Geschäft mit ihm: Er schenkte dem Zaren die Bernsteinplatten im Austausch gegen sechzig „lange Kerls" aus der kaiserlichen Garde des Zaren.

Die Bernsteinplatten wurden abgenommen und auf Schlitten nach Petersburg, dem heutigen Leningrad, in den Winterpalast transportiert. Nach seinem Tod ließ die Tochter des Zaren, die deutschfeindlich eingestellte Elisabeth, die Platten in den Sommerpalast in Zarskoje Selo außerhalb der Stadt schaffen. Weil der Raum, der die Platten aufnehmen sollte, größer war als das ursprüngliche Zimmer, beauftragte sie den Juwelier Martelli, die Zwischenräume auszufüllen. Er leistete ausgezeichnete Arbeit, baute zwischen den Platten silberne und goldene Spiegel ein und ließ Beleuchtungskörper anbringen, die die Details der Reliefs zur vollen Wirkung brachten.

Der vollendete Raum war von umwerfender Schönheit. Eine Gruppe von Männern wurde eigens dafür geschult, die Platten sauber zu halten und zu polieren, und das Zimmer wurde als „Gedicht in Bernstein" bekannt. Nach der Revolution im Jahr 1917 wurde das Zimmer der Öffentlichkeit zugänglich gemacht und fand weltweite Beachtung.

Als sich die Deutschen 1941 Leningrad näherten, wollte man das Wunderwerk nach Swerdlowsk im Ural verschiffen und dort in unterirdischen Gewölben lagern. Doch dazu blieb keine Zeit mehr. Zwei Waggonladungen mit Schätzen konnten die Russen noch abtransportieren, aber die Bernsteinplatten selbst wurden nicht rechtzeitig demontiert und fielen in die gierigen Hände von Erich Koch. Er ließ sie 1942 nach Königsberg verlagern, wo das Zimmer von Dr. Alfred Rohde, dem Direktor des Preußischen Museums der Schönen Künste und einer Autorität in Sachen Bernstein, wieder instand gesetzt wurde. Der Zugang zu dem Zimmer war auf Befehl von Koch nur wenigen Menschen erlaubt, aber ein Mann, der das Zimmer im Sommer 1943 besichtigen durfte, erzählte: „Die Platten waren in einem beinahe perfekten Zustand. Man händigte mir ein kleines Buch aus, das die lange Geschichte des Bernsteinzimmers erzählte und behauptete, das Zimmer sei eigentlich deutsches Eigentum, das sich jetzt endlich wieder in Händen seiner wahren Besitzer befinde." Ende 1943 wurde Königsberg bombardiert, so daß Rohde die Bernsteinplatten in einem Keller unterbringen ließ.

Er hielt dies für eine vorübergehende Maßnahme, bekam jedoch schließlich den Befehl, die Bernsteinplatten in vierundzwanzig „für weiten Transport" geeignete Stahlkassetten zu verpacken. In einer Notiz vom 12. Januar 1945 – achtzehn Tage vor dem Auslaufen der *Gustloff* – schreibt er: „Auf Anordnung des Kustos der Provinz verpacke ich den Bernsteinraum in Kisten und Kassetten. Sobald ich damit fertig bin, werde ich die Platten nach Wechselburg bei Rochlitz in Sachsen verlagern."

Am 15. Januar war alles verpackt, und die Stahlkisten türmten sich im Schloßhof. Ab diesem Augenblick fehlt jede Spur des Bernsteinschatzes.

Er kam nie in Wechselburg an. Ende 1945 starben Rohde und seine Frau unter ungeklärten Umständen. Sie hinterließen keinen Hinweis auf das Schicksal der Platten. Einige Leute nehmen an, daß sie in den Kellern des Königsberger Schlosses oder in einem Bunker vergraben liegen, der heute überbaut ist. Andere glauben, daß die Platten 660 Meter tief in einer überfluteten Salzmine nahe der Universitätsstadt Göttingen liegen.

Georg Stein, der sich mit der Auffindung der von den

Deutschen während des Krieges verschleppten Schätze beschäftigt, ist ein Anhänger der Salzminen-Theorie. Sein Beweis ist ein verschlüsseltes Fernschreiben, das im Januar 1945 nach Berlin abging und mit „Ringel, SS-Gruppe Nord-Ost Königsberg, Preußen" signiert ist. Der Wortlaut: „Bernstein-Kabinett/Aktion beendet/Objekt im B. Sch. W. V. eingelagert." Stein ist der Ansicht, daß sich das Telex auf den B-Schacht der achtzehn Kilometer von Göttingen entfernten Salzmine Wittkind bei Vollpriehausen bezieht. Bisher konnte niemand diese Theorie erhärten, weil die Mine, die von der britischen Armee als Lagerraum für nicht mehr gebrauchte Munition verwendet wurde, nach einer Explosion im September 1945 überschwemmt wurde.

Es gibt noch eine andere Erklärung des Telex. „Sch" ist nicht nur eine Abkürzung für Schacht, sondern auch für Schiffsraum. Wenn man annimmt, daß der Buchstabe G durch V ersetzt wurde, könnte die Nachricht auch lauten: „Objekt im B-Schiffsraum der *Wilhelm Gustloff* gelagert."

Niemand kann beweisen, daß das Bernsteinzimmer auf dem Meeresboden der Ostsee ruht. Sicher ist nur, daß es zum letzten Mal einige Tage vor der Abfahrt der *Gustloff* im Schloßhof gesehen wurde. Wir wissen, daß Erich Koch mit allen Mitteln versuchte, es vor den Russen sicherzustellen – er ließ einen Feldmarschall abkommandieren, um den Schatz sicher aus Leningrad wegzubringen. Und wir wissen, daß die Bernsteinplatten seit dem Untergang der *Gustloff* nicht mehr gesehen wurden.

Die Russen suchten das Kunstwerk nach dem Krieg und fanden keine Spur. Vor einigen Jahren hörte man, daß die Polen – die *Wilhelm Gustloff* ruht in polnischen Gewässern – in der Annahme, daß sich das Bernsteinzimmer auf der *Gustloff* befunden habe, eine Unterwasserexpedition ausrüsten wollen, um den Schatz zu bergen. Aber bisher scheinen keine ernsthaften Anstrengungen gemacht worden zu sein, das Wrack zu erforschen. Das Schicksal des Bernsteinzimmers, eines der großartigsten Kunstwerke, bleibt ein ungelöstes Rätsel.

Benützte und weiterführende Literatur

Andrej Amalrik: Unfreiwillige Reise nach Sibirien. Hamburg 1970.
Cajus Bekker: Flucht übers Meer. Oldenburg 1959.
Ders.: Verdammte See. Oldenburg 1971.
Iwan Bagramjan: How we Advanced to Victory (Wie wir den Sieg errangen). Moskau 1978 (russ.).
Siegfried Breyer: Die Seerüstung der Sowjetunion. München 1964.
Fritz Brustat-Naval: Unternehmen Rettung. Herford 1970.
Nikita Chruschtschow: Chruschtschow erinnert sich. Hamburg 1971.
Winston S. Churchill: Der Zweite Weltkrieg. Hamburg/Stuttgart 1950–1954.
E. H. Cookridge: Gehlen, Spy of the Century. London 1971.
Robert Conquest: Kolyma, The Arctic Death Camps. London 1978.
Wassilij Dmitrijew: Submarines Attack (U-Boote im Angriff). Moskau 1964 (russ.).
Karl Dönitz: Deutsche Strategie zur See im Zweiten Weltkrieg. Frankfurt/Main 1970.
Ders.: Zehn Jahre und zwanzig Tage. Bonn 1958.
James Dunnigan: The Russian Front. London 1978.
John Erickson: The Soviet High Command. London 1962.
Helmut Fechter und Günter Schoemakers: Der Seekrieg 1939–1945 in Karten. Preetz 1967.
Ernst Fredmann: Sie kamen übers Meer. Köln 1971.
Reinhard Gehlen: Der Dienst. Mainz 1971.
Viktor Germanow: The Feat of the S 13 (Die Heldentat von S 13). Kaliningrad 1970 (russ.).
Arsenij Golowko: With the Red Fleet (In der Roten Flotte). London 1965.
The Great March of Liberation (Der große Befreiungsmarsch). Moskau 1972 (russ.).
P. D. Grischenko: My Friends the Submariners (Meine Freunde, die U-Boot-Fahrer). Leningrad 1966 (russ.).
Erich Gröner: Die Schiffe der deutschen Kriegsmarine und Luftwaffe 1939–1945 und ihr Verbleib. München 1954.
Hans Herlin: Verdammter Atlantik. München 1971.
Arthur Hezlet: The Submarine and Sea Power. London 1967.

Andreas Hillgruber und Gerhard Hümmelchen: Chronik des Zweiten Weltkrieges. Frankfurt/Main 1966.
Robert Jackson: The Red Falcons. London 1970.
Lew Kopelew: Aufbewahren für alle Zeit! Hamburg 1976.
Peter Klepsch und Siegfried Breyer: Die fremden Flotten im Zweiten Weltkrieg und ihr Schicksal. München 1966.
Alexander Kron und andere: Alongside the Heroes (An der Seite der Helden). Moskau 1967 (russ.).
Edgar Lass: Die Flucht: Ostpreußen 1944–45. Bad Nauheim 1964.
Hans Graf Lehndorff: Ostpreußisches Tagebuch. München 1961.
Basil Liddel Hart: Die Rote Armee. München 1975
Walter Lohmann und Hans Hildebrand: Die deutsche Kriegsmarine 1939–1945. Gliederung – Einsatz – Stellenbesetzung. 3 Bände. Bad Nauheim 1956 ff.
Roy Medwedew: Die Wahrheit ist unsere Stärke. Frankfurt/Main 1973.
Jürg Meister: Der Seekrieg in den osteuropäischen Gewässern 1941–1945. München 1958.
Bernard Law Viscount Montgomery: Von der Normandie zur Ostsee. Bern 1948.
Edward P. von der Porten: Die deutsche Kriegsmarine im 2. Weltkrieg. Stuttgart 1975.
Red Flag Baltic Fleet in the Decisive Period of the Great Patriotic War 1944–1945 (Die Baltische Rotbannerflotte in der entscheidenden Phase des Großen Vaterländischen Krieges 1944–1945). Moskau 1975 (russ.).
Jürgen Rokwer und Gerhard Hümmelchen: Chronik des Seekrieges 1939–1945. Oldenburg 1968.
Stephen W. Roskill: The War at Sea 1939–1945. London 1954.
Ders.: Der Seekrieg im Wandel der Zeiten. Tübingen 1964.
Guy Sajer: Denn dieser Tage Qual war groß. Wien–München–Zürich 1969.
Leonard Schapiro: Die Geschichte der Kommunistischen Partei der Sowjetunion. Frankfurt/Main 1961.
Heinz Schön: Der Untergang der „Wilhelm Gustloff". Göttingen o. J.
Albert Seaton: Der russisch-deutsche Krieg 1941–1945. Frankfurt/Main 1973.
A Seelwood: The Damned Don't Drown. London 1974.
Sergei Shtemenko: The Soviet General Staff at War (Der sowjetische Generalstab im Krieg). Moskau 1975 (russ.).
Nikolai Smirnow: Sailors Defend the Motherland (Matrosen verteidigen das Mutterland). Moskau 1973 (russ.).
Alexander Solschenizyn: Der Archipel GULAG. Bern 1974.

Ders.: Ostpreußische Nächte. Darmstadt-Neuwied 1976.
J. P. Showell: U-Boats under the Swastika. London 1973.
Jürgen Thorwald: Es begann an der Weichsel. Stuttgart 1949.
John Toland: Das Finale. München–Zürich 1968.
Iwan Trawkin: Contempt for Death (Nur Verachtung für den Tod). Moskau 1976 (russ.).
Barbara Tuchman: August 1914. Bern-München 1964.
Gerhard Wagner (Hrsg.): Lagevorträge des Oberbefehlhabers der Kriegsmarine vor Hitler 1939–1945. München 1972.
Charles Whiting: Finale at Flensburg. London 1973.
Alfred M. de Zayas: Die Anglo-Amerikaner und die Vertreibung der Deutschen. München 1975.

Weiters sowjetische Zeitungen und Zeitschriften:

Prawda
Iswestija
Komsomolskaja Prawda
Krasnaja Zwezda
Literaturnaja Gazeta
Vecherni Leningrad
Newa
Zwezda
Molodoi Kommunist
Morskoi Flot
Wodnoi Transport
Morjak Odessa

und andere.